新时代思政学科研究文库

思政课教师专业发展研究

聂小雄◎著

光明日报出版社

图书在版编目（CIP）数据

思政课教师专业发展研究 / 聂小雄著. -- 北京：光明日报出版社，2024.6
ISBN 978-7-5194-7996-1

Ⅰ.①思… Ⅱ.①聂… Ⅲ.①政治课—教学研究—中学 Ⅳ.①G633.202

中国国家版本馆 CIP 数据核字（2024）第 111660 号

思政课教师专业发展研究
SIZHENG KE JIAOSHI ZHUANYE FAZHAN YANJIU

著　　　者：聂小雄	
责任编辑：李　倩	责任校对：李壬杰　王秀青
封面设计：中联华文	责任印制：曹　净

出版发行：光明日报出版社
地　　址：北京市西城区永安路 106 号，100050
电　　话：010-63169890（咨询），010-63131930（邮购）
传　　真：010-63131930
网　　址：http://book.gmw.cn
E - mail：gmrbcbs@gmw.cn
法律顾问：北京市兰台律师事务所龚柳方律师

印　　刷：三河市华东印刷有限公司	
装　　订：三河市华东印刷有限公司	

本书如有破损、缺页、装订错误，请与本社联系调换，电话：010-63131930

开　　本：170mm×240mm	
字　　数：275 千字	印　　张：18.5
版　　次：2024 年 6 月第 1 版	印　　次：2024 年 6 月第 1 次印刷
书　　号：ISBN 978-7-5194-7996-1	

定　　价：98.00 元

版权所有　　翻印必究

新时代思政学科研究文库·编委会

主　编： 冯　刚

副主编： 白永生　金国峰

编　委（按姓氏笔画为序）：

王　振　朱宏强　吴满意　严　帅

张小飞　张晓平　罗仲尤　钟一彪

胡玉宁　龚　超　曾令辉　曾永平

序　言

　　传承、实践与创新是思想政治教育学科永续发展的必由之路。思想政治教育学科40年砥砺前行，取得了长足发展，积累了丰富经验和坚实基础，在规律把握中不断推进科学化。新时代思想政治工作作为治党治国的重要方式，需要思想政治教育学科的理论支撑，全面建设社会主义现代化国家的新征程也为思想政治教育学科发展实践提供了广阔天地。实践是创新的基础，创新是发展的关键，立足新时代思想政治教育学科实践，以揭示和运用规律、推动学科接续发展为旨归，深入总结思想政治教育学科创新成果，是新时代思想政治教育学科资政育人功能充分发挥的关键所在。

一、新时代思想政治教育学科研究具有深厚的实践基础

　　实践出真知，纵观40年学科发展历程，眺望新征程学科建设之路，实践始终是思想政治教育学科深化发展的丰沃土壤。一直以来，思想政治教育学科不仅承担着思想理论研究的使命，而且肩负着把研究成果转化为教育内容、完成马克思主义理论教育的任务。由此，思想政治教育学科在我国社会主义事业中举足轻重的地位充分展现。立足思想政治教育40年丰硕实践，思想政治教育学科不断深化理论基础，优化政策制度设计，增进发展内生动力，推动内涵式发展，使思想政治教育的发展更加有积淀、更加有保障、更加有活力、更加有质量，在理论、制度、发展动力和发展模式上系统增进科学化，把思想政治教育的创新发展不断推向新高度。特别是党的十八大以来，以习近平同志为核心的党中央立足新时代中国特色社会主义的伟大实践，在思想政治教育领域提出了一系列新思想、新举措，这些重要思想和举措有机统一，体现出鲜明的时代特征，为思想政治教育学科的理论与实践创新发展提供了根本遵循。在习近平新时代中国特

色社会主义思想的指导下，新时代思想政治教育学科蓬勃发展，理论研究的不断深化为我国思想政治工作提供了有力理论支撑，学科体系的日益完善助力推动形成具有中国特色、中国风格、中国气派的哲学社会科学体系，教育教学改革的不断推进切实提高了思想政治教育的质量和国际化水平，在加强国际交流合作、借鉴世界先进经验中实现了思想政治教育学科的创新发展。

踏上全面建设社会主义现代化国家的新征程，思想政治工作成为治党治国的重要方式，对此为思想政治工作科学化发展提供理论支撑的思想政治教育学科也迎来了广阔的发展空间。面对新征程中宣传思想领域的新挑战，思想政治教育学科在实践问题破解中实现了新发展。面向社会意识形态的多样化，随着我国社会经济的发展，人们的思想观念发生了深刻的变化，社会意识形态呈现出多样化态势。这就要求思想政治教育学科要主动适应这一变化，不断创新教育内容和方式，牢牢把握马克思主义在意识形态领域的指导地位。面向网络信息传播的迅速化，互联网的普及使得信息传播速度加快、范围更广。思想政治教育学科要关注网络空间的健康发展，引导网民树立正确的价值观，抵制不良信息的侵害。同时，善于运用现代信息技术，提高思想政治教育的实效性。面向国际交流的常态化，新时代国际交流日益频繁，不同文化、价值观的碰撞和交融使得人们的思想更加活跃。思想政治教育学科要关注国际形势的变化，教育人们树立国家意识、民族意识，坚定"四个自信"。面向社会问题的复杂化，随着我国社会转型的深入，各种社会问题日益凸显。思想政治教育学科要关注这些问题，引导人们正确认识和分析社会现象，树立正确的世界观、人生观和价值观。通过教育，提高人们的道德素质和社会责任感，为解决社会问题贡献力量。面向人才培养的多元化，新时代要着力培养德智体美劳全面发展的社会主义建设者和接班人，思想政治教育学科要在人才培养中发挥重要作用，着力培养能够担当民族复兴大任的时代新人。因此，新时代思想政治教育学科必须紧跟时代发展，积极融入中国式现代化建设实践，锚定打破困境的突破口，明确接续发展的生长点，找准质量提升的着力点，实现新时代思想政治教育学科的内涵式高质量发展。

二、深刻把握新时代思想政治教育学科研究的基本规律

把握规律是对思想政治教育本质的执着追求，40年来思想政治教育学科在规律探寻中砥砺前行，也将在规律指导下创新发展。思想政治教育学科具有突出的理论性和实践性，理论和实践相统一是贯穿思想政治教育发展始终的基本规律，理论是实践的指导，理论又在实践导向中创新并在实践检验中发展。为了回应新时代的发展要求，满足思想政治教育学科改革和创新的需求，新时代思想政治教育学科要注重理论创新、方法创新和课程创新。第一，新时代思想政治教育的理论创新应立足马克思主义理论的基本原理，紧密结合新时代中国特色社会主义事业的发展实际，着力探讨思想政治教育规律的新表现、新实践和新发展，深入研究新时代思想政治教育的重大理论和实践问题。第二，与时俱进是思想政治教育发展规律的本质要求，新时代思想政治教育学科的方法创新应注重结合现代科技手段，提高思想政治教育的针对性和实效性。同时，注重传统方法与现代科技手段的有机结合，如线上线下相结合、情感与理性相统一等，实现新时代思想政治教育方法的创新性发展。第三，新时代思想政治教育学科的课程创新应着力推进大中小学思想政治教育一体化建设，实现课程体系的系统化、科学化。此外，注重课程内容的更新，将习近平新时代中国特色社会主义事业的新理论、新成果融入课程体系中，提高课程的时代性。

遵循和运用规律是新时代思想政治教育学科发展的必由之路，在规律深化中将思想政治教育学科研究引向深入。思想政治教育学科应坚持马克思主义理论，特别是习近平新时代中国特色社会主义思想的指导地位，坚定理论自信；贯彻以人民为中心的发展思想，在服务党和国家中心工作中实现学科发展；积极融入中国实践，总结中国经验，贡献中国智慧；推动与其他学科的交叉融合，拓宽研究领域；着力加强学科队伍建设，提高学科人才的培养质量。总而言之，新时代思想政治教育学科应坚持规律指导，紧紧抓住发展机遇，积极应对挑战，随着思想政治教育理论与实践研究的不断深入、研究视野的持续开拓，思想政治教育必将在守正创新中不断深化，思想政治教育学科必将在内涵式发展的道路上迈向新高度。

三、丰富拓展新时代思想政治教育学科研究文库

满眼生机转化钧，天工人巧日争新。在思想政治教育学科发展过程中，一大批中青年学者通过积极参与学科建设工作，逐渐崭露头角，成长为独当一面的学术骨干。他们在研究过程中不断拓宽视野，提出富有创新性的观点，为学科理论体系注入了新的活力。这些中青年学者不仅推动了思想政治教育学科的繁荣发展，还为培养新一代思政人才、服务国家和社会做出了重要贡献。在长期的学术探索中，这些中青年学者立足于时代发展的前沿，深入研究思想政治教育的核心问题，积极回应新时代面临的挑战。他们勇于突破传统研究范式，不断创新理论框架，为学科发展提供了源源不断的动力。同时，他们还注重将理论研究与实践应用紧密结合，持续丰富思想政治教育学科理论体系。在成长过程中，这些中青年学者紧紧把握时代脉搏，关注国家和社会发展需求，深入挖掘传统优秀文化资源，借鉴国际先进经验，积极探索适应新时代的教育方法，以期为我国思想政治教育事业的发展贡献力量。在研究过程中，这些中青年学者充分发挥自身优势，勇于突破传统束缚，以全球视野和时代高度审视思想政治教育的发展。他们结合国际国内的新形势、新任务，对学科的理论体系进行深入挖掘和创新发展，为构建具有中国特色、世界水平的思想政治教育学科体系做出了积极努力。在未来的道路上，这些中青年学者将以更加坚定的信念、更加宽广的视野、更加严谨的态度，为思想政治教育学科的繁荣发展贡献力量，为实现中华民族伟大复兴的中国梦书写新的篇章。

基于此，我们精心策划了这套具有鲜明时代特色和实践价值的《新时代思政学科研究文库》，组织了一批在我国思想政治教育领域具有重要成就的中青年学者，呈现他们对于思想政治教育的深入认识和系统观点。丛书从不同维度对思想政治教育学科理论和实践问题作出探索性研究，深入剖析了新时代思想政治教育的核心议题，为丰富思想政治教育学科理论体系提供了参考。丛书第一批次包括《网络时代高校思想政治教育对象研究》《高校思想政治理论课教学研究》《新时代高校思政课"八个相统一"规律研究》《思想政治教育内生动力理论研究》《思政课教师专业发展研

究》《思想政治教育场景论》《思想政治教育接受动力研究》《社会主义意识形态价值结构纵横论》8本分册。其中,《网络时代高校思想政治教育对象研究》深入剖析网络时代高校思想政治教育目标群体特征和需求的变化,强调网络环境对教育对象的影响,为提升思想政治教育效果提供了理论支撑。《高校思想政治理论课教学研究》从教学角度出发,研究了高校思想政治理论课的改革创新,提出了教学模式、教学方法、教学评价等方面的创新举措,为提高教学质量提供了有益借鉴。《新时代高校思政课"八个相统一"规律研究》围绕习近平总书记对思政课建设的改革创新方法论进行了系统的学理性阐述,深刻总结了思政课建设长期以来形成的规律性认识,构成一个紧密联系、有机统一的整体。《思想政治教育内生动力理论研究》系统探究了思想政治教育内生动力的核心问题,为认识和激发内生动力进而推动思想政治教育内涵式发展奠定了理论基础。《思政课教师专业发展研究》聚焦中学思政课教师群体,着眼教师专业发展视角,深入探究了中学思政课教师专业发展的基本过程,为提升教师队伍的整体素质提供了理论和实践指导。《思想政治教育场景论》从场景角度出发,论证了思想政治教育场景的多样性、针对性和实效性,探讨了思想政治教育的有效实施途径。《思想政治教育接受动力研究》通过研究思想政治教育的接受动力,强调教育对象的接受动力是提高教育效果的关键,教育者应关注教育对象的兴趣、需求和困惑,从而有针对性地开展教育活动。《社会主义意识形态价值结构纵横论》从价值视角出发,系统分析了社会主义意识形态的价值结构,为做好新时代意识形态工作提供了借鉴。

总体而言,《新时代思政学科研究文库》既着力为思想政治教育学科中青年学者提供平台和窗口,也推动研究成果有力支撑我国思想政治教育的创新发展,为中国式现代化建设培养德智体美劳全面发展的社会主义建设者和接班人贡献力量。

北京师范大学思想政治工作研究院院长

冯刚

2024年2月

目 录
CONTENTS

绪 论 …………………………………………………………… 1

第一章 中学思政课教师专业发展的学理阐释 ………………… 36
  第一节 中学思政课教师专业发展的概念内涵 ……………… 36
  第二节 中学思政课教师专业发展的理论依据 ……………… 46
  第三节 中学思政课教师专业发展的现实回应 ……………… 60

第二章 中学思政课教师专业发展的内容要素 ………………… 70
  第一节 中学思政课教师专业发展内容要素测评 …………… 70
  第二节 中学思政课教师的专业精神 ………………………… 79
  第三节 中学思政课教师的专业知识 ………………………… 93
  第四节 中学思政课教师的专业能力 ………………………… 107

第三章 中学思政课教师专业发展的基本阶段 ………………… 120
  第一节 中学思政课教师专业发展阶段划分的基本依据 …… 120
  第二节 中学思政课教师专业发展阶段划分的征询研究 …… 128
  第三节 中学思政课教师专业发展的阶段阐释 ……………… 148

第四章　中学思政课教师专业发展的影响因素 159
第一节　中学思政课教师专业发展影响因素调研分析 159
第二节　中学思政课教师思想意识状况 164
第三节　中学思政课教师专业发展能力 174
第四节　中学思政课教师发展支持条件 185

第五章　中学思政课教师专业发展的推动促进 196
第一节　切实增强中学思政课教师专业发展内生动力 196
第二节　着力提升中学思政课教师专业发展能力 204
第三节　引导教师在多维深化教学研究中实现专业发展 211
第四节　发挥评价功能促进中学思政课教师专业发展 218

结语　不断拓展深化中学思政课教师专业发展研究 230
参考文献 234
附录1 242
附录2 243
附录3 247
附录4 256
附录5 266
附录6 276
后记 282

绪 论

中学思政课教师专业发展研究是随着时代变迁和学科发展提出的重要课题。党的十八大以来，习近平总书记高度重视思政课的重要地位和思政课教师的关键作用，围绕思政课教育教学和思政课教师素质能力等问题作出一系列重要论述，特别是在学校思想政治理论课教师座谈会上的讲话以及教育部等五部门贯彻会议讲话精神印发的《关于加强新时代中小学思想政治理论课教师队伍建设的意见》，为中学思政课守正创新及其教师成长发展提供了方向指引。立足新时代中学思政课高质量、内涵式发展的现实要求，中学思政课教师需要自主提升专业素养，实现专业发展。中学思政课教师专业发展研究展现出理论延展性和现实必要性。①

一、中学思政课教师专业发展的多维审视

（一）中学思政课教师专业发展的研究缘起

中学思政课教师专业发展研究是顺应时代发展趋势和中等教育质量提升要求而提出的重要课题。本书之所以聚焦中学思政课教师，探讨教师专业发展问题，是鉴于中学思想政治教育质量提升的迫切需要、高素质专业化中学思政课教师队伍建设的必然要求，以及思政课教师理论和实践研究深化拓展需要的现实回应。

---

① 本书以中学思政课教师专业发展为研究对象，具体包括初中"道德与法治"课和高中"思想政治"课教师，参考中共中央宣传部、教育部印发的《新时代学校思想政治理论课改革创新实施方案》，将初中"道德与法治"课和高中"思想政治"课统称为"中学思政课"。

1. 中学思想政治教育质量提升的迫切需要

思想政治教育质量提升作为当前学科发展阶段的重点任务，是新时代教育内涵式发展的题中应有之义。2021 年，中共中央、国务院印发《关于新时代加强和改进思想政治工作的意见》指出，要着力提升"思想政治工作质量和水平"[①]，强调"加强学校思想政治工作，加快构建学校思想政治工作体系，实施时代新人培育工程，完善青少年理想信念教育齐抓共管机制，培养德智体美劳全面发展的社会主义建设者和接班人"[②]。这深刻表明提升学校思想政治教育质量作为塑造时代新人的有力保障，是新时代加强思想政治工作的重点任务。而中学阶段是学生世界观、人生观、价值观形成的关键时期，特别是在大中小学思政课一体化建设视域下，中学思政课教学发挥着承上启下的重要作用，提升中学思想政治教育质量具有现实紧迫性。中学思想政治工作体系的建立完善、思想政治教育任务的贯彻落实，都要求中学思政课教师主体作用的有效发挥，都需要中学思政课教师提升专业素养、重视专业发展。中学思政课教师是办好思政课的关键，其专业水平的高低以及专业发展的程度直接影响着思政课的教学效果，决定着思想政治教育质量与水平。

2. 高素质专业化中学思政课教师队伍建设的必然要求

思政课教师是用习近平新时代中国特色社会主义思想铸魂育人的中坚力量，建设高素质专业化的中学思政课教师队伍展现出现实的必要性。2019 年 9 月，教育部等五部门印发《关于加强新时代中小学思想政治理论课教师队伍建设的意见》指出，"通过一系列政策举措，切实配齐建强师资队伍，打造一支政治强、情怀深、思维新、视野广、自律严、人格正，专职为主、专兼结合、数量充足、素质优良、名师辈出的中小学思政课教师队伍"[③]。同时进一步明确，提高中学思政课教师"思想政治素质、师

---

① 中共中央国务院印发《关于新时代加强和改进思想政治工作的意见》[N]．人民日报，2021-07-13（1）．
② 中共中央国务院印发《关于新时代加强和改进思想政治工作的意见》[N]．人民日报，2021-07-13（1）．
③ 五部门印发《关于加强新时代中小学思想政治理论课教师队伍建设的意见》[EB/OL]．中国政府网，2019-10-14．

德修养、马克思主义理论功底和思政课专业素养、教育教学能力"① 是中学思政课教师队伍建设的重点任务。中学思政课教师专业发展作为其各方面专业素养不断成长、发展并不断走向成熟的过程，是思政课教师作为专业人员能够完全胜任思政课教师这个职业的必由之路，也是打造业务能力精湛、育人水平出众、高素质专业化中学思政课教师队伍的前提基础。

3. 思政课教师理论和实践研究深化拓展需要的现实回应

问题是一切学术研究的逻辑起点，更是深化学术研究、促进学科发展的重要生长点。正如马克思指出的："一个时代的迫切问题，有着和任何在内容上有根据的因而也是合理的问题共同的命运：主要的困难不是答案，而是问题。"② 因此，开展学术研究必须坚持问题导向，筑牢鲜明的问题意识。

一方面，之所以将中学思政课教师专业发展纳入研究视域，并非一时冲动，也并非刻意追求交叉研究的有意为之，而是试图解答当前中学思政课教师研究中存在的现实问题，破解中学思政课教师成长发展难题。习近平总书记在学校思想政治理论课教师座谈会的讲话中，既充分肯定了思政课建设取得的重要成果及思政课教师的重要作用，同时也指明了现存的矛盾与问题，主要体现在思政课的特殊性对教师综合素质要求很高与当前教师队伍整体素质有待提升的矛盾。具体而言，思政课教学因其涉及的内容、领域和历史阶段非常广泛，"这样的特殊性对教师综合素质要求很高"③，而当前"教师选配和培养工作还存在短板，队伍结构还要优化，整体素质还要提升"④，这一矛盾在中学思政课教师身上体现得尤为明显，这就要求中学思政课教师要着力在素养提升上下功夫，加快专业发展进程，以更好地胜任思政课教学。教师专业发展是教师专业化发展到一定程

---

① 五部门印发《关于加强新时代中小学思想政治理论课教师队伍建设的意见》[EB/OL]. 中国政府网，2019-10-14.
② 中共中央马克思恩格斯列宁斯大林著作编译局. 马克思恩格斯全集：第 1 卷 [M]. 北京：人民出版社，1995：203.
③ 习近平. 思政课是落实立德树人根本任务的关键课程 [M]. 北京：人民出版社，2020：11.
④ 习近平. 思政课是落实立德树人根本任务的关键课程 [M]. 北京：人民出版社，2020：7.

度的产物,聚焦教师由非专业人员成长为专业人员的演进历程,① 强调教师主观能动的有效发挥,从而在强化专业发展自主性的基础上不断全面提升专业素养的过程。关注中学思政课教师的专业发展,能切实增强思政课教师专业发展意识,提升教师作为专业人员成长发展实效,进而有效破解目前中学思政课教师成长发展动力不足的问题。

另一方面,教师专业发展作为一门科学研究,是教育学中一个重要研究方向,具备相对成熟的研究理论、科学的研究方法,通过借鉴、吸收、内化其理论成果来助力深化中学思政课教师理论研究,具有重要价值及其现实可能性。然而,通过梳理关于思政课教师特别是中学思政课教师的现有研究不难发现,学者们着眼于教师主体,从专业发展视域探讨中学思政课教师的研究相对不足。因此,沿着这一思路,本书聚焦中学思政课教师专业发展,在明确中学思政课教师专业发展概念内涵和现实需要的基础上,系统归纳总结中学思政课教师专业发展内容要素,结合测评数据建构出专业发展内容要素体系,通过参照借鉴教师专业发展阶段划分依据以及征询调研结果,切实阐释中学思政课教师专业发展的基本阶段。同时,经由理论探讨并基于调研数据深刻把握影响中学思政课教师专业发展的主要因素,从而提出促进中学思政课教师专业发展的有效策略,以形成对中学思政课教师专业发展的学理阐释和实证研究。

(二) 中学思政课教师专业发展的价值把握

中学思政课教师专业发展是教师主导作用更好发挥的前提基础,也是教师队伍专业化、规范化建设的重要保障。中学思政课教师专业发展研究既是一个理论命题,也是一个实践命题。聚焦教师专业发展视角研究中学思政课教师,深刻把握其中蕴含的经验性启示和规律性认识,既有一定的理论价值,又有相应的实践价值。

1. 理论价值

第一,开展中学思政课教师专业发展研究,是进一步深化思政课教师

---

① 叶澜,白益居,王枬,等. 教师角色与教师发展新探 [M]. 北京:教育科学出版社, 2001:199.

理论研究的着力点和突破口。中学思政课教师是引导中学生形成良好思想政治素质的中坚力量，关注、重视、研究中学思政课教师展现出突出重要性和现实必要性。而当前，关于中学思政课教师的相关研究大多聚焦在教师的素质能力、角色定位、教学方法及其职业倦怠等方面，从教师专业发展的视角探究中学思政课教师的成果相对较少，属于较新的研究命题和研究领域。因此，本书能够拓展中学思政课教师的理论研究视域，为其注入新的活力。

第二，开展中学思政课教师专业发展研究，有助于教师专业发展理论研究的具化细化深化发展。作为教育学中一个重要研究视点与方向，教师专业发展研究是一门系统化、规范化的科学研究，着眼于发展过程中的现象和问题，并在此基础上揭示教师专业发展的本质特征和内在规律。具体而言，从理论维度聚焦中学思政课教师对其专业发展进行研究，具化了研究对象，细化了研究范畴，拓展了思政课教师特别是中学思政课教师的研究视角，在一定程度上深化了教师专业发展理论，其探究思路、方法和原则对其他学科教师的专业发展有一定的启发和借鉴意义。

第三，开展中学思政课教师专业发展研究，有助于进一步丰富教师教育相关理论研究的视野。教师教育作为教师培养和培训的教育，是我国教育事业高质量内涵式发展的重要保障。开展教师教育研究是在教师终身学习思想指导下，按照教师专业发展的不同阶段，对其培养培训进行有针对性、系统科学的研究。着眼思政学科，聚焦中学教师，深入探究中学思政课教师的专业发展，能够进一步丰富和完善教师培养培训理论，有效拓宽教师教育的研讨思路和视野。

2. 实践价值

理论研究不是为了研究而研究，而是应观照现实，发挥理论对实践的指导启示作用。开展中学思政课教师专业发展研究，能有效促进教师专业素养的提升、切实提升中学思政课教育教学质量、推动思政课教师队伍专业化建设。

第一，助力有效促进中学思政课教师专业素养的提升。专业发展贯穿中学思政课教师专业成长始终，是教师各方面专业能力素养不断丰富完善的过程。在新的时代背景下,教师被动地成长发展早已无法满足自身教育教学需求,需要切实增强专业发展的自主性,促进自身专业素养的全面提升。研究中学思政课教师专业发展,能够依据党和国家出台的中学思政课教师相关政策文件、结合中学思政课教师的实际特征,厘清教师专业发展的各项内容要素,把准其中的内在关联,明确专业精神、专业知识、专业能力等素养提升的实际要求,帮助中学思政课教师明晰自身专业发展的具体内容指向。同时,通过实证调研分析影响中学思政课教师专业发展的实际因素,从而探讨推动促进中学思政课教师专业发展的有效策略,可以为思政课教师专业发展提供指导和借鉴。

第二,助力切实提升中学思政课教育教学质量。中学思政课教师作为青少年学生知识的传授者、智慧的启迪者、人格的塑造者,其专业水平的发展程度是影响思政课教育教学质量的重要因素,成为确保其上好思政课的关键基础。聚焦中学思政课教师专业发展研究,提高教师专业素养,其现实落脚点在于有效提升课堂教学品质,增强思政课的思想性、理论性和亲和力、针对性,不断满足中学生成长发展的需求和期待,进而提高思政课铸魂育人实效。

第三,助力推动中学思政课教师队伍专业化建设。理论和实践证明,教师专业素养始终是教师队伍建设关注和强调的重点,无论是2018年中共中央、国务院出台的《关于全面深化新时代教师队伍建设改革的意见》,还是2019年教育部等五部门印发的《关于加强新时代中小学思想政治理论课教师队伍建设的意见》,都对教师的政治素质、业务能力、育人水平等提出明确要求,这充分表明教师专业素养提升是教师队伍建设的核心任务。本书着眼于教师各个层面的专业素养进而探讨中学思政课教师专业发展的相关问题,是促进中学思政课教师队伍制度化、系统化、专业化、科学化建设的题中应有之义,也是中学思政课教师队伍质量提升的有力支撑。

二、中学思政课教师专业发展的认知梳理

基于梳理和总结现有的中学思政课教师专业发展的相关著作、报刊文章以及学位论文发现,目前学界对教师专业发展及思政课教师素质能力的

<<< 绪 论

研究已经取得了一定的进展和成果，深入分析其研究动态，汲取其经验启示，为深化本书开拓了思路，提供了学理借鉴。

(一) 国内相关研究述评

随着党和国家对教育事业的不断重视，教师作为办好教育的中流砥柱，是培养担当民族复兴大任时代新人的重要基石，其素质能力和成长发展逐渐受到学界的关注和探讨。在这期间研究者们聚焦教师专业发展，立足教师的一般性，关注思政课教师的特殊性，围绕其各方面素质能力、专业发展的内容结构和影响因素，以及提升策略等不同层面的主题开展学术研究和探讨。从现有研究来看，其成果更多集中于对全体教师专业发展的探讨，而着眼中学思政课教师专业发展的系统性、针对性的研究相对较少。进一步梳理分析国内相关成果，归纳总结如下。

1. 关于教师专业发展的研究

1966年，联合国教科文组织和国际劳工组织发表了《关于教师地位的建议》，文件强调"教学应被视为专业"，揭示了教师职业的专业性。教师专业发展是在教师职业化、专业化基础上被关注和探讨的关键议题。20世纪60年代末，美国学者费朗斯·傅乐编制的《教师关注问卷》，标志着从理论维度系统探究教师专业发展的开始。随后各国学者依据本国基本国情，结合本国教师的实际特征和现实情况，围绕教师专业发展进行了大量研究。我国教师专业发展研究较国外虽起步稍晚，但发展迅速。梳理国内研究成果可知，各学者基于不同视角对教师专业发展进行了分析与探讨，研究成果内容丰富，维度较广，探讨焦点主要集中在教师专业发展的基本内涵、内容结构、阶段理论、途径策略以及影响因素五个方面。

(1) 关于教师专业发展基本内涵的研究

随着关注的集中和认同的强化，国内学者在研究中关于教师专业发展的内涵也在不断深化和明确。有研究者认为，教师的专业成长或教师内在专业结构不断更新、演进和丰富的过程就是教师专业发展。[1] 这一概念点

---

[1] 叶澜，白益尼，王枬，等. 教师角色与教师发展新探 [M]. 北京：教育科学出版社，2001：226.

明了教师专业发展的基本过程，为概念的进一步深化奠定了基础。有研究者认为，专业发展贯穿教师成长始终，是"教师在其专业素质方面不断成长并追求成熟的过程，是教师专业信念、专业知识、专业能力、专业情意等各方面不断更新、演进和完善的过程"[1]。也有研究者认为，教师专业发展是"教师以自身专业素质包括知识、技能和情意等方面的提高与完善为基础的专业成长、专业成熟过程，是由非专业人员转向专业人员的过程"[2]。这两者都在原有概念的基础上，将教师专业发展素质进行了具化，深化了对其内涵的阐释。有研究者认为，教师专业发展是"以教师专业自觉意识为动力，以教师教育为主要辅助途径，教师的专业知能素质和信念系统不断完善、提升的动态发展过程"[3]。也有研究者认为，"教师专业发展是自主的专业建构的过程，它体现出自在、自为、自觉、自控等内容"[4]。这两者在概念界定中都强调了教师的自觉发展意识，明确其专业发展是主体自主构建的过程。有研究者认为，教师专业发展是教师以国家制度为遵循，以专业发展理念为指导，以道德标准为约束，以专业自觉为动力，在夯实专业知识和能力的基础上，在教育培养和培训的保障下，实现自身教育情怀、专业伦理、专业能力、实践智慧等素养持续发展的过程。[5] 这一概念指明了教师专业发展的内容指向和发展方式，较为全面地阐述了其本质内涵，进而为本书的概念解读提供了借鉴。由此可知，教师作为教育教学的专业人员，其专业发展内涵是多层面、多维度的，成长历程是渐进成熟、阶段演进的，因此，教师专业发展概念的界定也应当不断明晰与深化。

（2）关于教师专业发展内容结构的研究

在教师自身素养不断更新与完善的渐进过程中，其内部素养交织联系、相互作用，自成一个系统。目前学界基于不同视角，聚焦素养结构探究了教师专业发展的实际内容。有研究者从认知心理学角度通过实证研究

---

[1] 朱玉东. 反思与教师的专业发展 [J]. 教育科学研究, 2003 (11): 26.
[2] 朱新卓. "教师专业发展"观批判 [J]. 教育理论与实践, 2002 (8): 32.
[3] 刘万海. 教师专业发展: 内涵、问题与趋向 [J]. 教育探索, 2003 (12): 104.
[4] 朱旭东. 论教师专业发展的理论模型建构 [J]. 教育研究, 2014, 35 (6): 83.
[5] 刘义兵. 教师专业发展 [M]. 北京: 高等教育出版社, 2017: 9-10.

提出了教师素质结构理论，认为教师职业理想是献身于教育工作的根本动力，知识水平是从事教育工作的前提条件，教育观念是从事教育工作的心理背景，教学监控能力是从教的核心因素，教学行为是其素质的外化形式。① 有研究者认为，教师专业结构由专业理念、专业知识、专业能力、专业态度和动机以及自我专业发展需要五方面构成。其中，专业理念反映教师对教育教学的基本看法，在教师专业结构中处于较高层次，为其教育实践奠定了前提基础。② 也有研究者聚焦内在本质，认为教师专业知能、道德以及精神是教师专业发展的内容结构。其中，将其开展教学实践应具备的知识和能力统称为专业知能；将教师言行所遵循的伦理原则称为专业道德；将教师在教书育人实践中所具有的坚定信念和内在动力称为专业精神，这三方面结构内容在教师专业构成中相互作用、不可或缺。③ 还有研究者认为，教师专业发展由"教师知识、教师能力和教师伦理"三个部分构成。④ 教师专业发展是一个多侧面、多层次的演进历程。专家学者们基于不同的视角，深入研究了教师专业发展的基本素养及其构成要素的关系，拓展了该研究的理论深度，为本书开拓了思路，提供了学理支撑。

（3）关于教师专业发展阶段理论的研究

着眼整个成长过程，基于对本质规律的有效把握，从时间维度加以审视，教师专业发展呈现出渐进性、阶段性的突出特征。在此基础上，专家学者们对教师专业发展阶段有不同的划分标准，提出了不同的阶段理论。两阶段论。有研究者提出，教师专业发展是教师在不断认同内化职业价值与规范的基础上，不断成为合格教师的过程，这一过程分为预期职业社会化与继续职业社会化两个阶段，前者作为教师为适应将要承担的职业角色而进行的准备性个体社会化，往往在师范教育阶段完成。后者是教师在教

---

① 林崇德，申继亮，辛涛．教师素质的构成及其培养途径［J］．中国教育学刊，1996（6）：16-20．
② 叶澜，白益民，王枬，等．教师角色与教师发展新探［M］．北京：教育科学出版社，2001：230-241．
③ 李瑾瑜．新课程与教师专业发展［M］．北京：首都师范大学出版社，2003：261．
④ 朱旭东．论教师专业发展的五个基础［J］．当代教师教育，2010，3（3）：11．

育工作实践和在职学习过程中，为更好从事教育教学而进行的社会化。① 有研究者认为，职前与在职教师教育构成了教师专业发展的主体阶段，其中前者是教师在育人实践中不断成长的重要前提，后者是引导教师更好胜任教育工作而成长为专家教师的重要途径，对教师专业发展起着关键作用。② 三阶段论。有研究者指出，教师专业发展"必须经历由低到高的三个发展阶段，即从师范生到入门教师，从入门教师到合格教师，从合格教师到优秀教师"③。也有研究者指出，教师专业发展并非教师自然的成长过程，而是依托于教师教育的支持和配合，从阶段上大致可分为专业预备教育、教师岗前培训以及职后教师教育。④ 四阶段论。有研究者认为，处在不同阶段的教师面临不同成长问题，显现出各自阶段的突出特征。通过分析、归纳实证研究数据，可将教师专业发展分为学徒期、成长期、反思期和学者期四个阶段。⑤ 五阶段论。有研究者认为，教师专业发展可分为适应期、探索期、建立期、成熟期、平和期五个前后相继阶段，形成逐步提高、螺旋式上升的演进态势。⑥ 也有研究者着眼教师自我发展意识以及内在结构要素的特征，依据"自我更新"理念，提出教师专业发展包括"非关注"阶段、"虚拟关注"阶段、"生存关注"阶段、"任务关注"阶段和"自我更新关注"五个阶段。⑦ 有研究者采用"生命周期"研究方法，围绕教师的教学年限，将教师专业发展周期归纳为适应和发现期、稳定期、试验期或重新评价期、平静期和保守期、退出教职期五个阶段。⑧

基于上述研究者关于教师专业发展阶段的探讨，不难发现学者们依据不同的学术理论，按照不同的划分标准，结合所研究教师的现实特征和实

---

① 吴康宁. 教育社会学 [M]. 北京：人民教育出版社，1998：214-221.
② 朱玉东. 反思与教师的专业发展 [J]. 教育科学研究，2003 (11)：26.
③ 刘捷. 专业化：挑战21世纪的教师 [M]. 北京：教育科学出版社，2002：150.
④ 唐玉光. 基于教师专业发展的教师教育制度 [J]. 高等师范教育研究，2002 (5)：35.
⑤ 申继亮，费广洪，李黎. 关于中学教师成长阶段的研究 [J]. 天津师范大学学报（基础教育版），2002 (3)：1-4.
⑥ 傅树京. 构建与教师专业发展阶段相适应的培训模式 [J]. 教育理论与实践，2003 (6)：39-43.
⑦ 叶澜，白益民，王枬，等. 教师角色与教师发展新探 [M]. 北京：教育科学出版社，2001：276-302.
⑧ 陈永明. 现代教师论 [M]. 上海：上海教育出版社，1999：186-188.

际情况，提出了两阶段、三阶段、四阶段以及五阶段等各有侧重的发展阶段理论。不同阶段理论具有一定共性，同时其自身也蕴含着特殊性，可谓是都抓住了教师在教育教学活动中显现的实际特征，为本书的研究特别是中学思政课教师基本阶段的研究提供了参考和借鉴。

(4) 关于教师专业发展途径策略的研究

途径策略作为推动教师素质能力不断提升的关键，是教师实现良好专业发展的保障。学者们为探究有效路径策略开展了深入研究，不仅构建起教师专业发展途径的整体规划，还基于实际情况，根据不同侧重，聚焦不同具体途径进行深入探讨。一方面，关于教师专业发展途径的整体规划。有研究者在把握教师成长一般性过程的基础上，将其专业发展机制定义为"教师运用经验、反思、证据、数据、概念和理论等条件实现在教会学生学习、育人和服务等专业目标的活动过程，也是运用教师精神、教师知识、教师能力等专业基础的活动过程"[1]。也有研究者认为，提高教师专业发展总体上有两条路径，"一是从源头上改革，为后继者提供发展的空间；二是加强对在职教师的培训，使其尽快完成由传统型教师向专业化教师的转型"[2]。另一方面，关于教师专业发展具体途径的研究。其一，教学反思。教学反思是教师自我成长提升的关键路径，有研究者立足于育人实践，从教学反思能力培养的可能性和必要性方面肯定了其对教师素质能力提升完善的关键价值，同时通过设计教学反思能力培养机制为提升教师反思水平、促进教师专业发展提供了支持。[3] 有研究者从反思能力的基本概念着手，深入剖析了教学反思的价值蕴含及其过程策略，并探讨了不同发展阶段的教师培养反思能力的模式。[4] 还有研究者基于对教学反思成分、过程的深入解析，探讨了教学反思的培养策略和方法，为教师增强教学反

---

[1] 朱旭东. 论教师专业发展的理论模型建构 [J]. 教育研究, 2014, 35 (6): 81.
[2] 张忠华, 况文娟. 论高校教师专业发展的缺失与对策 [J]. 高校教育管理, 2017, 11 (1): 82.
[3] 范蓉, 曹晔. 中职教师专业发展：教学反思能力培养 [J]. 中国职业技术教育, 2021 (35): 82-86, 92.
[4] 李瑾瑜. 新课程与教师专业发展 [M]. 北京：首都师范大学出版社, 2003：295-308.

思能力进而提升教师专业水平提供了参考。① 其二，校本培训。校本培训是推动教师专业发展的一项重要举措，有研究者提出，校本培训应坚持能力导向，注重发展性，强调自我控制，坚持以师为本，崇尚追求创新，进而使教师在参与校本培训的过程中更好地实现素质能力完善提升。② 也有研究者认为，校本培训是帮助教师专业发展的有效途径，校本培训开发是教师培训的重点，要打造基础培训平台、构建核心课程体系、实施专项培训计划、采用灵活多变的培训方式。③ 其三，制度体系。教师专业发展相关制度体系也是促进教师素质能力提升的关键因素，有研究者认为教师专业发展制度可以从政策上、价值上、方法上主导、引导和指导教师专业发展，学校需要结合自身类型和层次，不断建设与优化为教师专业发展服务的保障制度体系。④ 也有研究者认为，科学完善的体制体系能够有效规约教师，也能为教师有效开展专业实践进而持续成长提供助力，要不断健全听课与评课制度、教师评价制度、教师培训制度和教育科研制度。⑤ 综合来看，学者们着眼不同切入点，分别从整体和部分的角度对教师专业发展途径策略进行了各有侧重的探讨。

（5）关于教师专业发展影响因素的研究

作为一个长期而复杂的动态过程，教师专业发展受多层次、多维度因素的影响，探究和把握其影响因素，对于促进教师专业发展有着重要意义。研究者们从不同视角出发，深入探讨了教师专业发展的影响因素。有研究者认为，教师社会地位、职业吸引力、教师评价培训制度等是影响教师专业发展的社会因素，此外还有学校管理风格、教师文化等学校因素，以及家庭环境、教育信念、知能素养、从业动机和自我发展意识等个人因

---

① 郭俊杰，李芒，王佳莹. 解析教学反思：成分、过程、策略、方法 [J]. 教师教育研究，2014，26（4）：29-34.
② 代蕊华. 对教师校本培训的反思 [J]. 高等师范教育研究，2003（2）：55-58.
③ 陈久奎，刘敏. 论我国高校教师专业发展及其培训 [J]. 高等教育研究，2012，33（11）：49-53.
④ 姚秀群，叶厚顺. 关于高校教师专业发展制度的思考 [J]. 现代教育科学，2009（11）：94-96.
⑤ 刘岩. 影响教师专业发展的制度性因素探析 [J]. 当代教育科学，2010（1）：34-36.

素。① 有研究者认为，影响教师专业发展的因素包括内在因素和外在因素，其中内在因素由教师职业理想和精神、自主意识和能力以及案例研究吸收借鉴能力等构成，外在因素由社会环境、工作环境、教育教学中的特定事件以及职后培训等构成。② 有研究者基于对教师教育教学的分析和教师成长过程的研判，认为人格、行为和环境是规约其进一步提升的主要因素。③ 也有研究者认为教师专业发展在一定程度上是环境的产物，外在环境持续作用于教师的成长发展。研究者从公立学校的视角进行分析，指出国家制度是教师专业发展的重要制度环境，学校文化是教师专业发展的文化环境，学校社群是支持教师专业发展的学习共同体，班级互动是教师专业发展最直接的环境。④ 也有研究者在总结国内外相关研究的基础上，对教师专业发展影响因素进行系统和精准研究，构建了影响因素测度指标体系并验证了影响因素模型，认为社会环境、工作场所和个体是影响教师专业发展的三个主要层面。其中社会环境层面包括政策法规、经济社会发展、社会文化和信息化技术水平；工作场所层面包括资源条件、文化氛围、组织建设和制度体系；个体层面包括职业发展、职业素养、家庭因素和个体特征。⑤ 综合来看，教师专业发展是由多种因素共同作用的结果，针对研究对象的特殊性，不同学者就实际研究问题探讨分析了影响教师专业发展的具体因素。

通过对教师专业发展相关研究成果的梳理和分析可以发现，教师专业发展内涵、结构、阶段、途径以及影响因素的相关研究呈现观点多元化的特点，研究者们都根据自身观点加以阐释。这些研究逐步展现了教师专业发展的全貌，厘清了一系列相关重要问题，形成了较为系统的理论成果，对新时代教师专业发展的相关研究具有重要的启示与借鉴意义。

2. 关于思政课教师专业发展的研究

目前学界的相关理论成果主要集中于高校思政课教师专业发展的相关

---

① 刘洁. 试析影响教师专业发展的基本因素 [J]. 东北师大学报，2004 (6)：15-22.
② 吴捷. 教师专业成长过程及其影响因素研究 [J]. 教育探索，2004 (10)：117-119.
③ 经柏龙. 教师专业素质的形成与发展研究 [D]. 长春：东北师范大学，2008：22-112.
④ 朱旭东. 论教师专业发展的理论模型建构 [J]. 教育研究，2014，35 (6)：81-90.
⑤ 徐彦红. 大学青年教师专业发展影响因素研究 [D]. 北京：首都经济贸易大学，2017：31-103.

探究,其中关于小学思政课教师的专业发展研究多与中学思政课教师一起探讨,在此不多展开。梳理高校思政课教师专业发展的相关研究可以发现,成果主要集中在高校思政课教师专业发展的一般性研究、教师专业发展视角下的相关研究以及网络视角下高校思政课教师专业发展研究等方面。

(1) 关于高校思政课教师专业发展的一般性研究

研究者们既有从整体上探讨高校思政课教师专业发展的研究,也有聚焦其中各部分要素的专门探讨。一方面,关于高校思政课教师专业发展的整体研究。有研究者立足时代和战略高度,阐明了教师专业发展的现实意义,明确专业理想的建立、专业道德的健全、专业知识的掌握和专业技能的娴熟是教师专业发展的关键要素,并基于其中存在的现实问题,提出解决思政课教师专业发展中问题的对策。① 另一方面,关于高校思政课教师专业发展的部分要素研究。有研究者着眼于思政课教师专业道德角度深化了思政课教师专业发展的研究,从教师专业发展内在要求、课程性质及其特殊性、教师师德行为现象等角度阐释了专业道德建设的必要性,并基于思政课教师专业道德现存问题,探寻教师专业道德建设的有效路径。② 有研究者在阐明思政课教师专业发展离不开红色文化浸润的基础上,提出思政课教师信仰要坚定,需要具备理论思维和扎实广博的知识结构,能够正确解读现实课题,并且做学生的良师益友。③ 也有研究者围绕思政课教师学习共同体,在阐明学习共同体对高校思政课教师专业发展的重要价值的基础上,提出创新基层教研组织、形塑新型教研文化、建立健全共同体学习机制,以推动思政课教师专业发展。④

---

① 王家芳,齐久恒.思想政治理论课教师专业化发展的必要性研究[J].学校党建与思想教育(上半月),2008 (6):39-40,48.
② 曹莉莉.高校思想政治理论课教师专业道德建设研究[J].六盘水师范学院学报,2016, 28 (3):72-75.
③ 张澍军.漫谈思政课教师发展中的文化浸润和素养修为[J].思想理论教育导刊,2022 (2):110-114.
④ 王永斌,徐占元.学习共同体:高校思政课教师专业发展的新向度[J].思想政治教育研究,2022, 38 (5):86-90.

(2) 关于教师专业发展视角下的相关研究

研究者们从教师专业发展视角出发,对高校思政课相关问题开展研究,对中学思政课教师专业发展研究具有借鉴价值。有研究者在阐明高校思政课过程评价是教师专业发展重要策略的基础上,分析了过程评价在其中具备的现实价值,并论证了其在过程评价中顺利开展的现实可能。[1] 也有研究者基于对思政课教师专业发展基本内涵的阐释,分析了教学团队帮助思政课教师开展育人实践进而推动其持续成长的关键作用,并从六个方面提出基于教师专业发展的思政课教学团队建设路径。[2] 还有研究者在教师专业发展视角下提出高校思政课教师素质提升的目标和要求,分析了高校思政课教师素质存在的问题及形成原因,并从重视思政课教师、加深校本培训、健全评价机制和强化反思性实践等方面探讨了相应的素质提升策略。[3]

(3) 关于网络视角下的高校思政课教师专业发展研究

一般而言,网络视角是研究者们拓展思路、深化探讨的新视角,从这一视角出发审视高校思政课教师的专业发展问题,研究者们形成了新的研究成果。有研究者在分析互联网时代高校思政课面临的冲击与挑战的基础上,阐明了"互联网"时代高校思政课教师专业发展方向,并从提升个人素养、加强实践教学、提高教学实效、提供文化产品等方面,提出了"互联网"时代高校思政课教师专业发展的新路径。[4] 有研究者在阐明高校思政课教师专业发展内涵的基础上,分析了新媒体对其带来的新挑战,提出了的新要求,并探寻了新媒体视域下高校思政课教师专业发展的新途径。[5] 也有研究者通过探讨网络环境对思政课教师积极与消极的双重影响,分析

---

[1] 韦世艺. 高校思想政治理论课过程评价初探:以思想政治理论课教师专业发展为视角 [J]. 宁波大学学报(教育科学版),2009,31(1):10-14,89.
[2] 薛海. 教师专业发展视野下的高校思政课教学团队建设路径选择 [J]. 阜阳职业技术学院学报,2015,26(1):22-24,45.
[3] 张静. 教师专业发展视角下高校思想政治理论课教师素质提升研究 [D]. 重庆:西南大学,2015:27-40.
[4] 李洪霞. "互联网+"时代思政课教师专业发展方向与路径探究 [J]. 教育教学论坛,2016(28):26-27.
[5] 骆静. 新媒体对高校思政课教师专业发展提出的新要求及发展新途径 [J]. 新媒体研究,2016,2(2):51-53.

了网络环境下高校思政课教师的发展方向，并提出思政课教师可以借助健全师德考评机制、强化数字化管理系统建设、充分运用网络平台、主动融入网络微环境等路径成长为"四有"好老师。① 还有研究者在认识把握人工智能对思政课教师专业发展重要性与必要性的基础上，提出思政课教师应依托自主学习，实现知行合一，依托反思学习，实现行思相随，依托互惠学习，实现共同发展。② 总的来说，学者们聚焦高校思政课教师专业发展，基于对基本问题的系统把握，不断探寻分析阐释的新视角，实现了理论的进一步拓展，对本书具有一定的借鉴价值。

通过对思政课教师专业发展的相关研究成果梳理和分析可以发现：研究者们主要围绕高校思政课教师专业发展的一般性研究、教师专业发展视角下的相关研究以及网络视角下高校思政课教师专业发展研究等方面进行了探讨。虽然各研究者论述的具体观点有所差异，但研究主要围绕思政课教师专业发展的现实困境以及对策举措，同时其中的相关研究也还有很大深化空间，特别是如何在有效把握思想政治教育和思政课教师专业特性的基础上，深入探讨思政课教师专业发展的相关问题，以及在探索切合思政课教师专业发展实际的实证研究方面有待深入探讨。

3. 关于中学教师专业发展的研究

聚焦这一议题的探讨，学界主要从中学教师专业发展的一般性研究和各学科视角下的中学教师专业发展研究两方面展开，形成了一定的研究成果。

（1）关于中学教师专业发展的一般性研究

一般性研究是以中学教师专业发展为研究对象，既包括着眼整体的探讨，也包括聚焦其中部分要素的研究。一方面，关于中学教师专业发展的整体研究。目前学界以中学教师专业发展为研究对象，着眼整体的研究较少，多以特定理念、特定地区等特定视角开展研究。有研究者基于普通中学教师专业发展面临的现实问题，从教师自身的主客观因素及教学外部环境因素等方面分析了影响教师专业发展的因素，并提出了促进中学教师专

---

① 曲秀丽. 网络环境下高校思政课教师专业发展［J］. 教育科学论坛，2019（30）：41-44.
② 谢永朋. 人工智能时代思政课教师的专业发展［J］. 思想政治课教学，2022（1）：85-87.

业发展的具体举措。① 有研究者通过对实施基于生态取向的中学教师专业发展的必要性进行阐述，分析了其中产生制约影响的生态性因子，提出生态取向下中学教师专业发展的理念，并探讨了其素质能力提升的运行路径。② 也有研究者在探讨中学教师持续性专业发展对其教学效能感的影响的基础上，把握中学教师持续性专业发展的重要价值，进而提出促进中学教师持续性专业发展的有效途径。③ 另外，还有研究者从民族地区、农村地区、民办学校等角度，对中学教师专业发展的现状问题、影响因素和提升路径开展了探讨，在拓宽认知视域的同时丰富了现有成果。另一方面，关于中学教师专业发展部分要素的研究。研究们聚焦中学教师专业发展的需求、内容、问题对策与制约因素等具体要素开展研究，形成了一定成果。有研究者在阐明中学教师专业发展需求的基础上，对金山区中学教师专业发展需求开展调研，准确把握了现存问题，有效厘清了生成原因，基于此阐明了推动中学教师实现专业发展的建议。④ 有研究者基于中学教师专业标准，从实践的角度分析了中学教师在教学设计能力、师生沟通能力和教学反思能力等方面存在的问题，并提出中学教师要发展导学设计和教学能力、教学策略和方法应用能力、与家长沟通能力以及教学反思能力。⑤ 有研究者通过对我国教师专业发展策略进行批判性分析，探讨了校本教师专业发展和学习对促进教师专业发展的有效理据。⑥ 也有研究者基于互动协同发展的角度，从多维培训、校本研修、网络平台、课程实践、评价制度等方面探讨了促进中学教师专业发展的有效途径。⑦ 还有研究者着眼教师效能感，阐明了教师效能感在教育教学行为中发挥的关键作用，并从教

---

① 周杜刚. 普通中学教师专业发展之浅见 [J]. 科学咨询（教育科研），2018（1）：1-3.
② 石军辉. 生态取向下的中学教师专业发展研究 [J]. 教学与管理，2018（21）：48-50.
③ 王玉洁. 中学教师持续性专业发展研究 [D]. 南昌：南昌大学，2017：15-55.
④ 殷璐璐. 中学教师专业发展需求研究：以上海市金山区为例 [D]. 上海：华东师范大学，2009：11-48.
⑤ 吴旭君. 基于教师专业标准的中学教师专业能力发展对策 [J]. 中国教育学刊，2013（8）：78-80.
⑥ 陈向明，张玉荣. 教师专业发展和学习为何要走向"校本" [J]. 清华大学教育研究，2014，35（1）：36-43.
⑦ 康淑敏，李保凤，马秀峰，等. 互助协同发展：中学教师专业发展的有效途径 [J]. 教育研究，2011，32（12）：77-80.

师教学行为、教学监控、专业知识积累与提升、职业幸福感以及学生自我效能感等方面论述了效能感对中学教师专业发展的影响。① 研究者们从整体和部分的角度对中学教师专业发展开展了探讨,深化了对中学教师这一主体对象的专业发展研究。

(2) 关于各学科视角下中学教师专业发展研究

现有成果中,还有一部分研究者是从语文、数学、英语等各具体学科出发探讨中学教师专业发展问题,具有一定的借鉴价值。有研究者在明确教师专业发展一般概念的基础上,分析了高中英语教师专业发展的特点,探讨了新课程背景下的发展现状及影响因素,提出通过健全教师管理制度、营造良好发展环境、加大教育投入等对策以促进高中英语教师专业发展。② 有研究者从各学科视角运用个案研究和实证调研等方式对中学教师专业发展开展了探讨。也有研究者在运用个案研究方法对优秀中学语文教师专业发展开展调查分析的基础上,从内外两方面探讨了影响其专业发展的制约因素,并阐明了优秀中学语文教师专业发展个案研究的功能及对其的思考。③ 还有研究者采用问卷和访谈相结合的方法调研了初中英语教师专业发展的基本情况,基于对教师、学生、学校及制度等层面影响教师专业发展的因素进行分析,提出促进初中英语教师专业发展,要在教师终身学习、行动研究、教学反思以及同事互助、专家引领、课题研究和校本教研等方面着力。④ 研究者们结合各学科的特殊性,在明确教师专业发展一般性内容的基础上深化思考,提出了适应本学科教师专业发展的方式路径,具有一定的借鉴价值。

通过对中学教师专业发展的相关研究成果的梳理和分析可以发现:研究者们围绕中学教师专业发展一般性研究和各学科视角下的中学教师专业发展研究两方面展开探讨。这部分研究成果中,有较大部分的研究者都是身处一线的中学教师或有中学教学经历的研究者,研究成果都从不同视角提出了中

---

① 何源. 教师效能感对中小学教师专业发展的影响 [J]. 中学政治教学参考,2013 (36):86-88.
② 黄正华. 高中英语教师专业发展研究 [D]. 武汉:华中师范大学,2012:6-41.
③ 潘施. 优秀中学语文教师专业发展个案研究 [D]. 南昌:江西师范大学,2013:11-46.
④ 刘新芝. 初中英语教师专业发展现状调查 [D]. 济南:山东师范大学,2013:7-50.

学教师专业发展的现实问题，值得高度关注和深入研究，但同时关于中学教师专业发展的研究在学理阐释、理论分析等方面还有继续深化的空间。

4. 关于中学思政课教师专业发展的研究

通过梳理现有成果中关于中学思政课教师专业发展的研究，不难发现研究者们主要围绕中学思政课教师专业发展的基本内涵、影响因素、提升路径等问题以及基于特定视角对中学思政课教师专业发展开展探讨，研究已初具雏形。

（1）关于中学思政课教师专业发展基本内涵的研究

对内涵的把握是开展研究的基础，学者们结合自身的认识理解对中学思政课教师专业发展的基本内涵做了解析，虽各有侧重但都在一定程度上丰富了中学思政课教师专业发展内涵的研究。有研究者提出，中学思政课教师专业发展是教师为适应新课程改革要求，不断提高自身专业精神、丰富更新专业知识、提升专业技能，逐渐成为一名能够增强教学活动底气、灵气、人气的教育者的专业成长过程。[①] 这一概念点明了教师专业发展的内容和目标，虽然没有突出中学思政课教师的特点，但奠定了基本内涵解析的基础。也有研究者在阐释基本内涵时，强调中学政治教师专业发展要在政策制度等背景的支持下，以提高自身专业发展意识为抓手，通过自主学习和专业训练，不断更新扩充专业结构，进而成长为专家型和学者型思政课教师。[②] 还有研究者提出，中学思政课教师专业发展是指教师在把握新时代发展要求、教育教学实际和学生发展需要的基础上，为更好培养学生的政治观念和道德品质，不断提高自身专业意识和专业能力，逐渐成为一名专家型教师的动态发展过程。[③] 这一概念汇总了发展目标、发展内容和发展指向等要素，较为全面地阐述了中学思政课教师专业发展的内涵，为本书的内涵解读提供了借鉴。

（2）关于中学思政课教师专业发展影响因素的研究

教师专业发展是一个持续的动态过程，其间会受到来自各方因素的影

[①] 房源清，王宝义. 对中学政治教师专业发展的思考 [J]. 教育探索，2006（5）：121-122.
[②] 刘素婷. 中学政治教师专业发展策略研究 [D]. 昆明：云南师范大学，2007：3-25.
[③] 吴娇娇. 新时代背景下初中道德与法治课教师专业发展研究：以南充市八所中学为例 [D]. 南充：西华师范大学，2021：9-59.

响，研究者们为厘清这些因素进行了深入探讨。有研究者基于高中政治教师专业发展现状，在把握教学实效的基础上，从内外两方面开展了因素分析，其中内部因素包括教师的专业基础和自我发展意识，外在因素包括高中政治教师专业地位及其评价机制。① 这从内外两方面系统分析了中学思政课教师专业发展的影响因素，奠定了分析架构的基础。也有研究者通过构建包括专业知识、能力、理念等教师个人因素和国家教育政策、学校教育管理方式和教师的同伴关系、教师评价等外部环境因素的影响要素体系，探讨了影响中学思政课教师专业发展的因素。② 还有研究者从个人、学校、社会三个层面分析了思政课教师专业发展的障碍性因素。其中，个人层面包括职业满意度、专业素养和自我发展意识；学校层面包括教师专业发展氛围、评价考核机制和相关组织及网络平台；社会层面包括相关部门制度体系和教师教育机构等。③ 其围绕个人、学校、社会三个维度展开，分析了各维度下具体的影响因素，较好地呈现了影响中学思政课教师专业发展的制约因素，为本书提供了借鉴。

（3）关于中学思政课教师专业发展提升路径的研究

教师专业发展的研究是为了帮助教师更好地实现专业发展，研究者们也围绕这一问题进行了深入探讨。有研究者通过问卷和个人访谈等方式对某市中学思政课教师进行随机抽样调查，在明确中学思政课教师专业发展现存问题及其原因的基础上，从政策保障、师范教育、在职培训、教育管理和教师修养等方面提出推动中学思政课教师专业发展的建议对策。④ 有研究者基于自身教育教学实践提出，自主学习作为促进教师专业成长的有效方式，要增加知识储备、注重情感投资、完善人格品质；自我激励作为促进教师专业成长的助推器，要不断提高自身能力素养；自我反思作为促

---

① 李立丹. 高中政治教师专业发展研究［J］. 中学时代，2014（8）：22.
② 史晓荣. 思想品德教师专业发展影响因素分析［J］. 中学政治教学参考，2014（26）：67-69.
③ 李亚鑫. 思想品德课教师专业发展研究［D］. 鞍山：鞍山师范学院，2018：9-36.
④ 荆慧. 中学思想政治课教师专业发展探析［J］. 山西师大学报（社会科学版），2004（S1）：16-18.

进教师专业成长的重要途径，要关注反思重点、养成反思习惯、拓宽反思渠道。① 有研究者探索构建了自觉修炼以提高自身道德修养、研修萃取以丰富自身专业知识、实践淬炼以提升自身专业技能的路径体系。② 还有研究者构建了"目标—平台—体系"的乡村中学思政课教师专业发展培养模式，并总结了顶岗帮带、订单式课程、教育科研、"互联网+"创新等乡村中学思政课教师专业发展实践探索经验。③ 这些研究者们都基于中学思政课教师专业发展的现实情况，有针对性地提出了促进其专业发展的有效策略，为本书提供了借鉴。

（4）关于特定视角下中学思政课教师专业发展的研究

有研究者从特定视角出发，将中学思政课教师专业发展与相关要素相结合并开展研究，形成了一定的理论成果。一方面，新课改背景下的中学思政课教师专业发展研究。在新一轮基础教育课程改革推进过程中，有研究者认为政治课教师要不断提升专业知识、专业能力和专业素养，才能满足课程教学需要，政治教师专业发展要坚持理智取向、实践取向、生态取向，通过实践反思、行动研究、案例研究、自主学习和教育科研等途径来促进自身的专业发展。④ 另一方面，特定视角下中学思政课教师专业发展研究。有研究者在同课异构模式视角下，基于对中学思政课教师专业发展时代价值的肯定，探讨了当前中学思政课教师面临的"教师忙""教学茫""定位盲"等现实困境，提出了改革机制、协同共研、青蓝结合的问题破解路径。⑤ 也有研究者以课题研究为抓手探讨初中思政课教师专业发展问题，梳理了新时代初中思政课教师在教师地位、专业水平和专职教师数量等方面存在的问题，并在厘清初中思政课教师专业发展方向的基础

---

① 周丽萍，倪志华．"三自"策略成就教师专业成长：初中政治教师专业成长之路探析［J］．基础教育论坛，2011（3）：27-28．
② 周建民．政治教师专业发展可行性路径探析［J］．中学政治教学参考，2016（30）：97．
③ 邓飞，胡勤涌，周刘波．OPS：乡村思政课教师专业发展探索［J］．中学政治教学参考，2021（7）：89-90．
④ 刘建德．新课程实施中政治教师专业发展的思考［J］．思想政治课教学，2004（11）：51-53．
⑤ 崔伟锋，陈晶．同课异构模式下思政教师专业发展路径研究［J］．思想政治课教学，2021（7）：87-90．

上，提出通过强化制度建设、开展教科研活动以及关注教师"两次成长"等做法，推进初中思政课教师专业化发展。① 从特定视角审视中学思政课教师专业发展为研究提供了新的思路，在研究深化上发挥了重要作用。

综合对中学思政课教师专业发展相关研究成果的梳理和分析，可以发现：研究者们从基本内涵、影响因素、提升路径及特定视角等方面对中学思政课教师专业发展开展了较为深入的探讨，构建起初步的研究框架。但在基本概念的深入探讨、专业发展内容的系统构建以及如何紧扣中学思政课教师的特殊性并科学运用实证调研方法，特别是如何将社会学中实证研究和教育学中教师专业发展研究的方法合理有效地应用于中学思政课教师专业发展研究中，进而全面分析影响因素并有针对性地提出提升路径，中学思政课教师专业发展研究还有深化拓展的广阔空间，这也是本书的着力点和突破口。

（二）国外相关研究述评

梳理国外现有的相关研究，能够在把握研究动态中拓展思路、启迪思想，深化和完善中学思政课教师专业发展研究。目前，国外有关教师教育和教师专业发展的研究成果相对比较丰富，其中也有不少研究者聚焦中学教师，基于现实问题开展了中学教师专业发展的相关研究。本书主要从与中学思政课教师专业发展研究关联度较高的几个维度来梳理相关成果，其研究成果于本书有一定借鉴启发意义。

1. 关于教师专业发展的研究

国外学者的探究视角相对比较集中，在理论和实证有效结合的基础上，聚焦教师专业发展的目标内容、影响因素、途径策略等方面，提出了各自的观点和看法，是值得梳理和借鉴的重要内容。

（1）关于教师专业发展目标内容的研究

在教师专业发展目标内容方面，国外学者通过相关研究，从不同角度对教师专业发展的目标内容进行了探讨。有研究者认为教师专业发展从根本上说与教师学习有关，其主要目标是促进教师的知识、信仰和态度的改变，进

---

① 薛军丽，杨侠兵. 课题研究引领下的初中思政课教师专业发展探究[J]. 安徽教育科研，2022（17）：47-49.

而使教师获得与教学工作相关的新技能和新认知。① 有研究者认为教学内容知识是教师专业发展的重要内容,在教师专业发展计划中需要重点关注。教学内容知识作为教师专业知识的一种复杂形式,既包括教师对学生学习行为的有效评判,也包括教师对学生如何学习的准确理解,要通过向教师提供专家教学案例和制定教学策略的机会,以及帮助教师系统反思其经验等方式来发展教师的教学内容知识,进而促进教师专业发展。② 也有研究者使用半结构化面试的形式调查研究了40多名教师对专业发展的看法,在对调研数据定性分析的基础上得出,教师专业发展作为教师的内在本质,是教师不断扩大其知识、技能库以及角色责任范围的过程,这一过程与教师职业发展动机和教师专业发展愿望有关。③ 有研究者分析了意大利、德国、法国、英国和芬兰五个欧洲国家的教师成长问题,通过比较教师专业学习和提升方法,指出教师专业发展是教师经由专业学习、校本培训并借助混合式学习产品,不断更新其专业技能,增强其专业理解的过程。④

（2）关于教师专业发展影响因素的研究

在教师专业发展影响因素方面,研究者们采用实证调研方法,从不同视角剖析了与教师专业发展密切相关的一些因素。有研究者基于Maslach职业倦怠理论,在对不同地区不同学校的200多名教师进行抽样调查的基础上,探讨了教师专业发展与教师职业倦怠之间的关系,并得出教师专业能力和工作适应能力以及教师态度创造力的提高,可以保护教师免受职业倦怠的影响,进而保障教师更好的专业发展。⑤ 有研究者认为教师专业发

---

① FISHMAN B J, MARX R W, BEST S, et al. Linking teacher and student learning to improve professional development in systemic reform [J]. Teaching and Teacher Education, 2003, 19 (6): 643-658.

② VAN DRIEL J H, BERRY A. Teacher professional development focusing on pedagogical content knowledge [J]. Educational Researcher, 2012, 41 (1): 26-28.

③ AVIDOV-UNGAR O. A model of professional development: teachers' perceptions of their professional development [J]. Teachers and Teaching, 2016, 22 (6): 1-17.

④ OSTINELLI G, CRESCENTINI A. Policy, culture and practice in teacher professional development in five European countries. A comparative analysis [J]. Professional Development in Education, 2021, 50 (1): 1-17.

⑤ KOCZON-ZUREK S. Teachers' professional development and burnout syndrome [J]. New Educational Review, 2007, 11 (1): 231-238.

展的成功取决于教师的认知因素和情感因素,通过比较具有不同认知和情感特征的教师的专业发展状况,分析论证了教师的认知和情感因素对其专业发展状况具有重要影响。① 也有研究者基于实证调研指出,教师的学与教观念尤其影响着他们的教学实践,教师越是坚持以学生为本,越是有以学生和教学主题为导向的信念,就越能积极地参与专业进修,推动自身不断成长、持续发展。② 还有研究者使用差异化的专业发展框架,采用定性的方法探究了促进和阻碍教师专业发展的因素,指出与同事、学生和其他专业人员分享想法、交流问题是其专业发展的重要途径。同时,与学生协作中获得的反思、参观不同的教育空间、特定学者的支持、稳定的职业关系、解决问题的能力以及等级制的任务等都会在一定程度上影响教师的专业发展。③

(3) 关于教师专业发展途径策略的研究

在教师专业发展途径策略方面,研究者也基于教师的教育教学实践,有针对性地提出教师专业发展的途径方法。有研究者通过开放和轴向编码的方式对近十年相关研究成果的文本进行处理,在有效分析和理性思索的基础上指出,有效的教师合作、积极向上的学校文化、良好的工作氛围和正规的继续教育等能够促进教师的专业发展。④ 有研究者通过问卷调查、半结构化访谈和书面反思性陈述等方式探讨了教师合作和教师专业发展之间的关系,基于研究数据可以得出,有效的教师协作对于教师、学生、学校和社区有诸多好处,通过给教师创造良好的共同空间、保证有效的协作时间以及积极的沟通与交流和参与者开放的心态都能促进教师合作,进而

---

① SAKA Y. Who are the science teachers that seek professional development in research experience for teachers (RET's)? Implications for teacher professional development [J]. Journal of Science Education and Technology, 2013, 22 (6): 934-951.
② DE VRIES S, VAN DE GRIFT W, JANSEN E. How teachers' beliefs about learning and teaching relate to their continuing professional development [J]. Teachers and Teaching, 2014, 20 (3): 338-357.
③ SPROTT R A. Factors that foster and deter advanced teachers' professional development [J]. Teaching and Teacher Education, 2019, 77: 321-331.
④ POSTHOLM M B. Teachers' professional development: a theoretical review [J]. Educational Research, 2012, 54 (4): 405-429.

助推教师专业发展。① 也有研究者通过对新手教师进行半结构化访谈并分析新手教师与专家教师互动录音的数据得出,教师专业发展作为一个复杂的长期过程,专家教师的指导与支持是促进新手教师专业发展的有效保障。新手教师通过积极的反思与实践,将专家教师对自身教学方法手段的评论和建议内化于心,并在专家教师的鼓励和帮助下不断提升教学质量,进而实现自身成长进步。② 还有研究者通过对处在职业生涯不同时期的教师进行了半结构化的个人深度访谈,基于调查结果的数据分析得出,教师强烈地认为教师专业发展就是教师学习,教师保持良好的自主学习状态是教师专业发展的有效策略。在学习领域中,教师要学习特定学科的知识和一般科目的知识;在学习模式中,教师既要从个人经验和实践中加强自我学习,也要从同伴互动和学术研究中不断学习。通过学习不断消除自身职业生涯过程中的不利因素,进而更好地保障自身专业发展。③

通过对国外教师专业发展的相关研究成果梳理和分析可以发现:研究者大都基于实证调研数据,对教师专业发展的目标内容、制约因素以及途径策略等议题进行了有效研究,揭示了教师在教育教学过程中有关自身专业发展方面的实际问题,对本书研究具有一定启示价值。同时,这些研究大都采用了科学的数据分析方法,结论也有相关的数据支撑,为本书的实证调研提供了参考和借鉴。

2. 关于中学教师专业发展的研究

梳理国外学者的相关成果可以发现,研究主要围绕中学教师专业发展的目标内容、影响因素、途径策略三方面展开,其中的一些观点、理论以及研究方法对本研究具有一定的借鉴意义。

---

① FORTE A M, FLORES M A. Teacher collaboration and professional development in the workplace: a study of Portuguese teachers [J]. European Journal of Teacher Education, 2014, 37 (1): 91-105.

② JIN X J, LI T J, MEIRINK J, et al. Learning from novice-expert interaction in teachers'continuing professional development [J]. Professional Development in Education, 2019, 47 (5): 745-762.

③ AVIDOV-UNGAR O, HERSCU O. Formal professional development as perceived by teachers in different professional life periods [J]. Professional Development in Education, 2019, 46 (5): 833-844.

(1) 关于中学教师专业发展目标内容的研究

着眼目标内容方面,研究者们结合自身认知和研究主题,从不同层面对中学教师专业发展的目标内容进行了阐述。有研究者比较了上海和澳大利亚的中学教师专业发展需求内容,提出上海中学教师在"满足学生个人学习""根据自身特点评估学生""管理班级纪律"等能力方面的需求水平较高,澳大利亚中学教师在"教授有特殊需要的学生""在工作场所中使用新技术"等方面需要专业发展。① 有研究者认为专业知识是中学教师专业发展的重要内容,其中包括反思实践、对话练习、注重成果、致力教学、自我完善等方面的知识能力,中学教师在知识能力积累中实现专业发展。② 也有研究者探究了中学教师成长历程,提出其专业发展内容不仅包括知识理论的学习,还包括教育价值观或教育信仰的转变、基于实践的反思总结和经验积累等内容。③ 还有研究者认为有效的持续专业发展计划旨在对中学教师的知识基础、信仰和观点及其课堂实践产生影响,而这几方面也是中学教师专业发展的重要内容。④

(2) 关于中学教师专业发展影响因素的研究

围绕影响因素方面,研究者们提出了各自的观点并运用不同的研究方法对影响因素的相关性进行了论证。有研究者运用访谈和数据收集等方法,探讨了学校对中学教师专业发展的影响,提出在学校中专业学习机会和协同工作与学习对教师专业发展影响较大,教师领导、团队领导和学校

---

① FANG G B, CHAN P W K, KALOGEROPOULOS P. Secondary school teachers' professional development in Australia and Shanghai: Needs, support, and barriers [J]. Sage Open, 2021, 11 (3).

② SORENSEN N. Improvisation and teacher expertise: implications for the professional development of outstanding teachers [J]. Professional Development in Education, 2017, 43 (1): 6-22.

③ CARPENDALE J, BERRY A, COOPER R, et al. Balancing fidelity with agency: understanding the professional development of highly accomplished teachers [J]. Professional Development in Education, 2021, 49 (6): 994-1009.

④ ÖZER F, Doğan N, YALAKI Y, et al. The ultimate beneficiaries of continuing professional development programs: Middle school students' nature of science views [J]. Research in Science Education, 2021, 51 (S2): 757-782.

校长对教师专业发展有一定影响。① 有研究者通过定性研究探讨了学校愿景、学校文化和中学教师专业发展的关系，论证了清晰明确的学校愿景和良好的学校文化氛围对教师专业发展的促进作用。② 也有研究者通过实证研究分析了中学教师专业发展的阻碍因素，提出工作制约和缺乏质量是最重要的阻碍因素，认识不足、家庭制约和费用高对中学教师专业发展也有一定的阻碍影响。③ 还有研究者通过调研和数据分析，探讨了教师个人、教师参与的学习活动，以及学校为教师学习提供的机会和支持对中学教师专业发展的影响，提出中学教师的专业发展和对专业学习的支持显示出许多与有效专业学习相关的特征。④

(3) 关于中学教师专业发展途径策略的研究

聚焦途径策略方面，研究者们从不同研究主题出发提出了中学教师专业发展的有效途径和策略方法。有研究者运用问卷调查和访谈相结合的方法，研究了中学教师专业发展的详细情况，探讨得出校本学习、学术事业、学校环境以外的专业追求、政府计划和自主学习等专业发展路径。⑤ 有研究者认为协作式学习是中学教师专业发展的有效策略，提出通过改善学生和教师的课堂学习环境，为学校和教师教育工作者创造专业发展模式，提供有关课堂上学习和教学问题的有效知识，来开展协作式教师学

---

① ADMIRAAL W, SCHENKE W, DE JONG L, et al. Schools as professional learning communities: what can schools do to support professional development of their teachers [J]. Professional Development in Education, 2021, 47 (4): 684-698.

② MORAAL E, DE VRIES S, VAN VEEN K. The relationship between school vision, school culture and professional development of experienced teachers [J]. Pedagogische Studien, 2020, 97 (6): 403-419.

③ RICHTER R, RICHTER D, MARX A. What stops teachers from participating in professional development? An empirical study of deterrent factors for secondary school teachers in Germany [J]. Zeitschrift Fur Erziehungswissenschaft, 2018, 21 (5): 1021-1043.

④ OPFER V D, PEDDER D. The lost promise of teacher professional development in England [J]. European Journal of Teacher Education, 2011, 34 (1): 3-24.

⑤ CIROCKI A, FARRELL T. Professional development of secondary school EFL teachers: Voices from Indonesia [J]. System, 2019, 85.

习。① 也有研究者从跨文化国际教育视角探讨了中学教师专业发展的途径，提出实践练习、教育培训、自我反思等是帮助中学教师专业发展的有效路径。② 还有研究者认为教师培训日的利用是中学教师专业发展的重要途径，提出培训日开展最有效的是直接满足个人需求以及学校需求的活动类型，为此需要一种与绩效管理和评估过程密切相关的更个性化的专业发展方法。③

通过对国外研究中学教师专业发展相关成果的梳理和分析可以发现：研究者们多是从不同研究项目或研究主题出发，运用实证研究的分析方法，从目标内容、影响因素、途径策略等方面对中学教师专业发展进行了一定探讨，在基本观点、研究思路、方法运用上对本书的研究有一定启发和借鉴意义。但如何运用系统分析，将教师专业发展理论与思政课教师实际深度结合，并且在坚持理论探讨与实证研究相统一的基础上，突出研究的学理性与内在科学性，还需要进一步深入研究。本书通过吸收这些观点、思路和方法，聚焦中学的阶段特殊性和思政课教师的学科特殊性，在此基础上全面系统地开展中学思政课教师专业发展研究。

三、中学思政课教师专业发展的研究思路

（一）中学思政课教师专业发展的研究目标

本书以"教师专业发展"为分析框架，着眼思政学科，聚焦中学教师，以马克思主义关于人的全面发展理论、党的领导人关于教师素养重要论述以及思想政治教育学中教育者的相关理论为理论基础，以教育学视域下教师专业发展理论为借鉴，以回答什么是中学思政课教师专业发展、中学思政课教师专业发展内容要素由什么构成、中学思政课教师专业发展基

---

① ERICKSON G, BRANDES G, MITCHELL I. Collaborative teacher learning: Findings from two professional development projects [J]. Teaching and Teacher Education, 2005, 21 (7): 787-798.
② BIASUTTI M, CONCINA E, FRATE S, et al. Teacher professional development: Experiences in an international project on intercultural education [J]. Sustainability, 2021, 13 (8): 4171.
③ BUBB S, EARLEY P. The use of training days: finding time for teachers' professional development [J]. Educational Research, 2013, 55 (3): 236-248.

本阶段以及影响中学思政课教师专业发展的主要因素等一系列关键问题为主线，运用文献分析法、跨学科研究法、系统分析法等研究方法，同时采用个人访谈、多维问卷调研等数据收集法以及质性与量化等数据分析法，科学把握中学思政课教师专业发展基本阶段，在理论探讨和实证分析结合中，重点探究影响中学思政课教师专业发展的现实因素，落脚提出推动促进中学思政课教师专业发展的有效策略，以形成系统的中学思政课教师专业发展综合性研究。

1. 深化中学思政课教师专业发展的学理性阐释

中学思政课教师专业发展是一个理论问题，本书以"教师专业发展"为分析视角，重在对中学思政课教师专业发展进行学理阐释。从科学把握中学思政课教师专业发展的基本内涵、本质属性着手，厘清中学思政课教师专业发展时代特征，在梳理借鉴多学科相关理论的基础上，以系统思维探索其专业发展的内容要素，并对中学思政课教师专业发展做出有效的现实回应，以深化中学思政课教师专业发展的学理性阐释。

2. 拓展中学思政课教师专业发展的实践性探索

中学思政课教师专业发展也是一个实践问题，本书在明晰中学思政课教师专业发展科学内涵、现实要义的基础上，以党和国家政策文件以及相关理论研究为依据借鉴，以调研教师的测评反馈数据为支撑，系统探讨了中学思政课教师专业发展的内容要素。同时，以相关政策文件、标准方案和有关理论成果为依据，以多次匿名征询研究的数据为支持，科学探讨中学思政课教师专业发展的基本阶段。此外，有效结合教师专业发展内蕴的理念特质与方式途径，在理论探讨影响因素的基础上切实结合访谈数据，构建中学思政课教师专业发展影响因素的基本框架，并以影响因素专题调研数据为切入点，厘清并确立了影响中学思政课教师专业发展的主要因素，进而提出推动中学思政课教师专业发展的策略途径，以拓展促进其专业发展的实践性探索。

（二）中学思政课教师专业发展的研究内容

本书探讨中学思政课教师专业发展问题，具体分为六部分内容。第一部分:绪论。通过对现有研究成果进行梳理,明确研究起点与基础,并在已有研究基础上确定本书的研究缘起、研究目标和研究内容、研究方法和研究创新点。第二部分:中学思政课教师专业发展的学理阐释。从发掘中学思政课教师专业发展的理论依据着手,探讨中学思政课教师专业发展的概念内涵,进而回应中学思政课教师专业发展的现实之需,从这几个方面阐明中学思政课教师专业发展的相关基本问题。第三部分:中学思政课教师专业发展内容要素。在梳理习近平总书记关于教师素养要求的重要论述,归纳总结党和国家关于教师专业素养政策文件要求以及借鉴教育学中教师专业发展理论的基础上,结合专题访谈数据以及调研教师反馈的内容要素测评数据,系统探讨了中学思政课教师专业发展的内容要素,包括专业精神、专业知识、专业能力三个方面,并阐明其内容要素的现实指向和价值定位。第四部分:中学思政课教师专业发展的基本阶段。借鉴国内外学者关于教师专业发展阶段的研究,参考依据中学教师分层培训工作计划和教师职业能力标准以及职称评定方案等,同时对中学思政课教师进行多次匿名征询调研,确立中学思政课教师专业发展的基本阶段。第五部分:中学思政课教师专业发展的影响因素。该部分以影响因素专题调研数据为切入点,结合教师专业发展内蕴的理念特质和方式途径,从教师思想意识状况、教师专业发展能力、教师发展支持条件三个维度厘清影响中学思政课教师专业发展的主要因素。第六部分:中学思政课教师专业发展的推动促进。该部分在上述研究的基础上有针对性地提出推动和促进中学思政课教师专业发展的有效策略,包括教师专业发展内生动力的激发、教师专业发展能力的培养、多维教学研究的引导以及教师评价功能的切实发挥等策略。本书的研究结构如图1所示。

(三)中学思政课教师专业发展的研究重点

1. 中学思政课教师专业发展的概念厘清

中学思政课教师专业发展是本书的核心概念,开展研究首先必须弄清楚中学思政课教师专业发展是什么,其与教师专业化和教师队伍建设有什么内在联系和区别,相较于中学思政课教师素质能力要求又有何特殊性。从目前的研究来看,学界对于中学思政课教师专业发展研究较少,且对其

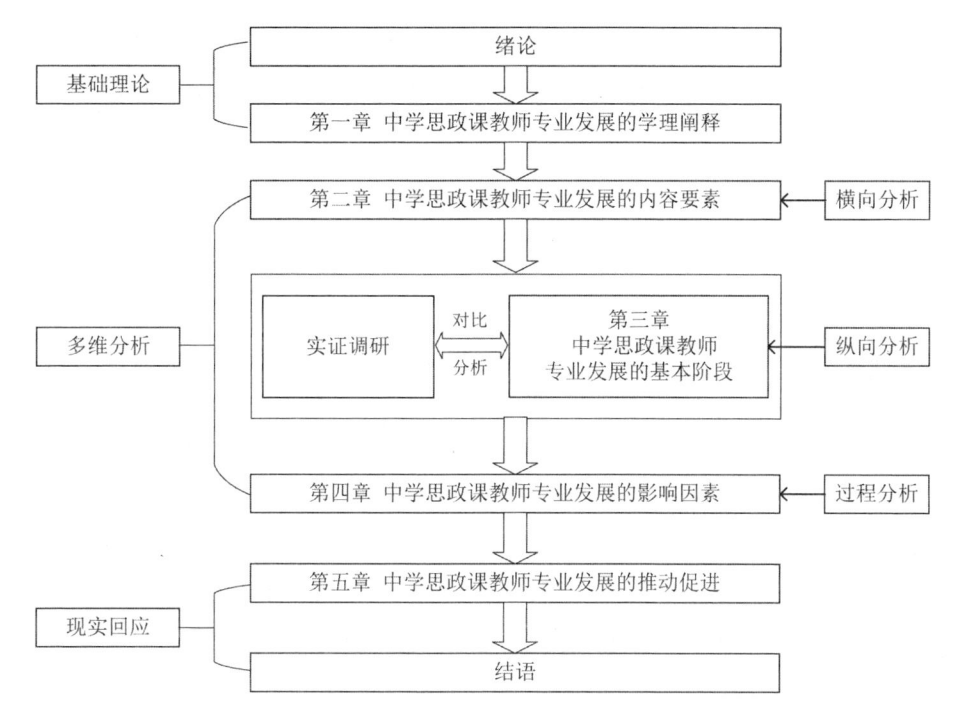

图1 中学思政课教师专业发展研究结构图

概念并无统一界定,需要充分借鉴教育学中教师专业发展理论与实践成果,依据党和国家对中学思政课的政策文件,紧扣中学思政课教师实际,以厘清概念的内涵与外延,并在此基础上深化中学思政课教师专业发展理论与实践研究。

2. 中学思政课教师专业发展的横向要素梳理

中学思政课教师专业发展是教师各专业素养不断积累完善的过程。专业素养作为核心的内容要素,是中学思政课教师专业发展的重要着力点。从横向上梳理专业发展的内容要素是展开研究的前提和基础。全面梳理中学思政课教师专业发展的内容要素,不是简单机械的无用功,而是切实着眼中学思政课教师的教育教学实际,从不同层面系统探讨教师的专业素养,进而明晰教师专业发展的具体指向。中学思政课教师作为专业人员,为更好地满足教育教学需求,必须明确自身需要提升与完善的专业素养,厘清其具体的现实指向。为此,本书在把准核心概念的基础上,结合实证调研数据,着力从横向上明晰中学思政课教师专业发展的内容要素。

31

3. 中学思政课教师专业发展的纵向阶段确立

中学思政课教师专业发展是教师在主观能动作用切实发挥的前提下，不断提升自身专业素养的过程。探讨中学思政课教师专业发展的基本阶段，是在明确其专业发展内容要素的基础上，对其应然成长过程开展的进一步研究。厘清这一过程需要在依据教师职业能力标准和职称评定方案、参考中学教师分层培训工作计划、借鉴教师专业发展阶段研究的基础上，着力探究中学思政课教师专业发展的基本阶段，以教师专业素养为尺度制定出不同阶段教师的专业标准。同时，通过对一线的中学思政课教师进行多次匿名征询调研，不断修改完善该标准，使其在理论自洽的基础上，切实符合中学思政课教师专业发展实际。通过理论探讨和实证研究相结合的方式，使得该标准充分契合理论和实践逻辑，更加科学有效。确立中学思政课教师专业发展基本阶段是本书的又一个重难点，之所以要探讨不同阶段中学思政课教师的专业标准以及对其专业素养进行的应然描述，除了深化中学思政课教师专业发展阶段理论，更重要的是帮助不同阶段中学思政课教师明确自身专业发展的实际情况和主要任务，有利于指导和促进不同发展阶段中学思政课教师的专业成长发展。

4. 中学思政课教师专业发展的影响因素探讨

对横向要素的梳理、纵向阶段的确立，其落脚点都是要帮助中学思政课教师专业发展过程有序推进。而要实现这一目标离不开对中学思政课教师专业发展影响因素的探讨。探究中学思政课教师专业发展的影响因素，是推动促进教师专业成长的前提依据，能够帮助其有效把准促进专业发展的有利因素。基于对中学思政课教师专业发展影响因素的理论探讨，切实结合专题访谈数据，本书设计了中学思政课教师专业发展影响因素的调研问卷，通过对调研数据的多维分析处理，从而确立影响中学思政课教师专业发展的主要因素，为其专业发展推动促进策略的分析探讨奠定了基础。

（四）中学思政课教师专业发展的研究方法

本书聚焦中学思政课教师专业发展这一关键命题，综合运用文献分析法、跨学科研究法、系统分析法、实证调研法等方法，基于理论与实践视角深入探讨中学思政课教师专业发展的内涵特质、内容要素、基本阶段、影响因素和提升路径等内容,构建起中学思政课教师专业发展的综合性研究。

1. 文献分析法

研究中学思政课教师专业发展,需要对已有研究成果和相关研究基础进行收集、梳理、归纳和分析,使关于中学思政课教师专业发展的认识和分析建立在已有研究成果的基础上。本书在总结吸收教师专业发展的相关著作与论文的基础上,系统梳理了马克思主义经典作家关于教师素养的相关思想和论述,党和国家关于教师教育、教师队伍建设以及思政课程标准等相关政策文件,特别是党的十八大以来习近平总书记关于教师和思政课的相关论述,以及思想政治教育学原理和现代思想政治教育学的相关理论与著作等。同时学习借鉴了教育学中教师专业发展研究和社会学中实证研究的技术方法。文献梳理的关键在于通过抽象概括、归纳总结和系统分析等方法的运用,梳理已有的研究成果,了解研究的最新进展,从中提炼出规律性的认识,为本书奠定基础。

2. 跨学科研究法

中学思政课教师专业发展是一个涉及多学科领域的研究课题,本书着眼中学思政课教师来探究教师专业发展,要厘清这一问题,运用跨学科研究法展现出现实的必要性。教师专业发展是教育学中的一个重要研究方向,具有坚实的理论基础和丰富的研究成果。随着研究理论的不断成熟丰富,切合实践需要的各学科教师专业发展也逐渐发展起来。本书以马克思主义为指导,借鉴教育学、社会学等学科的理论和方法,在紧扣中学思想政治教育和中学思政课教师成长规律和特征的基础上,坚持将思想政治教育学科特色与多学科优势相结合,将多学科的理论观念和方法手段合理融入中学思政课教师专业发展研究之中,建立中学思政课教师专业发展的系统性、科学性认识,以形成研究的有益探索。

3. 系统分析法

中学思政课教师专业发展研究是一项系统工程,本书既着力以系统思维探讨中学思政课教师专业发展的内容要素和基本阶段,也力图以系统分析框架研究中学思政课教师专业发展的影响因素和途径策略。系统分析法是本书得以完成的重要方法。本书在认识教师专业发展的基础上，切实把握其内涵与外延，聚焦中学思政课教师专业发展。在厘清中学思政课教师专业发展内容要素、基本阶段的基础上，通过对调研数据的整体处理与多维分析，系统探讨影响中学思政课教师专业发展的主要因素，据此提出推动促进中学思政课教师专业发展的系统策略，以形成较为系统全面的综合性研究。

4. 实证调研法

中学思政课教师专业发展研究是交叉学科视域下理论与实践相结合的重要研究命题，实证调研法对于研究的顺利开展具有重要意义。本书在明确中学思政课教师专业素养框架的基础上，运用征询调研、专题访谈、问卷调查等数据收集方法，致力于把握中学思政课教师专业发展的内容要素、基本阶段、影响因素。同时，运用质性研究和量化研究等数据分析方法，构建中学思政课教师专业发展的内容要素体系与基本阶段描述，厘清促进和制约中学思政课教师专业发展的影响因素，落脚探讨推动促进中学思政课教师专业发展的有效策略。

（五）中学思政课教师专业发展的研究创新

1. 研究视角较为新颖。目前着眼思政课教师，从教师专业发展视角开展的研究较少。本书以"教师专业发展"为分析框架，着眼思政学科，聚焦中学教师，以多学科相关理论为基础和借鉴，重新审视中学思政课教师专业发展的理论与实践；在明确中学思政课教师专业发展概念内涵、内容要素以及基本阶段等一系列关键问题的基础上，探讨影响中学思政课教师专业发展的影响因素，以形成推动促进其专业发展的有效策略，破解中学思政课教师专业发展过程中的现实问题，进而系统深化对中学思政课教师专业发展的学理性阐释和实践性探索。

2. 研究内容较有时代性和针对性。本书遵循新时代思政课改革创新要求，着眼中学生"拔节孕穗期"的思想引领工作，适应思政课教师队伍建设科学化、专业化、规范化趋势，重点研究中学思政课教师专业发展的内容要素，突出教师专业发展的自主性，以满足中学生对内涵式、高质量思政课的需求和期待。本书立足理论与实践的有机结合，探索构建了中学思政课教师专业发展的基本阶段，结合其专业素养，有效梳理促进和制约中学思政课教师专业发展的重要因素，搭建起聚焦中学思政课教师专业发展的系统分析框架，使得推动促进策略更具针对性。

3. 研究方法新颖有效。本书在充分把握中学思政课教师特殊性的基础上对其专业发展进行了系统探讨。运用系统分析法，以系统思维构建了研究框架。同时，也系统性地运用数据分析方法，根据不同章节的内容特性以及所破解的问题，将不同的数据收集与分析方法切实融入教师专业发展研究各个部分之中。在中学思政课教师专业发展内容要素的系统构建中，通过将基于理论探讨构建的内容要素框架向一线中学思政课教师进行调研，在测评数据有效验证与反馈意见吸纳处理的基础上，确立中学思政课教师专业发展的内容要素。在中学思政课教师专业发展基本阶段的探索中，通过将依据理论、政策与实践而构建的教师专业发展阶段描述，多次向一线中学思政课教师进行匿名征询调研，在对反馈数据的多维分析与有效处理中，阐明中学思政课教师专业发展的基本阶段。在中学思政课教师专业发展影响因素的探赜中，通过将基于专题访谈与理论探讨而设计的中学思政课教师专业发展影响因素问卷向一线中学思政课教师进行调研，在对反馈数据的有效分析的基础上，确立影响中学思政课教师专业发展的主要因素，为本书的研究提供有效数据支撑。

第一章

中学思政课教师专业发展的学理阐释

中学思政课教师专业发展是教师自主提升专业素养的内在需要,也是其更好适应外在要求期待的必由之路。促进中学思政课教师专业发展,能够有效增进教育教学实效,推动高素质中学思政课教师队伍建设。因此,研究中学思政课教师专业发展展现出现实的必要性。本章主要对中学思政课教师专业发展的概念内涵、理论依据及其现实回应做前提性概要,以厘清研究的基础理论问题。

第一节 中学思政课教师专业发展的概念内涵

20世纪80年代"教师专业化的重心由群体转向个体"[1]以来,教师专业发展既是教师教育改革创新的主流议题,也是破解教育教学质量问题的重要维度。从概念来看,"教师专业发展是指教师个体的专业知识、专业技能、专业情意、专业自主、专业价值观、专业发展意识等方面由低到高,逐渐符合教师专业人员标准的过程"[2]。在40多年的理论研究和实践探索中,教师专业发展"由关注教师专业群体的专业化到关注教师个体的专业发展;由关注专业发展的'外部'环境和对社会专业的认可到关注

---

[1] 何兰芝,韩宏莉. 教师专业发展与成长规划[M]. 北京:北京师范大学出版社,2017:8.
[2] 宋广文,魏淑华. 论教师专业发展[J]. 教育研究,2005(7):71.

'内部'专业素质提高的过程"①。在这一过程中，教师专业发展的概念内涵也不断拓展与深化，更加关注教师主体性作用的有效发挥以及发展内容的适用性、发展方式的时代性和发展过程的渐进性。

基于对《中学教师专业标准（试行）》中关于教师标准基本要求以及《义务教育道德与法治课程标准（2022年版）》和《普通高中思想政治课程标准（2017年版2020年修订）》中关于初中、高中思政课教学目标任务和课程标准的有效把握，在对教师专业发展理论梳理分析以及对中学思政课教师专业发展专题访谈和内容要素实证测评数据分析把握的基础上，可将中学思政课教师专业发展定义为教师为实现引导中学生形成符合时代和社会发展要求的思想政治素质这一目标，坚持以专业素养提升为指向，以自主发展意识和外在要求期待为动力支撑，在自主学习和支持保障结合中，促进自身专业精神、专业知识和专业能力等素养持续提升与发展的过程。

一、中学思政课教师全面协调的素养发展过程

从本质上看，中学思政课教师专业发展是教师专业素养不断积累发展的过程。随着专业发展内涵不断深化和中学思政课教师素养要求不断提高，中学思政课教师专业发展更加强调专业素养的全面提升以及多元素养的协同推进。

（一）着眼专业素养的全面提升

中学思政课教师专业发展着眼专业素养的全面提升。聚焦价值维度审视，全面的专业素养是中学思政课教师顺利完成教学目标任务，进而有效提高学生思想政治素质，夯实其学科核心素养的重要前提。中学思政课"具有学科内容的综合性、学校德育工作的引领性和课程实施的实践性等

---

① 全国十二所重点师范大学联合编写. 教育学基础：第3版［M］. 北京：教育科学出版社，2014：131.

特征"①，这就要求中学思政课教师不仅需要掌握扎实全面的理论知识，也需要具备坚定的信念、深厚的情怀、高尚的品格和出色的教书育人能力。习近平总书记在学校思想政治理论课教师座谈会上就教师素养问题作过深刻论述，强调"思政课教师政治要强、情怀要深、思维要新、视野要广、自律要严、人格要正"，②再次确证了中学思政课教师只有具备全面的专业素养，才能在教育教学中有效发挥自身的积极性、主动性和创造性。中学思政课教师专业发展是其为有效引导学生切实提升思想政治素质，而不断更新、完善自身专业素养，逐渐实现成长发展的过程，这一过程坚持以专业素养提升为指向，本身内蕴着对教师专业素养的高度关注，强调中学思政课教师各方面专业素养的全面性提升，这种"全面性不是想象的或设想的全面性，而是他的现实联系和观念联系的全面性"③。具体而言，中学思政课教师不仅需要具备信念坚定与善于担当的政治素质、敬业乐教与严以自律的专业道德和自主提升与着眼学生的专业理念，也需要掌握思想政治教育学科内容知识、思想政治教育学科教学知识、中学生特点及其教育的相关知识，以及知识传授和价值引导相统一的教学能力、与时俱进的教育研究能力和多维并举的教育反思能力。总的来说，中学思政课教师只有在教育教学实践中注重专业素养的全面提升，不断推动自身专业发展，才能有效铸魂育人、启智润心。

（二）突出多元素养的协调推进

中学思政课教师专业发展突出多元素养的协调推进。协调"注重的是解决发展不平衡问题……是持续健康发展的内在要求"④。协调发展多元素养作为中学思政课教师专业发展的内在要求，是其上好思政课的关键基

---

① 中华人民共和国教育部制定. 普通高中思想政治课程标准（2017年版2020年修订）[M]. 北京：人民教育出版社，2020：1.
② 习近平. 思政课是落实立德树人根本任务的关键课程[M]. 北京：人民出版社，2020：12-17.
③ 中共中央马克思恩格斯列宁斯大林著作编译局. 马克思恩格斯全集：第30卷[M]. 北京：人民出版社，1995：541.
④ 中共中央宣传部. 习近平总书记系列重要讲话读本：2016年版[M]. 北京：学习出版社，人民出版社，2016：131-133.

础。一方面，中学思政课教学是知识传授与价值引导高度统一的实践活动，在思政课教学实践中，"知识是载体，价值是目的，要寓价值观引导于知识传授之中"①。这就要求中学思政课教师不仅需要掌握思想政治教育学科内容等相关知识，还需要加深对学生需求特点与成长规律的把握，不断夯实自身教育教学能力，进而在专业知识和专业能力有效配合、协调互动中把教育内容背后的道理讲清楚、讲明白。另一方面，中学思政课教学强调师生之间的思想交流与情感沟通，其教学实践具有很强的示范引领作用，这就要求中学思政课教师在夯实自身专业知识和专业能力的同时，也要协调有序地提升政治素质、增强专业情怀、强化专业责任、提高专业品格。中学思政课教师专业发展在坚持教师专业素养全面发展的基础上，也突出多元专业素养的协调推进，强调"协调既是发展手段又是发展目标，同时还是评价发展的标准和尺度"②。围绕多元素养的协调推进，中学思政课教师专业发展是两点论和重点论的统一体，既要求教师着力补齐短板，提升自身薄弱领域方面的素养，又要求其筑牢和巩固原有优势，进而在共同发展、协调互促中不断优化、完善自身素养结构与体系。总的来说，中学思政课教师专业发展本身包含着对多元素养有序协调推进的要求，是各方面素养协调发展的过程。

（三）强调素养发展的过程本质

中学思政课教师专业发展强调素养发展的过程本质。聚焦概念内涵，教师专业发展这一过程的实质是中学思政课教师在自主学习和支持保障结合中，促使自身专业精神、专业知识和专业能力等素养持续提升与优化。着眼本质，一方面，中学思政课教师专业发展过程是目标性明确的实践过程，在发展过程中具有相对明确的方向性和目的性，是"有一定的标准和参照系"③的。中学思政课教师的主要职责与使命是讲好思政课，进而引

---

① 习近平. 思政课是落实立德树人根本任务的关键课程 [M]. 北京：人民出版社，2020：19.
② 中共中央宣传部. 习近平总书记系列重要讲话读本：2016年版 [M]. 北京：学习出版社，人民出版社，2016：133-134.
③ 陈向明. 从教师"专业发展"到教师"专业学习" [J]. 教育发展研究，2013，33（8）：1-7.

导并帮助学生扣好人生第一粒扣子，其专业发展的一切实践活动都应围绕如何更好地完成课程教学目标任务，指向切实引导初中生"把党、祖国、人民装在心中，强化做社会主义建设者和接班人的思想意识"①，以及引导高中生"衷心拥护党的领导和我国社会主义制度，形成做社会主义建设者和接班人的政治认同"②。在专业发展过程中，教师需以党和国家对中学思政课教师专业素养的实际要求为目标，指引自身持续发展。另一方面，中学思政课教师专业发展过程是一个长期性并且受多方面因素共同影响的过程。在这一过程中，中学思政课教师专业发展的状况不仅与教师的思想意识和专业发展能力等内在因素密切相关，也受教师评价考核机制、培养培训体系、学校管理方式以及群体氛围等外在支持条件的影响。同时，中学思政课是紧扣时代发展脉搏的重要课程，其内容发展更新变化相对较快，这都要求中学思政课教师要不断完善和优化自身专业素养。因此，其专业发展又呈现突出的长期性，并伴随教师职业生涯全过程。总的来说，中学思政课教师专业发展是目的性明确、受多方面因素交织影响、贯穿其整个职业生涯的长期性实践过程。

二、自主发展动力主导下的教师主体成长实践

中学思政课教师专业发展作为教师主体追求专业成长与进步的实践活动，本身内蕴着对教师主观能动性的关注和要求。从教师主体维度来看，中学思政课教师专业发展是其坚持以自主发展动力为主导，以满足外在要求期待为支撑的主体性专业成长发展的实践活动。

（一）坚持以自主发展动力为主导

中学思政课教师专业发展是教师坚持以自主发展动力为主导的主体性实践活动。着眼教师专业发展概念内涵的深化演进过程可知，教师专业发

---

① 关于深化新时代学校思想政治理论课改革创新的若干意见［M］.北京：人民出版社，2019：5.
② 关于深化新时代学校思想政治理论课改革创新的若干意见［M］.北京：人民出版社，2019：5.

展越发重视教师主体作用的发挥,更加关注和强调教师成长发展的自主性。具体而言,教师专业发展是20世纪80年代为"通过提高教师的专业性来达到提高教师地位的目的"①,基于"教师专业化的重心由群体转向个体,强调教师个体的专业化"② 这一背景发展起来的,主要指"教师的专业成长或教师内在专业结构不断更新、演进和丰富的过程"③。随着对教师主体性作用的关注和肯定,以及理论研究的持续深入,教师专业发展更加强调教师专业自主性的发挥,认为这一过程是"以教师专业自觉为动力,提升专业素养,升华专业品性"④ 的渐进动态过程。教师专业发展作为教师不断提升自身专业素养的实践活动,本身包含着对自身成长发展的能动性要求。在充分借鉴吸收目前学界强调的教师专业发展主体性可以得出,中学思政课教师专业发展是以教师自主发展动力为主导的实践活动。一方面,教师专业发展是教师主体性的实践活动,发展效果的切实提升以及发展目标的有效实现都需要教师主观能动性的发挥以及内在发展动力的主导和支撑,可以说教师的自主发展动力本身就内蕴在中学思政课教师专业发展中。另一方面,坚持以自主发展动力为主导契合对中学思政课教师的持续发展要求。中学思政课教学涉及不同领域的多方面知识,不仅需要为学生传授科学的理论知识,更强调对学生进行价值引导,"这样的特殊性对教师综合素质要求很高……思政课教学内容要跟上时代,只有不断备课、常讲常新才能取得较好教学效果"⑤。因此,中学思政课教师需要具备自主专业发展意识,根据自身素养结构和水平,积极主动夯实完善自身专业素养。总的来说,中学思政课教师专业发展是以教师自主发展意识为支撑,以自主发展动力为主导的实践活动。

---

① 何兰芝,韩宏莉. 教师专业发展与成长规划 [M]. 北京:北京师范大学出版社,2017:8.
② 何兰芝,韩宏莉. 教师专业发展与成长规划 [M]. 北京:北京师范大学出版社,2017:8.
③ 叶澜,白益民,王枬,等. 教师角色与教师发展新探 [M]. 北京:教育科学出版社,2001:226.
④ 刘义兵. 教师专业发展 [M]. 北京:高等教育出版社,2017:10.
⑤ 习近平. 思政课是落实立德树人根本任务的关键课程 [M]. 北京:人民出版社,2020:11.

(二) 以满足外在要求期待为支撑

中学思政课教师专业发展是教师以满足外在要求期待为支撑的实践活动。从外部视角审视，中学思政课教师专业发展过程也是教师主体为不断顺应满足外在要求与期待的实践过程。一方面，中学思政课教师专业发展以顺应外在要求为支撑。中学思政课教师作为传播知识与真理、塑造灵魂与生命的思想政治教育专业人员，需要在强化自身主导责任意识和育人使命担当中，依据党和国家对中学思政课教学目标任务及其教师素质能力的现实要求，持续夯实完善自身专业素养。习近平总书记强调，思政课"要让信仰坚定、学识渊博、理论功底深厚的教师来讲"[①]，"思政课教师政治要强、情怀要深、思维要新、视野要广、自律要严、人格要正"，要"不断增强思政课的思想性、理论性和亲和力、针对性"，[②] 为中学思政课教师专业发展指明了要求期待。同时，中学思政课教师也需要为更好地完成课程标准中学科核心素养培养目标、课程内容、学业要求等，不断推动自身进行专业发展实践活动。另一方面，中学思政课教师专业发展以满足外在期待为支撑。中学生处在思想政治观念有效确立的关键时期，具有夯实强化自身思想意识和政治认同的需求，对兼具实效性与针对性的优质思政课有着强烈的期待。中学思政课教师需要为有效引导学生"强化做社会主义建设者和接班人的思想意识"[③] 以及"形成做社会主义建设者和接班人的政治认同"[④]，不断提升完善自身专业素养，增强教学质量实效，进而更好地满足学生的需求期待。

(三) 教师主体专业成长的实践活动

中学思政课教师专业发展本身是教师主体专业成长的实践活动。实践

---

① 习近平. 思政课是落实立德树人根本任务的关键课程 [M]. 北京：人民出版社，2020：12.
② 习近平. 思政课是落实立德树人根本任务的关键课程 [M]. 北京：人民出版社，2020：17.
③ 关于深化新时代学校思想政治理论课改革创新的若干意见 [M]. 北京：人民出版社，2019：5.
④ 关于深化新时代学校思想政治理论课改革创新的若干意见 [M]. 北京：人民出版社，2019：5.

作为人所特有的对象化活动，是人的存在方式，指"以人为主体，以客观事物为对象的现实活动"①。在这一活动中，人不仅能动地改造客观世界，同时也改造主观世界。聚焦教师本身，中学思政课教师专业发展是教师主体自身的、有意识的实践活动，关注教师在教学实践开展基础上的主观素养体系塑造。具体而言，专业发展作为中学思政课教师的主体性实践活动，本身具有自主性和创造性特征。在教师主体专业成长的实践活动中，中学思政课教师通过具体教学实践，不但能够把握自身专业发展的现实状况和未来指向，也能够认识自身专业发展过程中的客观规律，并有效利用规律来推动促进自身的专业发展。同时，中学思政课教师专业发展也外显出创造性特征，"自然不会自动满足人的需要，人对世界的改造本质上就是创造"②。教师专业发展作为教师主体在改造客观世界的基础上改造主观世界的实践活动，本身就是主体自我创造的过程。这一创造过程来源于中学思政课教师作为专业人员的自身内在需要，是教师主体有意识的实践活动，主要表征为中学思政课教师为满足自身专业成长发展的内在需要和党和国家以及学生对其的外在要求期待，积极地、能动地提升自身专业素养。总的来说，中学思政课教师专业发展作为教师主体自我创造的过程，关注教师主观素养体系塑造，是教师主体专业成长的实践活动。

三、中学思政课教师持续专业提升的阶段演进过程

中学思政课教师专业发展作为教师主体的专业成长实践活动，是教师持续专业提升的阶段演进过程。基于以时间为序的纵向视角，教师专业发展的阶段演进过程内蕴着持续专业提升的现实要求，发展历程呈现突出的阶段性且不同阶段之间表征出衔接的有序性。

（一）发展历程呈现突出的阶段性

中学思政课教师专业发展呈现突出的阶段性。教师专业发展作为"一

---

① 陈先达，杨耕．马克思主义哲学原理：第 4 版 [M]．北京：中国人民大学出版社，2016：71.

② 陈先达，杨耕．马克思主义哲学原理：第 4 版 [M]．北京：中国人民大学出版社，2016：71.

个持续社会化和个性化的过程,具有多阶段性特征"①。聚焦中学思政课教师个体,由于其专业发展影响因素的多样性、复杂性、交织性,以及影响因素出现与作用的不确定性,一些中学思政课教师的专业成长与发展可能会陷入低潮,甚至停滞不前。但从一般性的角度考察,中学思政课教师专业发展本身是其各方面素质能力由不完善成熟向比较完善成熟的方向发展演进的过程。在这一过程中,中学思政课教师内在专业素养反复积累、不断完善,显现出由量的积累向质的转变的跨越。基于对不同时间节点中学思政课教师内在专业素养的归纳概括以及专业发展一般过程的有效把握,其发展过程呈现出显著的阶段性特征。考察中学思政课教师专业发展的一般性过程可知,其专业发展进程并非简单的线性递增过程,而是一个波浪式前进、螺旋式上升的过程。处在不同发展阶段的中学思政课教师,其专业素养的内在结构及发展程度也具有相对明显的差异性,因而在专业发展过程中所面对的目标任务、现实需求和实际问题也各有差异。具体而言,不同发展阶段的中学思政课教师在教育教学实践中往往面临不同层面的现实问题,其专业素养发展提升的侧重点也有差异,因而在素养特征、发展指向、现实问题等方面呈现出各阶段独有的特征。总的来说,阶段性是中学思政课教师专业发展的基本特征。

(二) 持续性专业提升是内蕴要求

持续性专业提升是中学思政课教师专业发展的内蕴要求。中学思政课教师专业发展是教师为不断满足自身成长进步与外在要求期待的需要,持续进行专业素养的拓展积累与丰富完善的过程,在这一过程中"核心是教师学习,强调教师成长是持续性的、主动性的自我更新和不断发展"②。作为不断满足内外需要的主体性实践活动,中学思政课教师专业发展本身内蕴着专业素养持续性提升的现实要求,这是由需要的发展性决定的。正

---

① 全国十二所重点师范大学联合编写. 教育学基础:第3版 [M]. 北京:教育科学出版社, 2014: 131.
② 郭瑞迎, 牛梦虎. 英国教师持续性专业发展:背景、内涵及发展趋势 [J]. 教师教育研究, 2019, 31 (6): 111.

如马克思主义强调的,"已经得到满足的第一个需要本身、满足需要的活动和已经获得的为满足需要而用的工具又引起新的需要"①。而需求的发展性将不断生成能动的主体力量,提供给中学思政课教师持续成长的动力,这是由于"推动人去从事活动的一切,都要通过人的头脑"②。需要经过头脑激发能动意志,促使主体为实现需要而持续实践。这种不断满足需要与不断产生新需要的循环过程在教师专业发展过程中表征为中学思政课教师为满足不断发展变化的需要,着力破解自身专业发展过程中的现实矛盾问题,持续完善优化专业素养。总的来说,持续性专业提升是中学思政课教师专业发展的内蕴要求,它包含着对教师专业发展过程性的肯定,指明专业发展需要教师持续积累完善自身专业素养。同时,强调持续性也基于对中学思政课教师教学目标任务的现实考量,教学内容的时代性和教学对象的复杂性都需要教师持续积累学习以不断完善专业素养,为教学目标任务的有效完成提供切实保障。

(三) 注重阶段之间衔接的有序性

中学思政课教师专业发展注重阶段之间衔接的有序性。教师专业发展"最终体现于个体的专业发展,依赖于教师个体对专业发展的追求,是教师在专业生活过程中其内在专业结构不断丰富和完善的过程"③。着眼这一过程的发展轨迹可以得出,中学思政课教师专业发展不但呈现突出的阶段性特征,同时也注重不同阶段之间衔接的有序性。依据对各方面专业素养的不同划分标准以及教学目标任务完成的现实情况,可以将中学思政课教师专业发展划分成不同的发展阶段。着眼整个演进历程,对于不同发展阶段的中学思政课教师而言,虽然其专业发展的目标任务以及发展过程中所面临的实际问题各有不同,但是相邻两个发展阶段之间却是有序衔接、

---

① 中共中央马克思恩格斯列宁斯大林著作编译局. 马克思恩格斯选集:第1卷 [M]. 北京:人民出版社,2012:159.
② 中共中央马克思恩格斯列宁斯大林著作编译局. 马克思恩格斯选集:第4卷 [M]. 北京:人民出版社,2012:238.
③ 全国十二所重点师范大学联合编写. 教育学基础:第3版 [M]. 北京:教育科学出版社,2014:131.

层层递进的。具体表现为，中学思政课教师专业发展过程中，前一个发展阶段是后一个发展阶段的基础和必要准备，后一个发展阶段是前一个发展阶段在专业素养上实现由量的积累到质的转化的跨越。从整个阶段演进的过程来看，后一个发展阶段都是中学思政课教师在达到前一个发展阶段所要求的素养标准的基础上，继续在教育教学实践中持续积累、不断丰富完善自身专业素养的结果，呈现出循序渐进、层层深入的发展趋势，同时也是专业素养积累到一定程度后引起的质变的重要展现。总的来说，中学思政课教师专业发展注重不同发展阶段之间衔接的有序性，同时关注处于某一发展阶段的教师着力解决该阶段面临的发展矛盾与问题，整体展现出其是持续进行专业素养有效积累的演进过程。

第二节　中学思政课教师专业发展的理论依据

教师专业发展是理论与实践贯通融合的关键议题，蕴含着丰富的理论思想。立足理论维度探赜教师专业发展的内在科学性、合理性，对于有效把握中学思政课教师专业发展的丰富意蕴具有基础性、前提性作用。着眼中学思政课教师专业发展，从马克思主义关于人的全面发展理论、党的领导人关于教师素养的重要论述以及思想政治教育学中教育者的相关理论探寻理论依据，并从教育学视域下的教师专业发展理论中寻找有益理论借鉴，进而深入有效探究中学思政课教师专业发展的理论依据。

一、马克思主义关于人的全面发展理论

作为揭示现实的人成长发展规律的科学理论，马克思主义关于人的全面发展理论阐明了人类演进过程的历史形态。在此基础上，人的全面发展内涵得以充分阐释，包括各方面能力的全面发展、自觉自愿的自由发展以及各方面能力的充分发展。马克思主义关于人的全面发展的基本观念和重要论述，为中学思政课教师专业发展基本阶段的探讨以及发展内容要素等的有效探究提供了理论指导。

在切实把握人的发展与社会发展存在必然联系的基础上，马克思主义揭示了人类演进过程的历史形态。在《政治经济学批判（1857—1858年手稿）》中，马克思提出了人类社会的三种形态，即"人的依赖关系""以物的依赖性为基础的人的独立性""建立在个人全面发展和他们共同的、社会的生产能力成为从属于他们的社会财富这一基础上的自由个性"。①基于对社会形态演变和人的发展状况之间内在关系的有效把握，马克思深刻阐明了人的发展在经历一系列历史发展阶段后，会逐步趋于全面发展，充分肯定了历史演进中的阶段性特征。与此同时，马克思也强调前一个发展阶段为后一个发展阶段创造条件，后一个发展阶段是前一个阶段发展演进过程中生成的更高级形态，深刻揭示了人类追求自由全面发展是一个接续递进的持续性过程，在这一过程中，人本身也在永续不断的发展进步。此外，马克思也关注人的发展与社会状况的内在关联性，指出"社会关系实际上决定着一个人能够发展到什么程度"②，"一个人的发展取决于和他直接或间接进行交往的其他一切人的发展"③，肯定了社会关系对人发展的决定性影响作用，强调"个人的全面性不是想象的或设想的全面性，而是他的现实联系和观念联系的全面性"④，充分揭示了人的发展与社会发展的内在联系，人在社会实践中实现自身发展的同时也推动着社会的发展。就中学思政课教师专业发展而言，其本质是教师持续积累提升专业素养的动态过程，具有突出的阶段性特征，受主体自身与社会关系的共同影响，这成为教师专业发展阶段划分、因素分析的重要依据和关键参考。

全面发展是人各方面能力的全面发展。马克思主义关于人的全面发展是相较于人的片面发展而提出的，强调的是人各方面能力协调发展的目标理想。马克思和恩格斯在《德意志意识形态》中指出，"任何人的职责、

---

① 中共中央马克思恩格斯列宁斯大林著作编译局.马克思恩格斯文集：第8卷[M].北京：人民出版社，2009：52.
② 中共中央马克思恩格斯列宁斯大林著作编译局.马克思恩格斯全集：第3卷[M].北京：人民出版社，1960：295.
③ 中共中央马克思恩格斯列宁斯大林著作编译局.马克思恩格斯全集：第3卷[M].北京：人民出版社，1960：515.
④ 中共中央马克思恩格斯列宁斯大林著作编译局.马克思恩格斯文集：第8卷[M].北京：人民出版社，2009：172.

使命、任务就是全面地发展自己的一切能力"①，充分肯定了人作为社会实践的主体，全面发展各方面能力的现实必要性。同时，恩格斯也强调，"根据共产主义原则组织起来的社会，将使自己的成员能够全面发挥他们的得到全面发展的才能……使社会全体成员的才能得到全面发展"②，再次确证了人全面发展各方面能力的目标追求。"人的本质是一切社会关系的总和"③，人在社会实践中通过劳动推动社会发展进步，需要不断积累、拓展各个方面的劳动能力，其中既包括体力的，也涉及智力的，正如马克思将劳动能力理解为"人的身体即活的人体中存在的、每当人生产某种使用价值时就运用的体力和智力的总和"④。马克思主义对劳动能力的深刻揭示，清晰阐明了人着力发展各方面能力的重要作用，为教师明确专业发展内容要素进而全面有效提升自身专业素养具有重要指导意义。

全面发展是人自觉自愿的自由发展。马克思主义关于人的全面发展理论强调有效调动人成长进步的内在动因，全面发展是人自觉自愿提升完善自身能力的自由发展。关于自由，恩格斯在《反杜林论》中指出，"自由就在于根据对自然界的必然性的认识来支配我们自己和外部自然"⑤，强调人合乎目的地支配对象以及自身。关注人的自由发展实质上是强调人不受限制地自觉、自主、自愿地培养完善自身的能力与品格，马克思多次提出，"个人的独创的和自由的发展"⑥ "不受阻碍地发展"⑦ "全部才能的

---

① 中共中央马克思恩格斯列宁斯大林著作编译局. 马克思恩格斯全集：第3卷［M］. 北京：人民出版社，1960：330.
② 中共中央马克思恩格斯列宁斯大林著作编译局. 马克思恩格斯选集：第1卷［M］. 北京：人民出版社，2012：308-309.
③ 中共中央马克思恩格斯列宁斯大林著作编译局. 马克思恩格斯文集：第1卷［M］. 北京：人民出版社，2009：3.
④ 中共中央马克思恩格斯列宁斯大林著作编译局. 马克思恩格斯全集：第23卷［M］. 北京：人民出版社，1972：190.
⑤ 中共中央马克思恩格斯列宁斯大林著作编译局. 马克思恩格斯选集：第3卷［M］. 北京：人民出版社，2012：492.
⑥ 中共中央马克思恩格斯列宁斯大林著作编译局. 马克思恩格斯全集：第3卷［M］. 北京：人民出版社，1960：516.
⑦ 中共中央马克思恩格斯列宁斯大林著作编译局. 马克思恩格斯全集：第3卷［M］. 北京：人民出版社，1960：458-459.

自由发展"①等，都充分肯定了人追求自由发展的重要价值意义，"每个人的自由发展是一切人的自由发展的条件"②。同时需要说明的是，强调人的自由发展并非弱化人的全面发展，而是在肯定人全面发展自身各方面品性才能的同时，突出主体内在自主性的关键作用，指明人的全面发展不是外界压力强加下主体的被动发展，而是人为追求自身人格的完善、才能的提升进而推动社会改革创新的自由选择。马克思主义理论中关于自由发展的重要论述，深刻揭示了人作为发展主体有效激发自身发展意愿、调动内在发展动力的必要性与重要性，对教师专业发展中主体能动作用的关注和发展具有重要指导作用。

全面发展是人各方面能力的充分发展。马克思主义关于人的全面发展也关注人发展程度的问题，强调人的全面发展是多方面能力切实充足、相互协调的发展。马克思多次提到"自由而充分的发展"③，"一切天赋得到充分的发挥"④，"体力和智力获得充分的自由的发展和运用"⑤，深刻揭示出人能力的发展所呈现的螺旋式上升、波浪式递进的渐进过程，并且指明人总是向着更高水平与方向发展自己的才能。充分发展作为对人全面发展的又一规定，着重强调人的各方面才能的协调发展，既肯定人需要切实充足地发展自身任一方面的才能，也突出对各方面能力协调发展问题的密切关注，在自身所有素质和潜力的协调发展中实现充分发展。在人的发展具体目标上，恩格斯提出的"才能得到全面发展、能够通晓整个生产系统的人"⑥，突出强调了人的发展的全面性和充分性，再次明确人的全面发展

---

① 中共中央马克思恩格斯列宁斯大林著作编译局. 马克思恩格斯全集：第3卷[M]. 北京：人民出版社，1960：248.
② 中共中央马克思恩格斯列宁斯大林著作编译局. 马克思恩格斯选集：第1卷[M]. 北京：人民出版社，2012：7.
③ 中共中央马克思恩格斯列宁斯大林著作编译局. 马克思恩格斯全集：第30卷[M]. 北京：人民出版社，1995：479.
④ 中共中央马克思恩格斯列宁斯大林著作编译局. 马克思恩格斯全集：第3卷[M]. 北京：人民出版社，1960：286.
⑤ 中共中央马克思恩格斯列宁斯大林著作编译局. 马克思恩格斯文集：第3卷[M]. 北京：人民出版社，2009：563-564.
⑥ 中共中央马克思恩格斯列宁斯大林著作编译局. 马克思恩格斯选集：第1卷[M]. 北京：人民出版社，2012：308.

是各方面才能充分发展基础上的全面发展。同时，充分发展与全面发展、自由发展密切相关，三者互为前提基础且相互促进，共同构成人的全面发展的逻辑整体。马克思主义关于人的全面发展理论中蕴含的充分发展思想，深刻阐明了人全面而自由发展的程度问题，对教师在专业实践中切实充足、协调有效进而全面发展自身能力素养具有重要指导价值。

二、党的领导人关于教师素养的重要论述

中国共产党领导人始终坚持以马克思主义为指导，高度重视教育工作在党和国家事业发展全局中的战略性、基础性作用，立足具体实践，在中国革命、建设、改革等各个阶段，就教育等相关问题提出了一系列内涵丰富、影响深远的科学理论。以教育工作等相关主题为切入口，全面系统梳理党的领导人关于教师素养的重要论述，对进一步提升中学思政课教师专业发展研究的学理性、科学性有着关键的指导意义。

（一）毛泽东关于教师素养的重要论述

在谈及教育和教师相关问题时，毛泽东充分肯定了教师的重要作用，并对教师素养提出一系列要求。毛泽东在《论联合政府》的报告中指出，"为着扫除民族压迫和封建压迫，为着建立新民主主义的国家，需要大批的人民的教育家和教师"[1]，充分肯定了教师在推动夺取新民主主义革命的最终胜利进而建立人民当家作主的新中国中发挥的关键作用。此外，毛泽东也阐明，"要当先生，就得先当学生，没有一个教师不是先当过学生的。而且就是当了教师之后，也还要向人民群众学习，了解自己学生的情况"[2]，强调了教师需要与时俱进，不断向学生和人民学习，进而持续夯实自身各方面素养。并且"教员先向学生学七分，了解学生的历史、个性和需要，然后再拿三分去教学生"[3]，充分彰显出以学生为本的教育理念，深刻阐明了教师在有效把准学生特点需求的基础上，开展教学实践的重要

---

[1] 毛泽东选集：第三卷 [M]. 北京：人民出版社，1991：1082.
[2] 毛泽东文集：第八卷 [M]. 北京：人民出版社，1999：324.
[3] 毛泽东文集：第三卷 [M]. 北京：人民出版社，1996：116.

意义和现实要求。

(二) 邓小平关于教师素养的重要论述

在领导我国教育改革发展中,邓小平着眼人才培养目标和育人任务要求,就教师关键作用、自身发展、队伍建设等主题提出一系列新思想、新观点。邓小平强调,"一个学校能不能为社会主义建设培养合格的人才,培养德智体全面发展、有社会主义觉悟的有文化的劳动者,关键在教师"①,充分肯定了在"四有"新人培育中教师突出的不可替代性。同时,邓小平也高度重视教师的专业素养问题,不仅关注教师的思想政治素质,强调"各级党委和学校的党组织,应该热情地关心和帮助教师思想政治上的进步……使更多的人牢固地树立起无产阶级的共产主义的世界观"②,也关注教师的综合素质,强调"要提高教师的水平,包括政治思想水平、业务工作能力以及改进作风等"③,要"提倡师长爱护学生"④,深刻揭示出教师需要在政治素质、教育情怀、专业知识、业务能力等方面不断优化完善自身专业素养。此外,邓小平也重视教师的队伍建设,强调通过健全教师的培训机制,"要把师资培训列入规划,列入任务"⑤,来夯实完善教师的文化水平、业务能力进而提升教师队伍的整体素质,为教师有效满足人民切实的教育期待奠定重要基础。邓小平关于教师素养的重要论述,为中学思政课教师专业发展内容要素的确立以及提升路径的探析提供了理论基础。

(三) 江泽民关于教师素养的重要论述

党的十三届四中全会以来,江泽民对教育工作给予了极大的重视和关怀,就教师的重要地位、政治素质、师德师风、队伍要求等主题发表一系列重要论述。江泽民在全国教育工作会议上指出,"振兴民族的希望在教

---

① 邓小平文选:第二卷 [M]. 北京:人民出版社,1994:108.
② 邓小平文选:第二卷 [M]. 北京:人民出版社,1994:109.
③ 邓小平文选:第二卷 [M]. 北京:人民出版社,1994:55.
④ 邓小平文选:第二卷 [M]. 北京:人民出版社,1994:109.
⑤ 邓小平文选:第二卷 [M]. 北京:人民出版社,1994:55.

育,振兴教育的希望在教师。教师是人类灵魂的工程师"①,充分肯定了教师在明确人才培养目标,把握育人任务要求的基础上,不断振兴教育的重要地位和作用。教师作为培养社会主义建设者和接班人的引导者,"首先要把教师的思想道德建设摆在突出地位"②,同时也要求教师严于律己、行为世范,用深厚的教育情怀和高尚的品格修养去感染、引导学生。江泽民强调:"教师是学生增长知识和思想进步的导师,一言一行都会对学生产生影响,一定要在思想政治上、道德品质上、学识学风上全面以身作则,自觉率先垂范,这样才能真正为人师表。"③ 这深刻阐明了在专业实践中,教师提升育人实效、赢得学生的现实着力点。此外,江泽民也高度关注教师队伍建设,强调"要把造就具有正确的世界观和教育思想,掌握现代教育内容、方法和技术,善于从事素质教育的教师队伍,作为教育工作的一项根本任务来抓"④,充分肯定了通过提高教师素质能力进而优化队伍水平的重要意义。

(四) 胡锦涛关于教师素养的重要论述

党的十六大以来,围绕教育事业科学发展,胡锦涛提出了一系列重要论述,一以贯之强调教师在教育事业发展中的关键地位和重要作用。胡锦涛强调,"教师是人类文明的传承者。推动教育事业又好又快发展,培养高素质人才,教师是关键"⑤,充分肯定了教师在加快实现教育科学化、培育时代需要的全面发展人才中的主导作用。着眼任务要求,教师肩负着教书育人的使命,胡锦涛强调,教师要"加强师德建设,弘扬优良教风,提高业务水平,以高尚师德、人格魅力、学识风范教育感染学生,做学生健康成长的指导者和引路人"⑥,这一重要论述为教师夯实完善专业素养,

---

① 江泽民文选:第一卷 [M]. 北京:人民出版社,2006:371.
② 江泽民会见高校党建和中小学德育工作会议代表时指出 加强学校党建和精神文明建设 [N]. 人民日报,1997-06-12 (1).
③ 江泽民文选:第二卷 [M]. 北京:人民出版社,2006:338.
④ 江泽民向广大教师祝贺节日 会见全国师范教育工作会议和出席教师节活动代表 强调各地区各部门都要十分重视和支持教育事业 [N]. 人民日报,1996-09-11 (1).
⑤ 胡锦涛. 在全国优秀教师代表座谈会上的讲话 [M]. 北京:人民出版社,2007:4.
⑥ 胡锦涛. 在庆祝清华大学建校 100 周年大会上的讲话 [M]. 北京:人民出版社,2011:12.

进而切实推动自身专业发展指明了方向。同时，胡锦涛也重视教师对学生的情感关怀，强调"要关爱每一名学生，关心每一名学生的成长进步，以真情、真心、真诚教育和影响学生，努力成为学生的良师益友"①，生动彰显出以生为本的教育情怀。梳理关于教师素养的重要论述可以发现，胡锦涛还特别重视教师的教学能力，强调教师要"注重把教书与育人有机结合起来，不断更新教学理念，丰富教学内涵，改进教学方法，提高教学质量"②。此外，胡锦涛也重视教师的专业发展问题，指出"加强教师培训……为教师消除后顾之忧，为教师发展成长创造更多机会、提供更有利的条件"③，从政策维度对中学思政课教师专业发展研究，特别是推动促进策略的建构具有重要指导作用。

（五）习近平关于教师素养的重要论述

党的十八大以来，习近平总书记立足新时代中国特色社会主义伟大实践，在继承和发扬党的教育方针政策的基础上，围绕教育问题提出一系列系统性、前瞻性、原创性的重要论述。其中关于教师特别是思政课教师的科学论述，为深入把握中学思政课教师专业发展提供了理论指导。

围绕教师，习近平总书记阐明了教师的内在本质、素质能力以及成长发展等内容。关于教师的内在本质，习近平总书记坚持唯物史观和辩证唯物主义，深刻揭示了教师的角色性质，指出"教师是立教之本、兴教之源，承担着让每个孩子健康成长、办好人民满意教育的重任"④，"教师重要，就在于教师的工作是塑造灵魂、塑造生命、塑造人的工作"⑤，这充分肯定了教师在社会主义教育事业中的关键作用和职责使命，为我们进一步把准教师内在本质特别是厘清其角色定位提供了理论指导。关于教师能力素质问题，习近平总书记在同北京师范大学师生代表座谈时简明扼要地

---

① 胡锦涛. 在全国优秀教师代表座谈会上的讲话［M］. 北京：人民出版社，2007：6.
② 胡锦涛. 在北京大学师生代表座谈会上的讲话［M］. 北京：人民出版社，2008：5.
③ 胡锦涛. 在全国教育工作会议上的讲话［M］. 北京：人民出版社，2010：21-22.
④ 习近平向全国广大教师致慰问信［N］. 人民日报，2013-09-10（1）.
⑤ 习近平. 做党和人民满意的好老师：同北京师范大学师生代表座谈时的讲话［M］. 北京：人民出版社，2014：4.

指出,"做党和人民满意的好老师","要有理想信念、有道德情操、有扎实学识、有仁爱之心"①,揭示出新时代教师素质能力完善提升的现实着力点,为教师专业发展提供了科学标准。同时,习近平总书记也特别关注教师的思想政治素养及道德品性问题,指出"教师思想政治状况具有很强的示范性","一言一行都给学生以极大影响"②,强调教师要强化自我修养,以德立身,以身作则。此外,习近平总书记也重视教师的师德师风问题,在党的二十大报告中强调,"加强师德师风建设,培养高素质教师队伍,弘扬尊师重教社会风尚"③。关于教师的条件保障问题,习近平总书记强调,要以"满腔热情关心教师,改善教师待遇,关心教师健康,维护教师权益"④,为教师实现自身发展提供重要的支持与保障。

聚焦思政课教师,习近平总书记系统阐明了其专业素养提升发展的着力点,并对教师队伍建设等问题提出具体要求。关于思政课教师专业素养问题,习近平总书记通过全面科学把握近年来思政课建设取得的显著成效和面临的现实矛盾问题,着眼思政课守正创新的现实需要,明确指出"思政课是落实立德树人根本任务的关键课程……思政课教师队伍责任重大"⑤,办好思政课关键取决于教师自身主导作用是否能够切实有效地发挥,并专门强调"思政课教师政治要强、情怀要深、思维要新、视野要广、自律要严、人格要正"⑥,对其专业素养发展目标进行了系统性论述,指明了思政课教师专业发展的现实着力点。针对思政课教学实践,习近平总书记深刻指出"思政课的本质是讲道理,要注重方式方法,把道理讲

---

① 习近平. 做党和人民满意的好老师:同北京师范大学师生代表座谈时的讲话 [M]. 北京:人民出版社,2014:4-9.
② 习近平. 在北京大学师生座谈会上的讲话 [M]. 北京:人民出版社,2018:8-9.
③ 习近平. 高举中国特色社会主义伟大旗帜 为全面建设社会主义现代化国家而团结奋斗:在中国共产党第二十次全国代表大会上的报告 [M]. 北京:人民出版社,2022:34.
④ 习近平. 做党和人民满意的好老师:同北京师范大学师生代表座谈时的讲话 [M]. 北京:人民出版社,2014:13.
⑤ 习近平. 思政课是落实立德树人根本任务的关键课程 [M]. 北京:人民出版社,2020:2.
⑥ 习近平. 思政课是落实立德树人根本任务的关键课程 [M]. 北京:人民出版社,2020:12-17.

深、讲透、讲活"①，不断"提升思想政治教育亲和力和针对性，满足学生成长发展需求和期待"②。同时针对思政课改革创新，习近平总书记指出要坚持"政治性和学理性相统一""价值性和知识性相统一""建设性和批判性相统一""理论性和实践性相统一""统一性和多样性相统一""主导性和主体性相统一""灌输性和启发性相统一""显性教育和隐性教育相统一"③，这为思政课教师改善课程质量，提升育人实效指明了科学方向。关于教师队伍建设，习近平总书记指出，"要严把政治关、师德关、业务关……创新工作机制，加大培养和激励工作力度，落实各项政策保障"④，既为思政课教师专业发展提供了坚强的政策制度保障，也为推动思政课教师队伍科学化、规范化、合理化提供了切实指导。

习近平总书记关于教师特别是思政课教师的重要论述，内涵丰富、思想深刻、逻辑严密，系统阐明了教师的角色定位、职责使命、素养要求、成长发展着力点以及队伍建设等一系列重要问题，对有效开展中学思政课教师专业发展研究具有重要的思维启发意义和理论指导价值。

三、思想政治教育学中教育者的相关理论

教育者是思想政治教育活动中的基本要素，主导思想政治教育活动的运行过程并影响着实际教育效果。思想政治教育学中蕴含着丰富的教育者的相关理论，系统梳理并正确认识思想政治教育者的职能定位、基本特征和素质要求，对深化中学思政课教师专业发展研究的逻辑建构、学理阐释、观点论证具有重要指导作用。

（一）思想政治教育者的职能定位

职能定位主要指教育者在教育实践开展中所扮演的角色、肩负的职责

---

① 习近平在中国人民大学考察时强调 坚持党的领导传承红色基因扎根中国大地 走出一条建设中国特色世界一流大学新路［N］.人民日报，2022-04-26（1）.
② 习近平在全国高校思想政治工作会议上强调 把思想政治工作贯穿教育教学全过程 开创我国高等教育事业发展新局面［N］.人民日报，2016-12-09（1）.
③ 习近平.思政课是落实立德树人根本任务的关键课程［M］.北京：人民出版社，2020：17-23.
④ 习近平.思政课是落实立德树人根本任务的关键课程［M］.北京：人民出版社，2020：25.

以及发挥的作用,学界围绕这一问题进行了深入探讨。教育者作为思想政治教育活动的策划者、组织者、实施者,在教育过程中处于主导地位,主要承担着教育职能和管理职能,通过"运用理论教育、实践锻炼、自我教育、榜样示范等方法,对教育对象开展教育,以提高其思想道德素质"①,以及"运用计划、组织、协调和控制等各种管理手段对教育对象进行管理"②,进而有效保证思想政治教育活动的有效开展。同时,也有学者以思想政治教育活动开展实施的一般过程为切入点,将教育者的职能作用概括为"教育活动组织功能""思想理论传导功能""思想释疑解惑功能""德行培育提升功能"③,从不同视角深刻阐明了教育者在思想政治教育活动中的角色定位和功能作用。立足新时代,着眼思想政治教育中生成的新需求以及面临的新问题,也有学者提出,"思想政治教育者在履行立德树人基本职责的过程中,必然要承担思想理论教育、价值引领和组织管理的职责"④,为新形势下科学准确把握教育者"指导者""引路人"的职责定位提供了科学指导。

(二)思想政治教育者的基本特征

特征是对教育者内在本质的集中反映,聚焦基本特征方面,学界形成了一定共识,同时也存在一些不同的代表性观点。主体性是学界普遍认同的思想政治教育者具备的突出特征,"思想政治教育主体的最根本的特点是具有主体性。思想政治教育主体的主体性,表现为思想政治教育主体的主动性、主导性、创造性、超越性等属性,即主体能动性"⑤。作为本质的反映,主体性这一基本特征及其内含的能动作用发挥也成为评判思想政

---

① 陈万柏,张耀灿.思想政治教育学原理:第三版[M].北京:高等教育出版社,2015:152.
② 陈万柏,张耀灿.思想政治教育学原理:第三版[M].北京:高等教育出版社,2015:153.
③ 《思想政治教育学原理》编写组.思想政治教育学原理:第二版[M].北京:高等教育出版社,2018:187.
④ 沈壮海.新编思想政治教育学原理[M].北京:中国人民大学出版社,2022:282.
⑤ 张耀灿,郑永廷,吴潜涛,等.现代思想政治教育学[M].北京:人民出版社,2006:236.

治教育者的核心标准,从应然角度进一步确证了教育者的主体性特征。此外,学界关于思想政治教育者的特征还有一些具有代表性的观点,有学者提出了教育者阶级性的特征,指出"思想政治教育者的地位最终是由统治阶级规定的,思想政治教育者是统治阶级意识形态的维护者和宣传者,因而也具有阶级性"[1],从思想政治教育的本质出发揭示了教育者蕴含的阶级属性。有学者探究了教育者作为客体的不同场景,"思想政治教育者的教育活动受教育对象和环境的制约……在一定条件下是教育对象审视和认识的'客体'……在进行自我教育时,是自我认识的'客体'"[2],提出了教育者的客体性特征。有学者从职责功能角度探讨了教育者的示范性,意指"在思想政治教育中对教育对象提供榜样示范作用"[3],揭示了教育者的一般性特点。总的来说,厘清吸收学界关于思想政治教育者基本特征的理论,为深入把握思政课教师的专业特性提供了支撑。

(三)思想政治教育者的素质要求

素质作为教育者从事育人工作所必须具备满足的基本品质和能力,是教师主导作用切实发挥的基础,影响着教育活动的质量和效果。经过梳理发现,学界关于思想政治教育者素质要求的理论观点呈现突出的一致性和个别的创见性。学界普遍认为思想政治素质、身心健康素质和业务能力素质是教育者应具备的核心素质。在思想政治素质方面,有学者认为"思想政治教育的阶级性特征,决定了政治素质是思想政治教育者应当具备的最基本素质,是思想政治教育者素质的核心"[4],同时,"思想政治教育是塑

---

[1] 陈万柏,张耀灿. 思想政治教育学原理:第三版[M]. 北京:高等教育出版社,2015:150.
[2] 陈万柏,张耀灿. 思想政治教育学原理:第三版[M]. 北京:高等教育出版社,2015:151-152.
[3] 《思想政治教育学原理》编写组. 思想政治教育学原理:第二版[M]. 北京:高等教育出版社,2018:186.
[4] 陈万柏,张耀灿. 思想政治教育学原理:第三版[M]. 北京:高等教育出版社,2015:155.

造教育对象思想品德的工作……教育者当然必须具备良好的思想素质"[1]，从思想政治教育活动本质的维度揭示了思想政治素质的核心作用。关于身心健康素质，有学者认为思想政治教育者需要具备健康的心理、健全高尚的人格以及强壮健康的体魄才能积极教育引导人，才能有效承担教育活动的责任与压力，并对教育对象提供切实有用的帮助指导。[2] 关于业务能力素质，有学者认为思想政治教育者必须具备科学的工作理念、良好的工作能力并且能够灵活运用多种方法艺术，[3] 从教育者作为专业人员的角度，阐明了其在专业职责任务履行中所必需的能力素质。此外，也有学者认为教育者还需要拥有良好的科学文化素质，其认为较高的科学文化修养、必备的信息素养以及运用先进教育技术的技能，是其切实有效开展思想政治教育活动的前提。[4] 梳理总结学界关于思想政治教育者素质要求的理论，对明确思政课教师专业发展的具体内容要素以及探讨不同阶段教师专业素养的基本要求等问题具有重要的指导和借鉴意义。

四、教育学视域下教师专业发展理论

教师专业发展作为一个具有重要理论价值和实践意义的研究方向，是教育学中重点关注和深入探究的科学研究课题，形成了相对成熟的研究理论和科学方法。通过梳理教育学中知名学者关于教师专业发展的研究理论，并借鉴吸收、学习内化其理论成果，对中学思政课教师专业发展研究的逻辑建构、体系设计、科学把握和问题破解具有重要的学习借鉴作用。

叶澜关于教师角色与教师发展的理论研究。这一理论研究以"育人"和"育己"的关系探讨为起点，在阐明"育己"和"育人"同样重要、同步推进，"育己"为"育人"奠定基础等前提性观点的基础上，着眼

---

[1] 陈万柏，张耀灿. 思想政治教育学原理：第三版 [M]. 北京：高等教育出版社，2015：156.
[2] 《思想政治教育学原理》编写组. 思想政治教育学原理：第二版 [M]. 北京：高等教育出版社，2018：337-338.
[3] 沈壮海. 新编思想政治教育学原理 [M]. 北京：中国人民大学出版社，2022：294-296.
[4] 《思想政治教育学原理》编写组. 思想政治教育学原理：第二版 [M]. 北京：高等教育出版社，2018：335-337.

"育己"问题,探究教师专业发展的"育己"过程,认为"没有教师的主动发展,就很难有学生的主动发展……只有当教育者自觉地完善自己时,才能更有利于学生的完善与发展"①,指明了教师专业发展是教师自主发展意识主导下的素质能力持续提升完善的过程。同时这一理论也聚焦教师素养、德性、审美等方面,系统探讨了教师专业素养的重要作用和具体的内容结构,教师德性的内涵特征、核心构成和形成养成,以及教师魅力的现实表征、何以生成、价值蕴含等问题,并在切实把握教师专业发展研究现状和现实问题的基础上,强调教师专业发展应以教育信念、知识能力、态度动机和意识需要为着力点,阐发了"自我更新"取向的专业发展思想,分析了该取向的理论基础、基本特征、理念转变和阶段过程。叶澜关于教师角色和教师发展的理论极具代表性和前瞻性,通过梳理其教师专业发展相关理论研究成果,对中学思政课教师专业发展研究在概念内涵外延的科学界定、发展内容要素的合理构建、基本阶段的切实探索以及推动促进策略的有效提出等方面具有重要借鉴和指导意义。

朱旭东关于教师专业发展的理论研究。这一理论研究在与强调教师群体的、外在的专业性提升的教师专业化相区分的基础上,聚焦强调教师个体的、内在的专业性提高的教师专业发展,注重将系统完整的国外教师专业发展理论借鉴与当前国内现实问题背景探讨相结合,按照横向和纵向两个结构向度,系统构建教师专业发展理论框架,分别从历史发展、理论基础和理论构成三个维度对教师专业发展理论进行了系统阐述。从横向角度看,教师专业发展被视为"教师在专业生活过程中其内在专业结构不断丰富和完善的过程"②,聚焦"内在专业结构"主要包括知、情、意、行四个方面,基于对概念的准确把握和结构的深入剖析,该研究围绕教师知识、教师情感、教师信念、教师能力开展了理论探讨。聚焦教师能力,着眼现实的教学实践,该研究围绕教师教学专长、教师学习、教师反思、教师合作和教师领导等主题,形成了丰富理论。从纵向角度看,教师专业发

---

① 叶澜,白益民,王枬,等. 教师角色与教师发展新探[M]. 北京:教育科学出版社,2001:3.
② 朱旭东. 教师专业发展理论研究[M]. 北京:北京师范大学出版社,2011:3.

展强调时间维度上教师素养不断变化积累的过程,该研究提出了系统的教师生涯理论,并关注教师生涯中教师倦怠和教师赋权增能两个直接影响因素,从理论维度进行了探究。总体而言,朱旭东关于教师专业发展的理论研究立足于横向和纵向两个结构向度,围绕历史发展、理论基础、理论构成多重维度形成的教师专业发展系统理论,为中学思政课教师专业发展研究提供了优秀的范本,在框架制定、思路理清、概念明确、论述分析等各个方面都具有重要的借鉴和参考价值。

刘义兵关于教师专业发展的理论研究。以探究演进历程和时代要求为逻辑起点,该理论立足实际状况,围绕教师专业发展的阶段理论、基本取向、学习理论、主要内容、影响因素、保障条件、过程规划、途径策略以及科学评价等方面,梳理了国内外学者关于教师专业发展的阶段理论,从知能取向、个人取向和文化取向等维度探讨了教师专业发展的基本取向,并在阐明学习理论建构意义的基础上,认为"社会文化理论、自我导向学习理论、转化学习理论和知识管理理论可以为教师专业发展提供学习的理论指引"[①]。同时,该研究也在探讨教师专业素养主要内容的基础上阐述了其发展内容的主要趋势,并从环境与个人两个维度分析了影响教师专业发展的主要因素,充分肯定了相关政策制度与组织保障在教师专业发展中的重要作用。此外,这一理论也强调专业发展规划以及教师评价系统对教师成长发展的推动作用,详细探讨了专家引领、校本研修、同伴互助、自主学习以及知识管理等推动教师专业发展的途径策略,阐明了不同策略的具体方法和实现路径。刘义兵关于教师专业发展的理论研究内容丰富、逻辑严密,对中学思政课教师专业发展研究在整体框架建构、发展阶段探讨、影响因素剖析以及提升策略探究等方面具有重要学习借鉴价值。

第三节　中学思政课教师专业发展的现实回应

中学思政课教师专业发展是聚焦现实问题、着眼现实需求提出的重要

---

① 刘义兵.教师专业发展[M].北京:高等教育出版社,2017:85.

课题。习近平总书记高度重视思政课建设工作，在全国高校思想政治工作会议、学校思想政治理论课教师座谈会、中国人民大学青年学生座谈会等多个场合，就思政课建设问题提出一系列重要论述，强调"办好思想政治理论课关键在教师"①，"要让信仰坚定、学识渊博、理论功底深厚的教师来讲"②。这充分肯定了思政课教师的重要作用及其专业素养的关键价值。着眼现实，思政课教师实际的素养水平与素养要求之间的矛盾，提出了教师推动促进自身专业发展的现实必要性。中学思政课教师专业发展作为教师主体性发挥的专业成长实践活动，是教师自主提升专业素养的内在需要，也是其适应外在要求期待进而不断提供优质教学供给的有力保障。

一、自主提升专业素养的内在需要

中学思政课教师专业素养的有效提升作为教师保持自身专业性并有效完成专业实践的内在需要，是一个复杂的渐进过程，需要教师内在精神力量的有效支撑以及自身主观能动作用的切实发挥。中学思政课教师专业发展本身蕴含着对教师自主提升专业素养能动意识和实践能力的内在要求，集中表达了教师专业素养自主提升的实践指向，是教师满足教育教学专业实践的现实需要。

（一）专业素养提升是教师的内在需要

专业素养的有效提升是中学思政课教师的内在需要。需要作为人的内在规定性，是人类社会实践的内在动因，正如马克思和恩格斯在《德意志意识形态》中强调的"任何人如果不同时为了自己的某种需要和为了这种需要的器官而做事，他就什么也不能做"③。中学思政课教师作为从事思想政治教育的专业人员，切实提升专业素养是其有效完成专业实践任务的内在需要。具体而言，中学思政课教师的主要职责是完成思政课教育教学

---

① 习近平. 思政课是落实立德树人根本任务的关键课程[M]. 北京：人民出版社，2020：25.
② 习近平. 习近平重要讲话单行本（2020年合订本）[M]. 北京：人民出版社，2021：283.
③ 中共中央马克思恩格斯列宁斯大林著作编译局. 马克思恩格斯全集：第3卷[M]. 北京：人民出版社，1960：286.

任务，培养中学生学科核心素养，这就内在规定着教师为履行教学职责和完成教学任务，需要不断提高自身专业素养。首先，专业素养是中学思政课教师区别于其他专业人员的显著标识，也是其作为思想政治教育专业人员专业性的重要体现。可以说提高自身专业素养是中学思政课教师在教学实践中保持自身专业性，进而强化认同自身专业身份的内在保障。其次，提升专业素养是中学思政课教师作为专业人员的内在规定性。习近平总书记强调，"在信息时代做好老师，自己所知道的必须大大超过要教给学生的范围"①，"不断提高教师队伍整体素质，是当前和今后一段时间我国教育事业发展的紧迫任务"②。中学思政课教师要想在新的时代背景下开展好思想政治教育教学工作，完成教学目标任务，就必须强化自身素养提升的自觉意志，坚持以专业素养的切实提升为指向。总的来说，有效提升专业素养是中学思政课教师保持自身专业性并切实完成专业实践的内在需要。

（二）发挥主观能动是素养提升的关键

主观能动作用的切实发挥是中学思政课教师素养提升的关键。主观能动性是指人们能够主动地认识世界并且在主观意识的指导下积极地改造客观世界，对主体实践活动的实施开展起着决定性作用。马克思主义始终关注主体精神力量的作用，强调人思想意识的自觉能动性，点明"外部世界对人的影响表现在人的头脑中，反映在人的头脑中，成为感觉、思想、动机、意志，总之，成为'理想的意图'，并且以这种形态变成'理想的力量'"③，这充分肯定了人的内在精神对其实践活动的推动作用。聚焦中学思政课教师，其专业素养的有效提升需要教师切实发挥自身的主观能动作用。具体来看，中学思政课教师的素养提升过程作为受多种要素共同参

---

① 习近平. 做党和人民满意的好老师：同北京师范大学师生代表座谈时的讲话［M］. 北京：人民出版社，2014：9.
② 习近平. 做党和人民满意的好老师：同北京师范大学师生代表座谈时的讲话［M］. 北京：人民出版社，2014：13.
③ 中共中央马克思恩格斯列宁斯大林著作编译局. 马克思恩格斯选集：第4卷［M］. 北京：人民出版社，2012：238.

与作用的结果,是一个内外各因素交织影响的复杂过程。在这一过程中,教师内在的精神力量是其专业素养提升的关键,影响着教师自身素养提升的主动性、持续性和实效性。同时,教师的主观能动作用能够切实增强教师自身的主体意识,激发其素养提升的内在精神力量,促进教师有效组织和协调内外各要素,进而完善自身素养结构,推动自身专业素养不断提升。总的来说,中学思政课教师专业素养提升是一个复杂的渐进过程,需要内在精神力量的有效支撑,教师主观能动作用的切实发挥是专业素养有效提升的关键。

(三) 专业发展集中表达素养自主提升

中学思政课教师专业发展集中表达了教师专业素养的自主提升。教师专业发展作为教师主体自身的实践活动,不仅需要外部条件力量的有力支撑,也需要自身主体性的切实发挥,其"不是被动、被迫、被卷入的,而是自觉主动地改造、构建自我与世界、他人、自身内部的精神世界的过程"[1]。着眼中学思政课教师专业发展过程,其本身包含着对教师专业素养自主提升的内在要求。首先,中学思政课教师专业发展内蕴着教师自主提升专业素养的能动意识。这种意识内源于心,是中学思政课教师基于自身成长发展的内在需要,以及为满足专业实践要求和外在需求期待而在头脑中生发转化的,生动体现为教师具有自主地、持续地提升自身专业素养的思维、意愿和动机。同时,中学思政课教师的这种能动意识能够在其教育教学实践中不断强化,进而转化为教师自主提升专业素养的内在动力源泉。其次,中学思政课教师专业发展包含着对专业素养自主提升能力的重视。在整个成长提升过程中,不仅需要中学思政课教师专业发展自主意识的有效发挥,也要求其增强自身专业发展的能力。具体而言,中学思政课教师专业发展本身也蕴含着对其专业发展能力的要求,需要教师在增强自身认知接受本领、提升主体知能管理自主性以及夯实自身规划协调能力等方面,切实提高自身专业发展的能力水平。总的来说,中学思政课教师专业发展集中表达了教师专业素养自主提升的实践指向,蕴含着对教师自主

---

[1] 姜勇. 论教师专业发展的后现代转向 [J]. 比较教育研究, 2005 (5): 67.

提升专业素养能动意识和实践能力的内在要求，是教师满足专业实践的现实需要。

二、适应外在要求期待的必由之路

中学思政课教师专业发展作为教师适应外在要求期待的必由之路，是教师切实有效完成自身专业实践进而切合党和国家对其的现实要求的必然选择，也是教师满足学生思想政治素质有效提升需求以及学生对优质教学供给真切期待的重要前提基础。教师专业发展能够提高中学思政课教师队伍专业素养，增强中学思想政治教育的实效性，并切实提升社会公众对中学思政课及其教师的认知评价。

（一）切合党和国家要求的必然选择

中学思政课教师专业发展是教师切合党和国家要求的必然选择。中学思政课是"以了解学习、理解把握习近平新时代中国特色社会主义思想为课程主线，在政治认同、家国情怀、道德修养、法治意识、文化修养等方面"[1]，着力引导学生提升思想政治素养的重要课程。这一目标任务以及特殊使命需要中学思政课教师不断提高专业素养，切实有效地推动促进自身专业发展。习近平总书记高度重视思政课教师的专业素养问题，强调"教师政治要强、情怀要深、思维要新、视野要广、自律要严、人格要正"，[2]为中学思政课教师专业发展指明了具体方向。当前，"部分中小学思政课教师的思想政治素质、专业素养和教育教学能力不能很好适应培养时代新人的要求"[3]，这就为中学思政课教师不断夯实完善自身专业素养提出了现实要求。中学思政课是"落实立德树人根本任务的关键课程"[4]，

---

[1] 中共中央宣传部 教育部关于印发《新时代学校思想政治理论课改革创新实施方案》的通知 [EB/OL]. 中国政府网，2020-12-18.
[2] 习近平. 思政课是落实立德树人根本任务的关键课程 [M]. 北京：人民出版社，2020：12-17.
[3] 五部门印发《关于加强新时代中小学思想政治理论课教师队伍建设的意见》[EB/OL]. 中国政府网，2019-10-14.
[4] 习近平. 思政课是落实立德树人根本任务的关键课程 [M]. 北京：人民出版社，2020：2.

党和国家对其"教学目标、课程设置、教材使用、教学管理等方面有统一要求"①，这都督促了中学思政课教师依据教育部制定的中学思政课程标准，有效开展教学实践、完成教学目标任务。在这一过程中，内在包含着对中学思政课教师专业素养的现实要求，需要其在专业提升方向目标的有效指引下，不断推动促进自身专业发展。总的来说，中学思政课教师专业发展是教师切实有效完成自身专业实践进而切合党和国家对其现实要求的必然选择。

（二）满足学生需求期待的前提基础

中学思政课教师专业发展是教师满足学生需求期待的前提基础。从本质特性来看，中学思政课"以培育社会主义核心价值观为目的，是帮助学生确立正确的政治方向、提高思想政治学科核心素养、增强社会理解和参与能力的综合性、活动型学科课程"②。中学生处于思想政治观念形成与确立的关键阶段，有着思想观念、政治观点、价值理念有效发展与持续提升的内在需求，其成长发展离不开教师的耐心引导。这就需要中学思政课教师不断向学生精心传授科学的知识理论与思想真理，帮助其有效解决思想上的疑惑和理论上的困惑，进而"给学生心灵埋下真善美的种子，引导学生扣好人生第一粒扣子"③。这一内在需要的有效实现要求中学思政课教师不断夯实能力素养，推动自身切实有效的专业成长，是有效满足学生健康成长的重要前提。同时，中学思政课紧跟时代发展步伐并贴合学生实践需要，是帮助学生解决思想问题与实际问题的重要课程，学生对思政课高质量供给也有着明确的现实期待。为有效满足学生的需求期待，中学思政课教师需要切实增强自身教学能力水平，基于课程标准不断优化教学内容、更新教学方法手段，进而切实增强课程的亲和力、感染力、针对性和实效性。总的来说，中学思政课教师专业发展是教师满足学生思想政治素

---

① 习近平. 思政课是落实立德树人根本任务的关键课程 [M]. 北京：人民出版社，2020：21.
② 中华人民共和国教育部制定. 普通高中思想政治课程标准（2017年版2020年修订）[M]. 北京：人民教育出版社，2020：1.
③ 习近平. 思政课是落实立德树人根本任务的关键课程 [M]. 北京：人民出版社，2020：12.

质有效提升需求，以及学生对优质教学供给真切期待的重要前提基础。

（三）提升社会认知评价的根本路径

中学思政课教师专业发展是教师提升社会认知评价的根本路径。社会对中学思政课及其教师的认知与评价是社会公众基于自身的认知水平和认识程度，对中学思政课及其教师的一种整体的主观反映。这种客观见之于主观的反映，主要由中学思政课的性质功能和现实情况，以及中学思政课教师的专业水平和整体形象决定。聚焦社会公众的认知评价来源可知，中学思政课教师发挥着重要作用，提升这种认知评价关键在于不断增强教师主体发展意识，促进教师自身专业发展。具体来看，社会公众关于中学思政课及其教师的认知评价，主要是认识主体通过对中学思政课实效性的综合审视与现实状况的客观评判，而形成确立的整体感受。中学思政课教师作为教育主体很大程度上决定着思想政治教育教学质量与实效，是影响课程性质切实体现与功能有效发挥的关键要素，因而持续科学的专业发展，能够帮助中学思政课教师在提高思想政治教育质量和学生思想政治素质中，不断提升社会公众对中学思政课及其教师的认知评价。同时，中学思政课教师也需要通过不断的专业发展来建构与塑造其整体形象，进而提升社会认知评价。习近平总书记在学校思想政治理论课教师座谈会上论述思政课建设中亟待解决的问题时指出，目前思政课教师"队伍结构还要优化，整体素质还要提升"[1]，这为提升社会公众对中学思政课及其教师的认知评价指明了方向。总的来说，中学思政课教师专业发展能够提高中学思政课教师队伍专业素养，增强中学思想政治教育的实效性，并切实提升社会公众对中学思政课及其教师的认知评价。

三、提供优质教学供给的有力保障

中学思政课教师是教学活动的主导者与实施者，直接影响着思想政治教育的质量与实效，在组织提供思政课教学供给中起着关键作用。中学思政课教师专业发展作为教师自主提升自身专业素养的实践活动，是教师切

---

[1] 习近平. 思政课是落实立德树人根本任务的关键课程[M]. 北京：人民出版社，2020：7.

实发挥主导作用的前提基础，能够着力增强教师的组织力、协调力、创造力，进而为教学供给的完善优化提供保障。

（一）优质教学供给是学生实际获得感生成的有效基础

优质的思政课教学供给是中学生实际获得感生成的有效基础。中学思政课教学的本质是通过知识传授和价值引导，着力培养学生学科核心素养进而不断提升其思想政治素质的活动。在这一活动中，中学生作为最活跃的元素，是教育供给的实际接收者，那么教育供给的质量效果以及获得感的实际强弱都以学生的获得程度为标尺。从根本上看，中学生参与思政课而生成的获得感是其"需求满足的积极体验，反映需求和预期在填补过程中刺激头脑产生的主观感受，体现了获得感与需求预期之间的必然联系"[1]。对于中学生而言，其不仅具有学习掌握科学理论知识与方法思维的实际需求，也有着自身思想疑惑与理论困惑切实解决的现实需要。在课堂教学实践中，中学思政课教师需要通过优化与完善教学供给，坚持解决学生思想问题与实际问题相统一，才能在不断满足学生的需求与期待过程中有效提升学生获得感。同时，优质的思政课教学供给不仅符合思想政治教育教学规律，也契合中学生成长发展特点，具有较强的亲和力、感染力与针对性、实效性，能够有效激发学生学习的积极性与主动性，进而在促进学生将学习内容内化于心、外化于行的转化中切实提升其获得感、满足感。总的来说，优质的思政课教学供给能够在切实解决学生思想问题与实际问题中不断满足学生的需求与期待，是中学生实际获得感生成的有效基础。

（二）教师是组织提供教学供给的关键核心

中学思政课教师在组织提供思政课教学供给中起着关键的核心作用。中学思政课教师是教学活动的组织者与实施者，决定着教学目标任务是否能够顺利完成。习近平总书记高度重视思政课教师在课程建设发展与教学

---

[1] 朱宏强. 大学生思想政治教育获得感提升研究［J］. 思想政治教育研究，2021，37（1）：116.

供给提升中的关键核心作用,点明"办好思想政治理论课关键在教师,关键在发挥教师的积极性、主动性、创造性"①。着眼人才培养实践,在教学供给中,中学思政课教师的关键核心作用主要体现在其基于自身专业素养合理选择、有效组织教学内容、方法、载体等,形成适应学生特点、丰富多元的有效供给。在具体教学实践中,中学思政课教师依据课程标准和教学目标任务以及自身能力水平,着力将教材语言转化为教学语言,把价值引导有机融入知识理论的传授之中。同时,中学思政课教师基于自身对教学内容以及学生需求特点的整体把握,能够对不同的教学载体进行选择与运用,通过多种教学方法的搭配组合,开展教育教学实践。在这一过程中,中学思政课教师具有较强的自主性和较大的自由度,其教学供给与自身教学内容、方法、载体的选择运用以及立德树人的精神情怀密切相关,切实影响着中学生科学知识技能的习得与思想政治观念的塑造和强化。总的来说,中学思政课教师是教学活动的主导者与实施者,直接影响着思想政治教育的质量与实效,在组织提供思政课教学供给中起着关键核心作用。

(三)专业发展是教学供给优化的重要保障

中学思政课教师专业发展是教学供给完善优化的重要保障。中学思政课教师的"首要岗位职责是讲好思政课"②,其在教学供给中的关键核心作用要求教师需要在专业实践中有效发挥自身主体作用。习近平总书记强调,"调动思政课教师的积极性、主动性、创造性,必须增强教师的职业认同感、荣誉感、责任感……讲好思政课不仅有'术',也有'学',更有'道'"③,这再次确证了教师主体作用的切实发挥,需要教师不断强化教育教学职责、筑牢教书育人使命以及持续夯实完善自身能力素质,切实展现出中学思政课教师专业发展的现实必要性。中学思政课教师专业发展作为教师的主体性行为,本质上是教师为达到教育教学要求以及实现专

---

① 习近平.思政课是落实立德树人根本任务的关键课程[M].北京:人民出版社,2020:10.
② 新时代高等学校思想政治理论课教师队伍建设规定[EB/OL].中国政府网,2020-01-16.
③ 习近平.思政课是落实立德树人根本任务的关键课程[M].北京:人民出版社,2020:25.

业成长内在需求，而不断优化专业结构、完善提升各方面能力素养的过程。在这一过程中，中学思政课教师不仅需要提高自身的政治素质、专业道德与专业理念，也需要有效夯实自身的专业知识，持续积累学习学科内容知识、学科教学知识以及有关中学生特点及其教育的相关知识，还需要着力优化完善专业能力，切实增强自身的教学能力、教育研究和反思能力。而这些素养能力的有机互动、协调作用既是中学思政课教师开展教学实践的前提基础，也是其提供优质教学供给的重要保障。总的来说，中学思政课教师专业发展作为教师自主提升自身专业素养的实践活动，是教师主导作用切实发展的前提基础，为其教学供给的完善优化提供了有效保障。

第二章

中学思政课教师专业发展的内容要素

内容要素是中学思政课教师专业发展的现实着力点，明确内容要素并厘清其现实指向是深入探究中学思政课教师专业发展的前提基础。中学思政课是"落实立德树人根本任务的关键课程，以培育社会主义核心价值观为目的，是帮助学生确立正确的政治方向、提高思想政治学科核心素养、增强社会理解和参与能力的综合性、活动型学科课程"[①]。办好思政课关键在教师，立足中学思政课的重要地位和课程目标，中学思政课教师的素养要求得以明确。依据党和国家关于思政课教师素质要求的政策文件以及思想政治教育学中教育者专业素养的相关理论，借鉴教育学中教师专业发展理论，切实结合中学思政课教师教育教学实际，基于对中学思政课教师专业发展内容要素测评数据的有效分析和反馈意见的吸收处理，进行多次修改完善，构建起包括专业精神、专业知识和专业能力的中学思政课教师专业发展内容要素体系，为后续深入研究打下基础，提供支撑。

第一节 中学思政课教师专业发展内容要素测评

内容要素作为中学思政课教师专业发展的现实着力点，是本书有效开展的前提基础。科学厘清并合理构建中学思政课教师专业发展内容要素，不仅需要依据党和国家有关思政课教师素质要求的政策文件以及思想政治

[①] 中华人民共和国教育部制定. 普通高中思想政治课程标准（2017年版2020年修订）[M]. 北京：人民教育出版社，2020：1.

教育学中教育者专业素养的相关理论，也需要借鉴教育学中教师专业发展理论，还需要对基于上述资料而初步构建的内容要素进行实证调研，经过对调研数据的检测分析以及反馈意见的吸收处理，在多次修改完善的基础上使中学思政课教师专业发展内容要素更加科学合理，且更切合中学思政课教师实际情况。

一、内容要素测评的目的

中学思政课教师专业发展内容要素测评，是对依据党和国家相关政策文件、各学者相关理论研究成果以及中学思政课教师专业发展专题访谈构建的专业发展内容要素的各个指标，向不同职称、不同教龄的一线中学思政课教师进行问卷调研。通过对调研数据的有效分析和适当挖掘，特别是对调研数据中各教师关于中学思政课教师专业发展内容要素各指标测评数据进行验证与检验，以及对各调研教师反馈意见的吸收处理，进而不断完善与优化中学思政课教师专业发展内容要素，使其更加契合中学思政课教师的现实情况。

关于本章进行的中学思政课教师专业发展内容要素测评，其核心目的在于，有效验证基于理论探讨而初步构建的各级内容要素指标体系的科学性与合理性，使最终构建确立的中学思政课教师专业发展内容要素不仅有政策与学理支撑，也有相应实证调研数据的完善与支持，实现理论性与实践性的内在统一。总的来说，中学思政课教师专业发展内容要素的理论框架是从党和国家关于中学思政课教师素养要求的政策文件出发，从学理的、应然的角度构建的理想状态下中学思政课教师专业发展内容要素的基本框架。它是在政策文件和研究文献以及理论思辨的基础上构建而成的，在实证调研中不断验证检验与优化完善，力求框架体系的科学性与合理性。

二、内容要素测评的过程

本章要素测评的主要内容是依据党和国家相关政策文件、各学者相关理论研究成果以及中学思政课教师专业发展专题访谈，而初步构建的专业发展内容要素9项一级指标以及28项二级指标。相关调研均通过邮件或微信转发等形式,借由问卷星在线调查平台向各位教师发放测评问卷。

第一步,向参与调研的各位一线中学思政课教师介绍本次要素测评的设计依据、任务要求以及相关操作。本次要素测评共向45名一线中学思政课教师进行调研,调研教师分别来自北京、河北、浙江、广东、河南、内蒙古、湖北、江西、重庆、四川、陕西、甘肃等覆盖东中西部地区的共19个省、自治区、直辖市。调研教师职称不同,且涵盖多个教龄区间。

第二步,发放教师专业发展内容要素测评问卷(详见附录2),收集各位调研教师关于中学思政课教师专业发展内容要素的测评数据。通过对测评数据进行信度与可用性分析,在确保数据满足分析有效性的前提条件下,充分吸收与有效处理调研教师的反馈意见,并在此基础上合理验证反馈数据中各个指标的一致性程度,判断其是否满足符合指标接受条件。

第三步,经由对中学思政课教师专业发展内容要素各指标的调整与优化,形成新的内容要素指标体系。本章关于中学思政课教师专业发展内容要素测评经过一轮调研,得知参与调研的教师虽然提出了部分修改意见,但均是关于二级指标相关表述的修改建议;参与调研的教师对中学思政课教师专业发展内容要素的整体框架以及各项指标都具有较高的认可度。因此,本章将完善优化后的指标确立为中学思政课教师专业发展内容要素框架。中学思政课教师专业发展内容要素的确立程序如图2所示。

三、内容要素测评的结果

关于调研教师测评数据的量化分析。首先验证测评数据的可靠程度,计算内容要素各级指标的克朗巴哈系数,Cronbach's alpha 值为 0.978,大于 0.8,证明该测评调研的信度非常好,具有较高的可靠性。其次,统计分析调研教师关于信念坚定与善于担当的政治素质、敬业乐教与严以自律的专业道德、自主提升与着眼学生的专业理念、思想政治教育学科内容知识、思想政治教育学科教学知识、中学生特点及其教育的相关知识、知识传授和价值引导相统一的教学能力、与时俱进的教育研究能力、多维并举的教育反思能力9项一级指标的认同程度,其中选择"非常符合"以及"比较符合"的比率分别为 80%、15.56%;77.78%、20%;73.33%、

```
┌─────────────┐ ┌─────────────┐ ┌─────────────┐ ┌─────────────┐
│中学思政课教师│ │党和国家有关思│ │思想政治教育学│ │教育学中教师专│
│专业发展的专题│ │政课教师素质要│ │中教育者专业素│ │业发展理论    │
│访谈          │ │求的政策文件  │ │养的相关理论  │ │              │
└─────────────┘ └─────────────┘ └─────────────┘ └─────────────┘
                              │构建
                    ┌─────────────────┐
                    │中学思政课教师    │
                    │专业发展的内容要素│
                    │指标              │
                    └─────────────────┘
                              │设计
                    ┌─────────────────┐
                    │中学思政课教师    │
                    │专业发展内容要素  │
                    │测评问卷          │
                    └─────────────────┘
                              │发放
                    ┌─────────────────┐
                    │不同职称、不同教龄│
                    │的一线中学思政课  │
                    │教师              │
                    └─────────────────┘
                              │数据抓取
                    ┌─────────────────┐
                    │反馈意见的充分吸收│
                    │与有效处理以及各级│
                    │指标的数据检验分析│
                    └─────────────────┘
                              │完善优化
                    ┌─────────────────┐
                    │中学思政课教师    │
                    │专业发展内容要素  │
                    │的各级指标        │
                    └─────────────────┘
                              │确立
                    ┌─────────────────┐
                    │中学思政课教师    │
                    │专业发展的内容要素│
                    └─────────────────┘
```

图 2　中学思政课教师专业发展内容要素的确立程序图

20%；80%、20%；80%、20%；66.67%、31.11%；68.89%、26.67%；80%、13.33%；73.33%、17.78%。由此可以得出各调研教师较为认同中学思政课教师专业发展内容要素的主体结构。

同时，统计分析调研教师关于坚定的政治信念、正确的政治立场、较高的政治本领、强烈的政治担当、为党育人为国育才的专业情怀、严谨治学爱岗敬业的专业责任、严于律己以身作则的专业品格、以学生为本的育人理念、与时俱进的创新理念、切实体现自主性的终身学习理念、马克思主义及其中国化理论知识、系统的思想政治教育学理论知识、中学日常思想政治教育相关知识、中学思政课教学方法与策略的相关知识、中学生课程内容认知转化规律的相关知识、中学思政课课程资源开发拓展的相关知识、中学生身心发展过程和特点的相关知识、中学生群体特征和行为方式的相关知识、教育教学理论的相关知识、践行知识和价值统一理念的教学准备能力、有机融合价值观和知识点的教学设计能力、寓价值观引导于知识传授的教学实施能力、深耕教学内容方法的钻研能力、关注学生思想特点的把握能力、追踪学科发展前沿的探究能力、全面考察教学效果的检查评价能力、系统回顾教学过程的总结省思能力、聚焦问题吸收经验的调节促进能力28项二级指标的认同程度,其中选择"非常符合"以及"比较符合"的比率分别为82.22%、15.56%;86.67%、11.11%;68.89%、22.22%;75.56%、15.56%;77.78%、17.78%;80%、15.56%;75.56%、17.78%;82.22%、15.56%;75.56%、15.56%;80%、15.56%;73.33%、17.78%;75.56%、20%;68.89%、28.89%;75.56%、20%;71.11%、28.89%;71.11%、24.44%;71.11%、28.89%;64.44%、33.33%;73.33%、20%;77.78%、20%;77.78%、15.56%;73.33%、24.44%;80%、15.56%;77.78%、17.78%;71.11%、20%;68.89%、26.67%;80%、17.78%;71.11%、26.67%,由此可以得出各调研教师较为认同中学思政课教师专业发展内容要素的框架结构。此外,在测评数据中,没有调研教师选择不太符合和不符合。因此,我们可以认为调研教师较为认同目前构建的中学思政课教师专业发展内容要素体系。调研教师对中学思政课教师专业发展内容要素的认同程度如表1所示。

表1 调研教师对中学思政课教师专业发展内容要素的认同程度表

要素名称	认同率[①]	均值
一、信念坚定与善于担当的政治素质	95.56%	4.756
(一)坚定的政治信念	97.78%	4.800
(二)正确的政治立场	97.78%	4.844
(三)较高的政治本领	91.11%	4.578
(四)强烈的政治担当	91.12%	4.667
二、敬业乐教与严以自律的专业道德	97.78%	4.756
(一)为党育人为国育才的专业情怀	95.56%	4.733

---

① 认同率是指调研教师对中学思政课教师专业发展内容要素的认同程度,反映了教师对各项内容要素的认同情况,主要由调研教师认为各项内容要素非常符合与比较符合的总体认同计算得来。

续表

要素名称	认同率	均值
（二）严谨治学爱岗敬业的专业责任	95.56%	4.756
（三）严于律己以身作则的专业品格	93.34%	4.689
三、自主提升与着眼学生的专业理念	93.33%	4.667
（一）以学生为本的育人理念	97.78%	4.800
（二）与时俱进的创新理念	91.12%	4.667
（三）切实体现自主性的终身学习理念	95.56%	4.756
四、思想政治教育学科内容知识	100%	4.800
（一）马克思主义及其中国化理论知识	91.11%	4.622
（二）系统的思想政治教育学理论知识	95.56%	4.711
（三）中学日常思想政治教育相关知识	97.78%	4.667
五、思想政治教育学科教学知识	100%	4.800
（一）中学思政课教学方法与策略的相关知识	95.56%	4.711
（二）中学生课程内容认知转化规律的相关知识	100%	4.711
（三）中学思政课课程资源开发拓展的相关知识	95.55%	4.667
六、中学生特点及其教育的相关知识	97.78%	4.644
（一）中学生身心发展过程和特点的相关知识	100%	4.711
（二）中学生群体特征和行为方式的相关知识	97.77%	4.622
（三）教育教学理论的相关知识	93.33%	4.667
七、知识传授和价值引导相统一的教学能力	95.56%	4.644
（一）践行知识和价值统一理念的教学准备能力	97.78%	4.756
（二）有机融合价值观和知识点的教学设计能力	93.34%	4.711
（三）寓价值观引导于知识传授的教学实施能力	97.77%	4.711

续表

要素名称	认同率	均值
八、与时俱进的教育研究能力	93.33%	4.733
（一）深耕教学内容方法的钻研能力	95.56%	4.756
（二）关注学生思想特点的把握能力	95.56%	4.733
（三）追踪学科发展前沿的探究能力	91.11%	4.622
九、多维并举的教育反思能力	91.11%	4.644
（一）全面考察教学效果的检查评价能力	95.56%	4.644
（二）系统回顾教学过程的总结省思能力	97.78%	4.778
（三）聚焦问题吸收经验的调节促进能力	97.78%	4.689

同时，多维检验参加调研的教师对构建的中学思政课教师专业发展内容要素的认同一致性程度。本章测评数据采用李克特量表（Likert scale）的五点评分方法进行赋值，"非常符合"赋值为"5"，"比较符合"赋值为"4"，"基本符合"赋值为"3"，"不太符合"赋值为"2"，"不符合"赋值为"1"。分别从政治素质维度、专业道德维度、专业理念维度、学科内容知识维度、学科教学知识维度、中学生特点及其教育的相关知识维度、教学能力维度、教育研究能力维度、教育反思能力维度9个维度，验证调研教师对各维度下中学思政课教师专业发展内容要素的一级指标及其二级指标的认同一致性程度。各维度下内容要素的认同程度均值都大于4.65，且标准差介于0.43~0.52之间，且大都小于0.5，说明调研教师较为认同各维度下的中学思政课教师专业发展对应的内容要素。同时，本节主要采用变异系数COV[①]来进行一致性判别，通过计算可以得出，变异系数全部介于0.092~0.110之间，一致性程度较高，说明参与测评的教师对

---

① 本章节征询调研选择用变异系数COV来说明各指标数据的离散程度，不仅因为COV没有量纲，能够消除测量尺度和量纲的影响，同时其能反映出各数据沿着均值波动幅度，对本章节认同程度的集中度能进一步说明。

各维度下内容要素认同程度沿着均值波动的幅度较小，因此各教师对内容要素的认可度较高。参与测评的教师对各维度下内容要素认同程度的多维分析如表 2 所示。

表 2　参与测评的教师对各维度下内容要素认同程度的多维分析表

维度名称	项数 P	均值 $\bar{X}$	标准差 σ	变异系数 COV
政治素质维度	5	4.729	0.452	9.549%
专业道德维度	4	4.733	0.490	10.345%
专业理念维度	4	4.722	0.495	10.481%
学科内容知识维度	4	4.700	0.476	10.118%
学科教学知识维度	4	4.722	0.437	9.254%
中学生特点及其教育的相关知识维度	4	4.661	0.474	10.174%
教学能力维度	4	4.706	0.475	10.086%
教育研究能力维度	4	4.711	0.514	10.908%
教育反思能力维度	4	4.689	0.471	10.049%

关于调研教师意见反馈的分析处理。在内容要素测评问卷中，部分教师反馈了宝贵的修改完善意见，有教师反馈意见提出，"严谨治学爱岗敬业的专业责任，个人建议改成爱岗敬业严谨治学的专业责任会更加合适，需注意顺序"，考虑到虽然两者并无明显的先后关系，但是作为教师，一般先强调爱岗敬业再强调严谨治学，因此本书吸纳了该条建议；有教师反馈意见提出，"创新理念就内含着与时俱进，希望可以写得更聚焦或者具体一些"，考虑到中学思政课教师需树牢创新理念，主要目的是提升教学实效、增强学生获得感服务，因此本书吸纳了该条建议，将"与时俱进的创新理念"修改为"着眼教学提升的创新理念"；有教师反馈意见提出，"思政课课程资源开发的目的不仅仅是为开发而开发，而在于为日常教学服务"，本书充分考虑了该条建议，将"中学思政课课程资源开发拓展的

相关知识"调整为"中学思政课课程资源开发利用的相关知识";有教师反馈意见提出,"在我们的日常教学过程中,教师需要了解学生发展特点和规律,平时教学研讨中对此也很关注",本书充分考虑后,将"中学生身心发展过程和特点的相关知识"调整为"中学生身心发展特点和规律的相关知识";有教师反馈意见提出,"在我参与的省市或学校组织的思想政治课教学研讨会中,特别强调以学生为本,还特别强调要抓住学生的现实需求需要",本书充分考虑后,将"关注学生思想特点的把握能力"调整为"关注学生特点需求的把握能力"。

  中学思政课教师专业发展内容要素的最终确立。通过对调研教师反馈意见的充分考虑与合理吸纳,最终将中学思政课教师专业发展内容要素确立为信念坚定与善于担当的政治素质、敬业乐教与严以自律的专业道德、自主提升与着眼学生的专业理念、思想政治教育学科内容知识、思想政治教育学科教学知识、中学生特点及其教育的相关知识、知识传授和价值引导相统一的教学能力、与时俱进的教育研究能力、多维并举的教育反思能力等9项一级指标,以及坚定的政治信念、正确的政治立场、较高的政治本领、强烈的政治担当、为党育人为国育才的专业情怀、爱岗敬业严谨治学的专业责任、严于律己以身作则的专业品格、以学生为本的育人理念、着眼教学提升的创新理念、切实体现自主性的终身学习理念、马克思主义及其中国化理论知识、系统的思想政治教育学理论知识、中学日常思想政治教育相关知识、中学思政课教学方法与策略的相关知识、中学生课程内容认知转化规律的相关知识、中学思政课课程资源开发利用的相关知识、中学生身心发展特点和规律的相关知识、中学生群体特征和行为方式的相关知识、教育教学理论的相关知识、践行知识和价值统一理念的教学准备能力、有机融合价值观和知识点的教学设计能力、寓价值观引导于知识传授的教学实施能力、深耕教学内容方法的钻研能力、关注学生特点需求的把握能力、追踪学科发展前沿的探究能力、全面考察教学效果的检查评价能力、系统回顾教学过程的总结省思能力、聚焦问题吸收经验的调节促进能力在内的28项二级指标。

第二节 中学思政课教师的专业精神

专业精神作为教师独特的精神力量和情怀境界,是"教师的理性、道德和审美情感通过教学实践过程的集中体现"①,决定着教师的专业实践行为,是教师专业发展中主导层面的内容要素。通过对专业精神一般概念内涵的把握和吸收,结合中学思政课的教学目标任务及其教师的具体工作和现实情况,可以归纳出中学思政课教师的专业精神是包含信念坚定与善于担当的政治素质、敬业乐教与严以自律的专业道德和自主提升与着眼学生的专业理念的统一体。深入探究中学思政课教师的专业精神,厘清专业精神具体要素的实际内涵和现实体现,对明晰中学思政课教师专业发展的内容要素具有重要意义。

一、信念坚定与善于担当的政治素质

政治素质作为个体政治信念、政治立场、政治本领和政治担当的综合体现,在中学思政课教师素养体系中处于引领地位。信念坚定与善于担当的政治素质作为中学思政课教师落实立德树人根本任务的必要前提,是其专业发展的重要着力点。党和国家高度关注中学思政课教师的政治素质,无论是2019年习近平总书记在学校思想政治理论课教师座谈会上的重要讲话,还是教育部等五部门印发的《关于加强新时代中小学思想政治理论课教师队伍建设的意见》,都始终把培养提升思政课教师的政治素质放在首要位置。面向新时代思政课内涵式高质量发展的现实需求,中学思政课教师需要在提高政治素质,强化政治担当上下功夫。

(一)坚定的政治信念

坚定的政治信念是中学思政课教师良好政治素质的前提和基础。信念是"人们信奉的观念和秉持的理念,事实上就是人们的世界观、人生观和

---

① 朱旭东,张华军,等.教师专业精神研究[M].北京:北京师范大学出版社,2017:7.

价值观"，"在人生中具有很强的指导作用"。① 而政治信念就是人们在政治上坚信并指导自身政治行为的理念。中学思政课教师要把提升政治信念摆在突出位置，不断筑牢自身理想信念。一方面，这是由信念的重要功能决定的。正如马克思在《共产主义和奥格斯堡〈总汇报〉》中强调的，"征服我们心智的、支配我们信念的、我们的良心通过理智与之紧紧相连的思想，是不撕裂自己的心就无法挣脱的枷锁"②。信念作为理性认识基础上生发的对某事物坚信不疑的思想状态，对个体行为具有稳定而持久的驱动和指导作用。另一方面，这是由中学思政课的特殊性决定的。思政课是对中学生进行思想政治观念教育引导的重要课程，其本身具有的鲜明意识形态属性要求中学思政课教师筑牢坚守信仰的铜墙铁壁，真学、真懂、真信马克思主义，将之镌刻心底、融入血液，做共产主义远大理想和中国特色社会主义共同理想的坚定信仰者。

坚定而正确的政治信念，既是中学思政课教师基本政治素质的鲜明体现，也是其上好思政课、确保自身专业发展沿着正确方向前进的政治保障。习近平总书记高度重视思政课教师的理想信念问题，强调"思政课要解决学生理想信念问题。要让有信仰的人讲信仰。对马克思主义的信仰，对社会主义和共产主义的信念，只有首先在思政课教师心中扎下根，才能在学生心中开花结果"③。中学思政课教师坚定的政治信念具体表现在对马克思主义的真诚信仰上，彰显于把准唯物主义的世界图景、坚定共产主义的远大理想、牢记为人民服务的根本宗旨、坚守自由而全面的人生追求等实践行动中。④ 只有在此基础上教师才能高度认同教育教学内容及其内蕴的思想观念，才能更有信心和底气讲好思政课，才能把文字内容背后的道理讲清楚、讲透彻，进而有效引导中学生树立正确的世界观、人生观和

---

① 刘建军. 辩证地把握共产主义理想及其追求 [J]. 思想理论教育导刊, 2006（10）：62-63.
② 中共中央马克思恩格斯列宁斯大林著作编译局. 马克思恩格斯全集：第1卷 [M]. 北京：人民出版社, 1995：295-296.
③ 习近平. 思政课是落实立德树人根本任务的关键课程 [M]. 北京：人民出版社, 2020：12.
④ 刘建军. 论马克思主义信仰的基本内容和主要结构 [J]. 思想理论教育, 2013（3）：36-39.

价值观。

（二）正确的政治立场

正确的政治立场是中学思政课教师良好政治素质的重要组成部分。立场作为个体看待和处理问题时所持有的根本观点和态度，深刻影响着人们的思维意识和实践活动的方向，"从根本上决定着人们的思想观点、情感体验和价值取向"①。政治立场是政治问题在立场层面的客观反映，是个体对政治制度、政治生活和社会意识形态等问题的方位态度和现实选择。中学思政课教师坚持正确的政治立场，既是由社会主义学校的办学方向决定的，也是思政课立德树人课程性质的必然要求。习近平总书记强调，"我们办中国特色社会主义教育，就是要理直气壮开好思政课，用新时代中国特色社会主义思想铸魂育人"②。中学思政课是引导学生理解认同马克思主义特别是学习领会习近平新时代中国特色社会主义思想的主渠道，直接体现了社会主义学校的办学方向和性质。中学思政课教师作为思想政治教育教学的组织者和实施者，必须坚定正确的政治方向和政治立场，始终和党中央保持高度一致，做党的创新理论的有效传播者和路线方针政策的积极践行者。

政治信念是政治立场的根基，政治立场是政治信念的结晶和成果。中学思政课教师需在筑牢坚定政治信念的基础上，坚守正确的政治立场。习近平总书记高度重视政治立场的重要作用，强调"立场，是人们观察、认识和处理问题的立足点"③。中学思政课教师作为中学生思想政治观念的主要引导者，本身就需要高度重视政治立场问题。中学思政课教师正确的政治立场首先表现在坚决贯彻党的路线方针政策，维护党中央权威和集中统一领导，高举中国特色社会主义伟大旗帜，始终保持政治方向不偏向、

---

① 骆郁廷. 论立场 [J]. 马克思主义研究，2020（9）：5.
② 习近平主持召开学校思想政治理论课教师座谈会强调 用新时代中国特色社会主义思想铸魂育人 贯彻党的教育方针落实立德树人根本任务 [N]. 人民日报，2019-03-19（1）.
③ 习近平. 深入学习中国特色社会主义理论体系 努力掌握马克思主义立场观点方法 [J]. 求是，2010（7）：19.

政治立场不动摇，能够以坚定的政治立场感染引导中学生，并以身作则带动中学生逐步站稳和坚定政治立场。其次，坚定的马克思主义立场是中学思政课教师坚守正确的政治立场的重要方面，不仅表现在真学真懂真信马克思主义上，还彰显于真用马克思主义立场观点方法为中学生提供教育引导和解疑释惑中。最后，中学思政课教师也要站稳人民立场，既要勇于向人民群众请教学习，也要坚持为人民办教育，把党和人民群众对中学思政课的殷切期望作为奋斗目标，做好中学生"拔节孕穗期"的思想引领工作，培养好党和人民事业的合格建设者和接班人，努力办好人民满意的中学思政课。

（三）较高的政治本领

较高的政治本领是中学思政课教师良好政治素质的必备要素。政治本领作为个体认清政治现象、分析处理政治问题的能力，是中学思政课教师坚定政治信念、正确政治立场的具体体现。中学思政课教师较高的政治本领主要表现为良好的政治敏锐性、政治鉴别力和政治辨析力，也是反映其政治能力水平的重要指标。中学思政课教师需要具备较高的政治本领，这是由中学思政课本身内蕴的政治属性决定的。习近平总书记强调，"无论是通过讲故事、讲历史还是讲理论的方式讲思政课，都要体现思政课的政治引导功能"[1]，这要求中学思政课教师在教学过程中要善于从政治上观察和思考问题，并从政治上分析和解决问题，进而保障思政课的政治引导功能得以有效发挥。同时，随着国内国际态势的深刻变化，一些错误思潮对我国意识形态安全造成的威胁从未消失，"企图让我们丢掉对马克思主义的信仰，丢掉对社会主义、共产主义的信念"[2]。面对错误思潮的迷惑和攻击特别是对中学生可能造成的误导和侵害，中学思政课教师更要保持政治敏锐性，提升政治辨析力，理直气壮也批判揭示其谬误。

作为中学生思想政治观念的守护人和塑造者，中学思政课教师需要具

---

[1] 习近平．思政课是落实立德树人根本任务的关键课程［M］．北京：人民出版社，2020：18.

[2] 习近平．习近平谈治国理政：第二卷［M］．北京：外文出版社，2017：327.

备较高的政治本领。中学思政课教师作为打牢中学生思想基础并提升其政治素养的关键引路人，其政治本领不仅体现在旗帜鲜明宣传主流意识形态的行动中，也体现在有力批判错误思想进而帮助中学生消除理论疑虑、化解思想困惑的能力上。习近平总书记强调，"思政课要在传播马克思主义立场、观点、方法的基础上用好批判的武器，直面各种错误观点和思潮，旗帜鲜明进行剖析和批判"①。这要求中学思政课教师积极反复学习马克思主义及其中国化理论，特别是深刻理解掌握习近平新时代中国特色社会主义思想，在不断夯实自身政治理论过程中提升政治鉴别力和辨析力。同时，中学思政课教师的政治本领也体现在基于对中学生思想认知规律的积极研究，厘清其思想政治困惑点，并用中学生喜闻乐见的方式和话语揭示政治问题的内在本质，进而有效批判不良思想倾向。

（四）强烈的政治担当

强烈的政治担当是中学思政课教师良好政治素质的外在表现。思想是行动的先导，坚定的政治信念、正确的政治立场、较高的政治本领首先反映在思想意识上，是良好政治素质的内在表征，其内隐性特征需要思政课教师在教育教学过程中通过强烈的政治担当加以体现。对于中学思政课教师而言，强烈的政治担当意味着"以忠诚于党的决心锤炼政治品格、以舍我其谁的态度担负政治责任、以为国育才的初心完成政治使命"②。这就要求中学思政课教师立足培养担当民族复兴大任的时代新人的战略高度，深刻认清自身在落实立德树人根本任务中扮演的关键角色和发挥的重要作用，做遵守政治纪律和政治规矩的表率，以党和国家提出的政治素养要求约束和激励自己，进而更好地帮助中学生"强化做社会主义建设者和接班人的思想意识"，"形成做社会主义建设者和接班人的政治认同"，③自觉肩负起培养担当民族复兴大任的有为青年的光荣使命。

---

① 习近平. 思政课是落实立德树人根本任务的关键课程［M］. 北京：人民出版社，2020：19.
② 王树荫. 高校思政课教师"政治要强"［J］. 中国高校社会科学，2019（3）：13-14.
③ 关于深化新时代学校思想政治理论课改革创新的若干意见［M］. 北京：人民出版社，2019：5.

担当就是责任使命。其一，中学思政课教师的政治担当体现在主动研究、积极宣传马克思主义上。"马克思主义是我们立党立国、兴党强国的根本指导思想。"① 中学思政课教师在自觉承担起宣传马克思主义的重任，以强烈的政治使命感在做宣传讲解马克思主义及其中国化理论的主力军中展现政治担当。其二，中学思政课教师在努力提升讲好中学思政课的业务能力中展现政治担当。相较于其他学科课程，中学思政课并非局限于简单的知识传授，其更倾向于对中学生思想观念和政治观点的塑造和引导。这种特殊性要求中学思政课教师要在准确把握中学生思想特点和实际的基础上，深入研究教材内容，更新教学方式理念，不断提升教学能力，进而增强中学思政课的思想政治引导实效。其三，中学思政课教师在严明自身政治纪律，保持良好的政治敏锐性和警惕性中展现自身政治担当。在教育教学过程中，中学思政课教师应时刻亮明自身的政治立场，以实际行动弘扬主旋律，传递正能量。

政治素质作为对中学思政课教师首要的素养要求，是其政治信念、政治立场、政治本领和政治担当的统一体。坚定的政治信念是中学思政课教师拥有良好政治素质的前提和基础，是主导并决定其政治立场的根基。同时，中学思政课教师的政治立场作为政治信念的结晶和成果，在一定程度上能够强化其政治本领和政治担当。此外，中学思政课教师的政治本领和政治担当相互作用，彼此促进，具体反映和体现着中学思政课教师的政治信念和政治立场。中学思政课教师政治素质的结构如图3所示。

二、敬业乐教与严以自律的专业道德

教师专业道德是指"教师在专业发展过程中逐渐形成的比较稳定的能够表现教师专业特征的品质观念和行为规范，体现的是教师专业情感、专业理性和专业意志的行为准则"②。相较于职业道德，教师专业道德更突显专业性和主体性，强调"从最初的一般性的德行要求到具有道德法典意

---

① 中共中央关于党的百年奋斗重大成就和历史经验的决议 [M]. 北京：人民出版社，2021：66.
② 韩峰. 论教师专业道德的结构 [J]. 教育理论与实践，2011，31（19）：35.

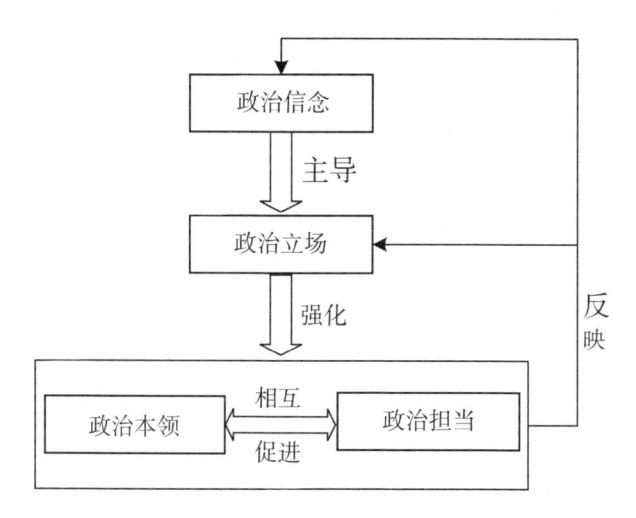

图 3　中学思政课教师政治素质结构图

义的许多专业伦理规范教育,从重视知识、技能教育的技术性培养逐步过渡到专业精神与专业知识、技能水平提升的兼顾"[1]。2012 年教育部印发《中学教师专业标准（试行）》,明确了中学教师专业道德的基本要求,为其专业道德的提升提供了重要参考。着眼教师专业道德的基本规范和中学思政课教师的现实特征可以得出,中学思政课专业道德是其作为专业人员必备的独特道德品质,包括为党育人为国育才的专业情怀,爱岗敬业严谨治学的专业责任,严于律己以身作则的专业品格。

（一）为党育人为国育才的专业情怀

情怀本指含有某种情感的心境,是以人的情感基础生发的一种高尚心境和博大胸怀。教师的专业情怀是教师基于对专业意义的充分理解和育人价值的高度认同,是一种油然而生的心灵境界。对于中学思政课教师而言,其专业意义和育人价值充分展现在培养社会主义事业的建设者和接班人上,因此为党育人为国育才是中学思政课教师专业情怀的集中体现。具体而言,为党育人为国育才的专业情怀既是中学思政课教师上好思政课的必备素养,也对其专业发展有着重要而深远的影响。习近平总书记高度重

---

[1] 檀传宝. 论教师"职业道德"向"专业道德"的观念转移[J]. 教育研究, 2005（1）: 49.

视思政课教师的情怀问题,强调思政课教师"情怀要深……教师在课堂上展现的情怀最能打动人,甚至会影响学生一生。真信才有真情,真情才能感染人"①。从功能价值维度加以审视,中学思政课教师深厚的专业情怀对中学生的成长发展发挥着积极的促进作用。思想政治教育从本质上来说是聚焦人的教育,对人情感的关注和引导是其育人实效得以保证的内在要求,这要求中学思政课教师在教学过程中注重情感的温度,以深厚的情怀真正打动学生,有效引导学生。同时,专业情怀也是促进中学思政课教师专业发展的助推剂。深厚的专业情怀能不断增强中学思政课教师上好思政课、提升学生获得感,进而使中学思政课教师在满足学生获得感需求的过程中不断提升专业素养,以强大的驱动力促进自身专业发展。

立足专业情怀的基本内涵和价值意蕴,使中学思政课教师的专业情怀在深化聚焦中得以明晰并展现出来。其一,中学思政课教师为党育人为国育才的专业情怀表现在其家国情怀上。家国情怀是中学思政课教师内心对国家和民族的深情大爱,也是其作为教育工作者自觉把个人的发展与国家的前途未来融合在一起的具体体现。中学思政课教师厚植家国情怀,自觉弘扬爱国主义精神,"在党和人民的伟大实践中关注时代、关注社会,汲取养分、丰富思想"②,以实际行动塑造中学生的精神家园,并激起其为国奉献的报国志向,以辛勤教学助力培育推动国家发展和民族复兴的有用人才。其二,中学思政课教师为党育人为国育才的专业情怀表现在其传道情怀上。作为从事铸魂育人事业的专门人员,中学思政课教师承载着传播思想真理、传授知识技能、解答理论疑虑和思想困惑的重任,为中学生传道授业解惑是其传道情怀的具体体现。其三,中学思政课教师为党育人为国育才的专业情怀表现在其仁爱情怀上。习近平总书记强调,"做好老师,要有仁爱之心。教育是一门'仁而爱人'的事业,爱是教育的灵魂,没有

---

① 习近平. 思政课是落实立德树人根本任务的关键课程[M]. 北京:人民出版社,2020:13.
② 习近平. 思政课是落实立德树人根本任务的关键课程[M]. 北京:人民出版社,2020:13.

爱就没有教育"①。面对理性认知还不完全成熟的学生，中学思政课教师的仁爱情怀具体体现在心中装着学生，时刻关注学生的成长需求，关切学生的烦恼困难并尊重学生的个性和人格，在陪伴学生成长中彰显仁爱之心。

（二）爱岗敬业严谨治学的专业责任

专业责任作为勉励教师更好地开展教育教学实践的主体意志和外在要求，以教师的自主性为有力支撑，强调其对学生成长成才和自身专业发展尽责，是"教师由其天职人员的角色、专业知识及能力所赋予的，在其专业生活领域内被强制或自愿履行并承担相应后果的法律、道德和学术要求"②。教育部在2012年印发的《中学教师专业标准（试行）》中针对中学教师的专业责任问题提出了基本准则，要求教师应"理解中学教育工作的意义，热爱中学教育事业，具有职业理想和敬业精神……认同中学教师的专业性和独特性，注重自身专业发展"③。中学思政课教师是面向中学生开展思想政治教育的专门人员，爱岗敬业严谨治学的专业责任是其作为专业人员在教育教学过程中必须承担和遵守的基本道德规范和行为准则。着眼中学思政课教师的特殊使命、专业责任内蕴的担当精神和履行要求，有助于教师更高质量地践行自身的责任和义务，更有效率地完成教育教学工作，进而更可持续地、更自觉地推动自身专业发展。

依据党和国家对中学教师的基本专业要求，结合中学思政课的教学目标及其教师的工作内容，可以明晰中学思政课教师专业责任的具体表现。一方面，中学思政课教师在爱岗敬业中具有引导学生健康成长的责任。爱岗敬业是中学思政课教师个体真心热爱和崇敬自身从事的教育教学工作进而发自内心的精神情感，是支配教师职业行为的前提基础。良好的爱岗敬

---

① 习近平. 做党和人民满意的好老师：同北京师范大学师生代表座谈时的讲话[M]. 北京：人民出版社，2014：9.
② 苏启敏. 为责任而教：教师专业责任的概念澄清与边界划定[J]. 教师教育研究，2017，29（4）：16.
③ 教育部关于印发《幼儿园教师专业标准（试行）》《小学教师专业标准（试行）》和《中学教师专业标准（试行）》的通知[EB/OL]. 中国政府网，2012-02-10.

业精神能够激发中学思政课教师高度的育人责任感和使命感，使其在思政课教学过程中恪尽职守、精益求精，进而有效引导中学生确立正确的人生理想和价值取向。另一方面，中学思政课教师在严谨治学中履行实现自身专业发展的责任。严谨治学既是中学思政课教师在教育教学过程中严谨周密、专注细致的精神，也是其在学习求知、探索真理中实事求是、求真务实的态度。严谨治学的作风能增强中学思政课教师的专业发展自主性，使其在不断满足教学要求和自身成长发展需要中提升专业素养，实现专业发展。

（三）严于律己以身作则的专业品格

教师专业品格作为教师个人品格在教师专业发展中的具体体现，具有强大的主体力量，是教师作为专业人员在教书育人过程中必须遵循的且符合本专业特性的准则和规范的总和，强调以"立德树人为指引，全面发展为目标，通达天下情怀、博雅气质和社会责任为核心"[1]。习近平总书记高度关注教师的专业品格，强调"老师的人格力量和人格魅力是成功教育的重要条件……老师对学生的影响，离不开老师的学识和能力，更离不开老师为人处世、于国于民、于公于私所持的价值观"[2]，同时提出"好老师应该取法乎上、见贤思齐，不断提高道德修养，提升人格品质，并把正确的道德观传授给学生"[3]。中学思政课教师是学生成长发展的引导者和主流价值观念的宣传者的统一体，这种特殊性对其专业品格提出更高要求。中学思政课教师以良好的专业品格影响感染学生，能给学生心灵播下真善美的种子，从而强化学生对教师的认同和敬佩，在此基础上提升学生对教学内容的认可度和内化效果。

严于律己以身作则是中学思政课教师专业品格的内在要求和生动表

---

[1] 李晓华，刘旭东，张春海. 论新时代教师教育的专业品格及其提升[J]. 教师教育研究，2020，32（4）：33.

[2] 习近平. 做党和人民满意的好老师：同北京师范大学师生代表座谈时的讲话[M]. 北京：人民出版社，2014：6.

[3] 习近平. 做党和人民满意的好老师：同北京师范大学师生代表座谈时的讲话[M]. 北京：人民出版社，2014：7.

征。一方面，作为学生正确世界观、人生观、价值观的重要塑造者，中学思政课教师在教学互动中直击学生的思想和心灵，强化学生的情感认同，这就要求其严于律己，以教师专业标准和思想政治要求严格约束自己的思想行为。习近平总书记强调，思政课教师"自律要严……既要遵守教学纪律，也要遵守政治纪律和政治规矩，做到课上课下一致、网上网下一致"①，这既是对中学思政课教师专业品格提出的外在要求，也是其在教育教学实践中严于律己的具体表现。另一方面，中学思政课教师的专业品格还体现在以身作则的示范引导上。中学生处在思想政治观念和道德品格塑造的关键期，具有明显的向师性特征，展现出很强的可塑性。同时，中学思政课对学生思想行为的教育引导，并非仅局限于课堂上知识理论的传授，也包括教师行为举止对学生内心的无声塑造和指引。正如孔子曾说："其身正，不令而行；其身不正，虽令不从。"（《论语·子路篇》）这就要求中学思政课教师率先垂范、以身作则，用自己的实际行动和现实表现为学生树立榜样。

三、自主提升与着眼学生的专业理念

专业理念作为教师专业行为的先导，是"教师在长期教育实践活动中，经过亲身体验和理性思考形成的关于教育本质、规律及其价值的根本性判断和观点"②，从不同方面对教育对象、教育活动、教育行为以及教师自身都有着深刻影响和重要作用。聚焦教师专业发展视角，依据《中学教师专业标准（试行）》中对教师专业理念的一般性论述和基本要求，结合中学思政课的教学目标任务可以得出，中学思政课教师的专业理念是其在对教育工作本质理解和师生成长规律把握的基础上形成的关于教育和自我发展的理性观念，主要包括以学生为本的育人理念、着眼教学提升的创新理念和切实体现自主性的终身学习理念。

---

① 习近平. 思政课是落实立德树人根本任务的关键课程［M］. 北京：人民出版社，2020：15-16.
② 张典兵，马衍. 教师专业成长研究引论［M］. 北京：光明日报出版社，2013：155.

（一）以学生为本的育人理念

以学生为本作为教师在教育教学实践中所遵循的基本理念，强调"既要把学生的学习和发展作为最根本的、最重要的、最应当首先考虑的因素，做到重视学生、关怀学生，又要在将其统筹于坚持师生利益、校生利益共同实现的辩证统一的基础上予以兼顾，做到理解学生、依靠学生"①。中学思政课教师坚持以学生为本的育人理念，既是确保思政课教育教学实效的重要前提，也是其自身更好实现专业发展的有效助推器。中学思想政治教育是教师和学生共同参与的实践活动，学生对教育内容实际吸收内化的效果是衡量教育教学质量最重要的指标。中学思政课教师坚持以学生为本，着眼学生的具体情况和实际发展，在充分尊重学生的基础上有效调动学生的主动性，帮助学生自觉接受内化教学内容，从而切实提升教育教学实效。同时，以学生为本的育人理念也能在提高教育教学效果、增强学生获得感的基础上，提升中学思政课教师的专业认同感、育人成就感以及价值实现感，进而激发其专业发展的内生动力，促进其不断积累经验、夯实专业素养。

以学生为本的育人理念在中学思政课教师教育教学实践中具有生动体现和独特表征。一方面，中学思政课教师以学生为本的育人理念体现在学生主体性发挥和教师主导性作用的有机统一中。具体而言，中学思政课教师坚持以学生的现实发展需要和实际情况为出发点，以帮助其成长发展为目标指向，在尊重思想政治教育规律和学生成长发展规律的基础上，有针对性地对学生进行思想政治教育，进而有效调动学生的积极性、主动性，发挥学生对教育内容接受内化的能动性。同时，学生的主体性和教师的主导性是有机统一的，正如习近平总书记强调的，"思政课教学离不开教师的主导，同时要坚持以学生为中心，加大对学生的认知规律和接受特点的研究，发挥学生主体性作用"②，这肯定了育人理念是教师主导作用充分

---

① 邓建平. "以学生为本"：何以可能及如何实现[J]. 教育研究，2014，35（6）：68.
② 习近平. 思政课是落实立德树人根本任务的关键课程[M]. 北京：人民出版社，2020：21.

发挥下的以学生为本。另一方面，中学思政课教师以学生为本的育人理念还体现在其立足于学生视角看待问题、思考问题。中学思政课教师是引导学生成长成才、与学生进行心灵沟通的筑梦人，在教育活动的设计和开展过程中，需要保持同理心，多了解学生的真实感受和反馈意见，对于有不同需求和问题的学生，采取不同策略和方式为其解疑释惑，在帮助学生解决思想问题和解决实际问题中实现启智润心。

（二）着眼教学提升的创新理念

创新理念作为教师专业理念的重要组成要素，是教师在教育实践中敢于打破现状，善于突破思维定式的理性认识和追求。中学思政课教师要坚持着眼教学提升的创新理念，这是由中学思政课的内在特性决定的。中学思政课是以主流思想政治观点教育引导学生的重要渠道，涉及的知识丰富且教学内容与党和国家方针政策联系密切，同时其教育对象思维活跃且接受新鲜事物的机会多渠道广。为充分发挥思政课铸魂育人的实效，中学思政课教师就必须时刻关注社会时政热点，在把准学生兴趣聚焦点的基础上，围绕中学思政课的教学目标任务，不断创新教学方法手段，进而确保课堂教学质量。正如习近平总书记所强调的，"改革创新是时代精神，青少年是最活跃的群体，思政课建设要向改革创新要活力。如果做一天和尚撞一天钟，照本宣科、应付差事，那'到课率''抬头率'势必大打折扣"[1]。同时，随着现代化信息技术的飞速发展，创新理念能够帮助中学思政课教师运用新技术以赋能教育教学实践，进而有效破解教学中现存的矛盾问题，提升铸魂育人实效。中学思政课教师的创新理念以提升教学质量、增加学生实际获得感为落脚点。习近平总书记强调，"无论怎么讲，最终都要落到引导学生树立正确的理想信念、学会正确的思维方法上来"[2]，这为教师基于创新理念实现中学思政课守正创新提供了根本遵循。

---

[1] 习近平. 思政课是落实立德树人根本任务的关键课程 [M]. 北京：人民出版社，2020：17.

[2] 习近平. 思政课是落实立德树人根本任务的关键课程 [M]. 北京：人民出版社，2020：14.

同时，着眼教学提升的创新理念在中学思政课教师的教学实践中也得以具体展现。一方面，中学思政课教师的创新理念体现在教学方法的创新运用中。为了完善和发展以知识正面传授灌输为主的教学方式，中学思政课教师在充分吸收现有教学内在优点和成功经验的基础上，结合教学目标内容和学生接受特点，通过将案例式教学、专题式教学、互动式教学和分众式教学等不同教学方法，因需而用、适当有效地融入中学思政课教学中，进而把内容讲生动、道理讲通透。另一方面，中学思政课教师的创新理念体现在教学载体的创新运用中。在网络载体上，随着网络通信技术的快速发展，中学思政课教师借助各种新媒体交互平台将教育内容生动形象地传授给学生。在活动载体上，中学思政课教师通过挖掘百年党史背后的鲜活事例，借助相关校园活动将这些育人资源传授给学生，为学生培根铸魂，使中学思政课教师在创新运用教学载体中更好地完成教学任务。

(三) 切实体现自主性的终身学习理念

终身学习作为一种学习理念，是指个体为满足社会发展要求和自我发展需要，在人生各个阶段始终自主持续学习的态度及行动。终身学习理念是贯穿其专业发展全过程的理性认识和现实追求，强调教师自主意识和主体作用的有效发挥。着眼终身学习理念，能有效激发中学思政课教师不断获取专业知识、增长专业才能，完善专业素养。2012年，教育部印发《中学教师专业标准（试行）》，明确将终身学习作为中学教师的基本专业理念，强调中学教师要不断"学习先进中学教育理论……优化知识结构，提高文化素养"[1]，这肯定了终身学习是中学教师成长发展的必然要求。中学思政课教师坚持终身学习理念，能够不断更新完善自身专业素养，进而更好地实现专业发展。中学思政课涉及的知识内容新而广，呈现"学科内容的综合性、学校德育工作的引领性和课程实施的实践性等特征"[2]，这

---

[1] 教育部关于印发《幼儿园教师专业标准（试行）》《小学教师专业标准（试行）》和《中学教师专业标准（试行）》的通知 [EB/OL]. 中华人民共和国教育部，2012-09-13.

[2] 中华人民共和国教育部制定. 普通高中思想政治课程标准（2017年版 2020年修订）[M]. 北京：人民教育出版社，2020：1.

就需要中学思政课教师不断完善自身的知识结构,更新能力素养。坚持以自主性发挥为关键的终身学习理念,能够帮助中学思政课教师增强持续学习意识,强化自主学习能力,进而在更好地满足教学需求过程中不断促进自身专业发展。

终身学习理念是在中学思政课教师自主意识主导下的自我提升实践中的生动体现。习近平总书记专门强调了教师终身学习理念的落实要求,指出"牢固树立终身学习理念,加强学习,拓宽视野,更新知识,不断提高业务能力和教育教学质量,努力成为业务精湛、学生喜爱的高素质教师"[1],这就为中学思政课教师贯彻落实终身学习理念指明了方向。一方面,中学思政课教师的终身学习理念体现在成长发展各个阶段始终自主持续学习上。中学思政课教师都是在接受学校培养后走上工作岗位的,然而,学校培养不是其学习的终点,而是其开展自主学习的新起点。面向教师成长发展项目,中学思政课教师应当主动参加各级部门组织开展的教师培训活动,在自主学习中持续实现自我提升。面向生动的教学实践,中学思政课教师应当主动从鲜活的教学经历和交流实践中汲取经验,锻炼能力,在实践参与中持续实现自我提升。另一方面,中学思政课教师的终身学习理念体现在知识能力不断更新实现全面学习上。为了胜任中学思政课教学任务,教师要在熟练掌握原有知识能力的基础上,主动学习丰富发展党的创新理论以巩固思想根基,持续研究中学生不断变化的阶段特征以把握对象实际,自主学习掌握不断更新的教学方法和技术以提升教学能力,在持续成长中贯彻终身学习。

第三节 中学思政课教师的专业知识

中学思政课教师专业知识是其身为专业人员为完成教育教学目标任务所必须具备的各类知识集合,展现着中学思政课教师作为一种专门化职业的独特性和不可替代性。专业知识作为中学思政课教师铸魂育人实效得以

---

[1] 习近平向全国广大教师致慰问信[N].人民日报,2013-09-10(1).

彰显的基础条件,是其专业发展的关键内容。2012 年,教育部印发《中学教师专业标准(试行)》,强调专业知识是中学教师履职尽责必备的素质,并将其概括为"教育知识""学科知识""学科教学知识""通识性知识"四个部分,同时对各个部分提出基本要求。依据《中学教师专业标准(试行)》中关于中学教师专业知识的要求,围绕《义务教育道德与法治课程标准(2022 年版)》和《普通高中思想政治课程标准(2017 年版 2020 年修订)》中关于初中、高中思政课的教学目标和课程标准,结合中学思政课教师的现实情况,可以将中学思政课教师的专业知识概括为思想政治教育学科内容知识、思想政治教育学科教学知识和中学生特点及其教育的相关知识三个部分。

一、思想政治教育学科内容知识

学科内容知识作为学科教学的基础,是指关于某一学科的内容知识,主要是"所教学科的知识体系、基本思维和方法、基本原理和技能",具体包括"某一学科基本的知识体系和原理等显性的客观事实,同时又包括某一学科的基本思想、态度和价值观等隐性的知识"[①]。厘清思想政治教育学科内容知识,是中学思政课教师不断夯实专业知识的前提条件。结合中学思政课教学目标任务及其教师角色职责可知,思想政治教育学科内容知识包括马克思主义及其中国化理论知识、系统的思想政治教育学理论知识和中学日常思想政治教育相关知识三部分。

(一)马克思主义及其中国化理论知识

中学思政课教师是帮助中学生"强化做社会主义建设者和接班人的思想意识","形成做社会主义建设者和接班人的政治认同"的引导者。[②] 依据《关于深化新时代学校思想政治理论课改革创新的若干意见》中关于初中和高中思政课课程目标的规定,以及《义务教育道德与法治课程标准

---

① 张四方. 中学教师专业化发展导论 [M]. 北京:中国石化出版社,2019:153.
② 关于深化新时代学校思想政治理论课改革创新的若干意见 [M]. 北京:人民出版社,2019:5.

（2022年版）》和《普通高中思想政治课程标准（2017年版2020年修订）》中关于初中、高中思政课的课程结构和课程内容的规定可以明确，扎实的马克思主义及其中国化理论知识能够帮助中学思政课教师更好地讲授中国共产党的产生发展和领导作用、中国特色社会主义的开创与发展、经济制度与经济体制、基本国情与法治、人类社会发展的进程与趋势以及辩证唯物主义和历史唯物主义基本观点等内容，是中学思政课教师专业发展的重要内容，也是保障其专业发展的基础性知识。马克思主义及其中国化理论知识作为集中体现政治性和学理性的指导性理论，是中学思政课教师必须掌握的科学理论知识，也是作为其从业之本的关键内容。

马克思主义作为一个科学的理论体系，是关于自然界、人类社会和人类思维发展普遍规律的学说。学习掌握马克思主义的世界观和方法论，进而提升科学理论的阐释力和运用力，是中学思政课教师夯实专业知识的重要前提和关键基础。其一，马克思主义创造性地提出了辩证唯物论和唯物辩证法，科学把握了物质世界发展的一般性规律。马克思主义基于对物质本质及其运动的研究，得出了世界统一于物质并且物质决定意识的规律性认识。同时，马克思主义认为世界是普遍联系且永续发展的，揭示了对立统一规律、质量互变规律和否定之否定规律，提出唯物辩证法这一认识和改造世界的根本方法。其二，马克思主义创造性地提出了唯物史观，科学把握了人类历史演进的一般规律。马克思主义通过揭示社会基本矛盾，提出社会存在决定社会意识、人与自然和谐共生以及人民群众创造历史等观点，科学论证了资本主义必将灭亡与社会主义必将胜利的历史必然。其三，马克思主义创造性地提出了系统的认识论和实践观，科学把握了人的思维活动的本质、规律和形式。马克思主义基于对人的认识过程的全面分析，揭示了认识活动和社会实践的内在逻辑和相互关系，强调人的认识指导人的实践，实践对认识的产生和发展具有基础性作用。同时，人的认识和实践活动是相互促进、循环反复的过程，人们基于认识更好地指导自身实践，并在实践中不断深化认识进而更好开展自身实践。

马克思主义中国化的科学理论是在马克思主义基本原理同中国具体实际相结合、同中华优秀传统文化相结合的过程中形成的马克思主义理论成果，是植根于中国革命、建设和改革伟大实践的科学理论。毛泽东思想是以毛泽东同志为主要代表的中国共产党人提出的科学理论，是"马克思列宁主义在中国的创造性运用和发展，是被实践证明了的关于中国革命和建设的正确的理论原则和经验总结"①，科学回答了什么是新民主主义革命和怎样进行新民主主义革命以及如何进行社会主义建设等关键问题。毛泽东思想是指引中国革命和建设不断成功的科学指南，也是中华民族的精神财富，其内容丰富，包含新民主主义革命、社会主义革命和社会主义建设、革命军队的建设和军事战略、思想政治工作和文化工作，以及党的建设等方面的理论内容。邓小平理论是以邓小平同志为主要代表的中国共产党人，在坚持马克思主义和深刻总结经验教训的基础上，创造性提出的科学理论成果。邓小平理论坚持解放思想、实事求是，围绕什么是社会主义、怎样建设社会主义这一根本问题，②科学回答了中国特色社会主义根本任务、发展道路、发展阶段以及发展动力等一系列基本问题，是对马克思主义理论的伟大创新。"三个代表"重要思想是以江泽民同志为主要代表的中国共产党人，全面总结历史经验并着眼新形势、新任务，围绕建设一个什么样的党，如何建设党这一核心问题，强调党始终代表中国先进生产力的发展要求、代表中国先进文化的前进方向、代表中国最广大人民的根本利益，是指引中国共产党向新世纪进军的行动指南。科学发展观是"以胡锦涛同志为主要代表的中国共产党人，团结带领全党全国各族人民，在全面建设小康社会进程中推进实践创新、理论创新、制度创新"③，在中国特色社会主义的伟大实践中创造性提出的科学理论。科学发展观强调以人为本，坚持全面、协调、可持续的发展观念，促进经济社会和人的全面发展，是中国化马克思主义理论的重要升华，也是对人类历史发展思想的继承和创新。

---

① 中共中央关于党的百年奋斗重大成就和历史经验的决议［M］.北京：人民出版社，2021：13.
② 中共中央关于党的百年奋斗重大成就和历史经验的决议［M］.北京：人民出版社，2021：15.
③ 中共中央关于党的百年奋斗重大成就和历史经验的决议［M］.北京：人民出版社，2021：16.

习近平新时代中国特色社会主义思想作为马克思主义中国化的最新理论成果,是以习近平同志为核心的党中央"坚持把马克思主义基本原理同中国具体实际相结合、同中华优秀传统文化相结合"①,进而提出的原创性思想,② 是"中华文化和中国精神的时代精华,实现了马克思主义中国化新的飞跃"③。习近平总书记立足中国特色社会主义新时代,围绕新时代坚持和发展什么样的中国特色社会主义、怎样坚持和发展中国特色社会主义,建设什么样的社会主义现代化强国、怎样建设社会主义现代化强国,建设什么样的长期执政的马克思主义政党、怎样建设长期执政的马克思主义政党等重大时代课题,提出一系列原创性理论成果。习近平新时代中国特色社会主义思想是系统完备的科学体系,内涵十分丰富,涉及治国理政各领域、各方面,在明确中国共产党是最高政治领导力量的同时,强调坚持党对一切工作的领导;在明确新时代坚持和发展中国特色社会主义总目标总任务的同时,绘制了实现社会主义现代化强国和中华民族伟大复兴的路线图和时间表;在明确新时代社会主要矛盾的同时,强调坚持以人民为中心,发展全过程人民民主;在明确新时代中国特色社会主义事业总体布局和战略布局的同时,强调坚定"四个自信";在明确全面深化改革总目标的同时,强调全面深化改革对实现中华民族伟大复兴的重要意义;在明确全面推进依法治国总目标的同时,强调要加强党对全面依法治国的领导;在明确坚持和完善社会主义基本经济制度的同时,强调要把握新发展阶段、贯彻新发展理念、构建新发展格局;在明确党在新时代强军目标的同时,强调把人民军队建设成为世界一流军队;在明确中国特色大国外交战略的同时,强调推动建设新型国际关系、构建人类命运共同体;在明确全面从严治党战略方针的同时,强调要毫不动摇把党建设得更加坚强有力。习近平新时代中国特色社会主义思想根据新的实践,对改革发展稳

---

① 习近平:在庆祝中国共产党成立 100 周年大会上的讲话 [EB/OL]. 新华社,2021-07-01.
② 中共中央关于党的百年奋斗重大成就和历史经验的决议 [M]. 北京:人民出版社,2021:23-24.
③ 中共中央关于党的百年奋斗重大成就和历史经验的决议 [M]. 北京:人民出版社,2021:26.

定、内政外交国防、治党治国治军等各方面做出新的理论概括和战略指引。

(二) 系统的思想政治教育学理论知识

思想政治教育学理论知识作为中学思政课教师职前培养阶段系统学习的专业知识,是专业性上中学思政课教师区别于其他学科教师的显著标志,也是其开展专业教学所必须具备的科学理论知识。一般而言,中学思政课教师的思想政治教育学理论知识通过在校期间学习学科基础课程而生成,并在教育教学实践活动中不断积累、强化和完善,主要包括思想政治教育学原理、思想政治教育史、思想政治教育方法论、思想政治教育、比较思想政治教育学等相关知识。

具体来看,思想政治教育学原理着眼思想政治教育活动本身,深入探讨了思想政治教育学的研究对象、理论基础与知识借鉴、地位功能和目的任务,以及思想政治教育的内容原则、方法艺术、载体环境、过程规律、教育者和教育对象等方面内容,是需要中学思政课教师掌握思想政治教育基本原理、基础理论和科学规律的科学原理。思想政治教育史以党的思想政治教育实践为主线,深入探讨了不同历史时期党的思想政治教育发生、发展及其规律等内容,是需要中学思政课教师掌握党的思想政治教育历史发展及其规律的科学原理。思想政治教育方法论着眼思想政治教育方法这一基本主题,既对思想政治教育传统方法在新形势下的发展和改进等问题进行了探讨,又探索了新形势下思想政治教育的一些新方法,阐明了思想政治教育方法论的基本概念、基础理论及其研究对象等内容,是需要中学思政课教师系统掌握思想政治教育方法问题的科学原理。思想政治教育前沿着眼思想政治教育理论和实践的前沿问题,关注思想政治教育学基础理论问题中的新思考和新观点,以及新形势下思想政治教育面临的新的时代问题,是中学思政课教师顺应教育教学必须学习和掌握的科学原理。比较思想政治教育学通过研究比较不同国家的思想政治教育,分析总结不同国家思想政治教育的特点和规律,进而为提升思想政治教育理论和实践提供借鉴和参考,是中学思政课教师拓宽思想政治视野和眼光所需掌握的科学原理。讲好思政课关键在教师。系统的思想政治教育学理论知识，能够帮助中学思政课教师认清思想政治教育活动的一般性过程，掌握思想政治教育规律，明确更好开展思想政治教育活动的理念、原则和方法，进而使中学思政课更具引导力、亲和力、感染力。

（三）中学日常思想政治教育相关知识

作为思想政治教育的主阵地，日常思想政治教育强调"立足日常学习、生活、工作、交往，紧密结合日常生活实际，寓思想政治教育于各项日常的学习、生活、工作、交往活动之中，解决人们在日常学习、生活、工作、交往中产生的各种思想问题"[①]。面向中学生，日常思想政治教育因其生活化、常态化、体验性、潜隐性等特点和优势，仍是重要的育人领域和教育方式。

中学思政课教师应当结合中学教育教学活动和中学生实际，掌握相应的中学日常思想政治教育知识，从内容上看，包括班级管理、校园文化活动、团组织建设、心理健康教育等方面的相关知识。围绕班级管理，中学思政课教师需要了解班级的组织内涵、功能作用、基本结构、建构策略等基本知识，同时积累班干部选拔、班级活动组织、班级文化培育等相关知识经验，并学习班集体育人的理论和方法，着力实现中学生在参与班级建设中接受思想政治引领。围绕校园文化活动，中学思政课教师需要了解中学常规校园文化活动，如社会实践活动、社团活动等的内容形式、开展流程、条件保障等相关知识，并在此基础上掌握思想政治教育在主题、环节等方面融入校园文化活动的知识储备和经验方法，着力实现中学生在主题活动参与中接受思想政治引领。围绕团组织建设，中学思政课教师需要在熟悉共青团的性质地位、使命任务、原则要求等基本知识的基础上，结合中学生实际重点掌握团员发展制度、团组织生活内容、团的建设要求等相关内容，并学习团组织育人的理论和方法，着力实现中学生在入团过程和团组织生活中接受思想政治引领。围绕心理健康教育，中学思政课教师既要掌握心理健康教育的目标任务、主要内容、途径方法等基础知识，又要

---

① 骆郁廷，赵方.论日常思想政治教育的作用机理[J].江海学刊，2021（3）：230.

了解当前中学生常见心理问题的表现特征、形成原因和应对方法，积累解决心理问题和解决思想问题相结合的知识经验，着力实现中学生在参与常态化心理健康教育和心理危机应对中接受思想政治引领。以上是中学思政课教师发挥日常思想政治教育育人功能必备的基础知识，与其他知识相辅相成，共同构成中学思政课教师学科内容知识的核心要素。

二、思想政治教育学科教学知识

学科教学知识作为教师从事教学活动的知识基础，建基于对学科课程性质特点和教学实践过程规律的充分理解与把握，是"将一般教学法知识、学科知识、学生知识、教学情境知识等多种知识进行融合，综合形成的一种教师在学科教学中体现出的实践性知识"[1]，对教学设计和实施能力的提升起着重要的支撑作用。依据《中学教师专业标准（试行）》中关于学科教学知识的基本要求，围绕《义务教育道德与法治课程标准（2022年版）》和《普通高中思想政治课程标准（2017年版2020年修订）》中关于初中、高中思政课的课程目标、结构和内容可知，思想政治教育学科教学知识主要包括中学思政课教学方法与策略的相关知识、中学生课程内容认知转化规律的相关知识和中学思政课课程资源开发利用的相关知识三个部分。

（一）中学思政课教学方法与策略的相关知识

教学方法与策略作为教师在教学实践活动中采取的各种方式和手段，是关系教学目标任务是否顺利完成的重要因素。着眼中学思政课教师，掌握扎实全面的教学方法与策略的相关知识，是其灵活运用符合学生实际的方式手段，是切实提升学生思想政治素质和道德修养的前提基础。依据《关于深化新时代学校思想政治理论课改革创新的若干意见》中关于统筹推进思政课课程内容建设的要求，"初中阶段重在开展体验性学习"，"高

---

[1] 教育部教师工作司. 中学教师专业标准（试行）解读[M]. 北京：北京师范大学出版社，2013：98.

中阶段重在开展常识性学习",① 围绕中学思政课课程结构和内容及其教师的专业角色和标准可以得出,中学思政课教学方法与策略的知识主要体现在明晰各种教学方法特点规律的知识和教学方法选择运用的知识。

具体而言,中学思政课重在强化学生思想观念和政治认同,为实现这一目标,讲授法、问答法、讨论法是课程教学常用的教学方法,在具体教学实践中需要有效贯彻体现启发教学的精神和原则。② 中学思政课教师需要明确这些常用教学方法的基本内涵、主要特点、实践要求、适用范围和具体实践形式,掌握启发教学的内在本质、基本要求和方法技巧等方面的知识,能够在头脑中形成系统科学的教学方法体系。同时,中学思政课教师也需要掌握教学方法选择和运用的知识,具备根据不同教学任务和教学内容,针对学生具体现实状况,结合自身专业水平、教学经验,选择切合实际所需教学方法的知识素养。此外,中学思政课教师还需要具备搭配组合、综合运用多种教学方法的相关知识,基于自身对不同教学方法与教学目标任务匹配情况的有效把握,合理采取多种方式与策略,从而增进课堂质量,提升铸魂育人实效。

(二) 中学生课程内容认知转化规律的相关知识

课程内容认知转化规律是中学生在将课程内容内化为思想政治素质、外化为行为和实践过程中蕴含的必然的、稳定的联系。中学思政课教师掌握关于学生课程内容认知转化规律的相关知识,是其夯实自身专业知识的重要体现,也是其把握学生内在思想矛盾转化过程,进而切实提升思政课铸魂育人实效的重要前提。相较于其他课程,中学思政课"重在打牢学生的思想基础","提升学生的政治素养",③ 思想基础的有效夯实和政治素养的切实提升,都需要中学思政课教师明确把握学生思想政治意识的内在

---

① 关于深化新时代学校思想政治理论课改革创新的若干意见 [M].北京:人民出版社,2019:7.
② 高青兰,张建文,郑瑜.中学思想政治课教学论 [M].北京:人民出版社,2013:237-250.
③ 中共中央宣传部 教育部关于印发《新时代学校思想政治理论课改革创新实施方案》的通知 [EB/OL].中国政府网,2020-12-18.

特点和转化规律，厘清中学生如何选择和吸收课程内容，以及课程内容知识如何内化为学生的思想认知、外化为学生的行为实践等问题。对此，中学思政课教师关于学生课程内容认知转化规律的相关知识主要包括学生课程内容认知内化的相关知识和学生课程内容行为外化的相关知识。

具体而言，中学生思想政治素质的形成提升是其在思政课教师组织的教育供给影响下，自身内在的认知、情感、意志、信念和行为等相互作用、均衡发展的过程。中学生处在抽象逻辑思维迅速发展的关键期，思维的批判性、独立性逐渐显现，形式逻辑思维与辩证逻辑思维不断增强。[1] 关于学生内在思想矛盾转化过程规律的系统知识，能帮助中学思政课教师在把准学生思维特征的基础上，切实领会学生对课程内容的情感认同，建基于其对知识内容所蕴含的理论原则与行为规范的深刻理解和认识之上，为教师更好地帮助学生将课程内容内化为自身思想认知提供支撑。同时，对于中学思想政治教育而言，学生思想情感的认同并非思想政治教育活动的归宿，其教育实效最终体现在学生的实践行为上。课程内容认知转化规律的系统知识，能够帮助中学思政课教师明确学生实践行为的生成，是其自身内在情感、意志和信念相互作用、辩证运动的结果，强烈的情感认同和坚强的意志能够驱动学生思想品德信念的生成进而为其行为的转化落实提供支撑。总之，学习掌握课程内容认知转化规律的相关知识，能够帮助中学思政课教师采取恰当合适的教育教学行为，对学生思想政治素质的切实提升具有至关重要的作用。

(三) 中学思政课课程资源开发利用的相关知识

课程资源作为有教育价值的、能为教学活动服务的各种因素，是"课程设计、编制、实施和评价等整个课程发展过程中可资利用的一切人力、物力以及自然资源的总和"[2]。课程资源开发利用的相关知识，有助于中

---

[1] 许思安. 中学政治学科课堂教学心理 [M]. 广州: 广东高等教育出版社, 2014: 44-46.

[2] 教育部关于印发《普通高中思想政治课程标准（实验）》的通知 [EB/OL]. 中华人民共和国教育部, 2004-03-02.

学思政课教师更高质量地完成教学实践，是中学思政课教师专业发展的重要内容。无论是《中学教师专业标准（试行）》，将课程资源开发作为对中学教师学科教学知识的基本要求，还是《普通高中思想政治课程标准（2017年版2020年修订）》，提出利用多种资源拓宽学生眼界，坚持采取多种方式挖掘利用资源，都强调了课程资源开发利用相关知识的重要作用。着眼中学思政课教师，掌握课程资源开发利用的相关知识是其更好挖掘并利用课程资源的前提基础，能够帮助中学思政课教师切实提升课堂教学质量和实效，进而有利于增强学生吸收内化的自觉性和能动意识，解决其对思想的困惑和对理论的疑惑。

具体而言，中学思政课教师良好的课程资源开发利用的知识主要包括：其一，中学思政课课程资源基础知识。中学思政课教师良好的课程资源基础知识体现在能够明确思政课课程资源的基本内涵，明晰怎样的资源是思政课课程资源，把准思政课课程资源的德育共生性、多样性、开放性、发展性以及交叉性等主要特征，[1] 掌握思政课课程资源的基本类型等知识。其二，中学思政课课程资源开发知识。中学思政课教师良好的课程资源开发知识体现在能够在明确课程资源价值意蕴的基础上，掌握中学思政课课程资源开发的基本原则和主要方式，基于对目前课程资源开发现状问题的准确把握，厘清课程资源开发提升的有效途径。其三，中学思政课课程资源利用知识。中学思政课教师良好的课程资源开发利用知识体现在，能有效厘清课程资源利用的不同策略途径的基本特征和内在联系，掌握面对不同教学内容和学生需求合理选择利用不同课程资源的方式方法。

三、中学生特点及其教育的相关知识

中学生特点及其教育的相关知识是教师在掌握中学生个体身心发展特点和群体行为特征的基础上，灵活运用教育教学的基础理论，开展针对性教育引导的知识基础。习近平总书记强调思政课教师要关注学生、研究学

---

[1] 胡田庚. 新理念思想政治（品德）教学论（第二版）[M]. 北京：北京大学出版社，2014：63-65.

生，指出"要坚持以学生为中心，加大对学生的认知规律和接受特点的研究"[1]。良好的中学生特点及其教育的相关知识是中学思政课教师切合学生成长特征、需求期待与现实情况，合理选择教学方式方法，完成教育教学目标任务的前提基础。依据《中学教师专业标准（试行）》中关于专业知识的基本要求，围绕《义务教育道德与法治课程标准（2022年版）》和《普通高中思想政治课程标准（2017年版2020年修订）》中关于初中、高中思政课课程的基本理念可知，中学生特点及其教育的相关知识主要包括中学生身心发展特点和规律的相关知识、中学生群体特征和行为方式的相关知识以及教育教学理论的相关知识。

（一）中学生身心发展特点和规律的相关知识

学生作为教育实践活动中最活跃的元素，既是教育教学对象，也是学习实践主体。研究并掌握学生身心发展的特点和规律是教师因材施教、开展针对性教育教学的重要依据，也是有效提升教育实效的重要前提。中学阶段是人生重要的发展阶段，这一时期学生生理和心理发展迅速，自我意识和独立自主意识不断增强、感知能力和思维能力不断提升，展现出中学生的显著特征。[2] 中学思政课教师是教学活动的主导者，需要筑牢自身关于中学生身心发展特点和规律的相关知识，才能在教学实践中有效抓住学生思想认知规律和行为实践特点，进而在因材施教中切实提升学生课程参与的积极性和主动性。

中学生身心发展特点和规律的相关知识作为中学思政课教师专业发展的重要内容，不仅是由中学思政课课程性质决定的，也是教师切实提升教学质量的必然要求。中学思政课"旨在提升学生思想政治素质、道德修养、法治素养和人格修养"[3]，课程性质及其外显任务的特殊性要求中学

---

[1] 习近平.思政课是落实立德树人根本任务的关键课程［M］.北京：人民出版社，2020：21.

[2] 高青兰，张建文，郑瑜.中学思想政治课教学论［M］.北京：人民出版社，2013：113-123.

[3] 中华人民共和国教育部制定.义务教育道德与法治课程标准（2022年版）［M］.北京：北京师范大学出版社，2022：1.

思政课教学必须关注重视学生，正如习近平总书记强调的，"思想政治工作从根本上说是做人的工作，必须围绕学生、关照学生、服务学生"①。中学思政课教师只有具备良好的中学生身心发展特点和规律的相关知识，才能准确把握学生思想认知层面的实际状态和接受特点，并基于学生现实需要，更具针对性地调整教学目标和内容、选择教学载体和方法，进而有效激发学生主体作用，使学生更加愿意接受教师引导，切实提升学生获得感。同时，良好的中学生身心发展特点和规律的相关知识还体现在中学思政课教师能有效掌握中学生身心发展的一般规律，把准个体身心发展的有序性、阶段性、动态性以及差异性等特征，明确中学生的认知特点、情感价值特点和心理特点，针对不同年龄、不同性格爱好的中学生有的放矢地安排教学内容，选择切合需要的教学方法。

（二）中学生群体特征和行为方式的相关知识

中学生群体特征和行为方式的相关知识作为有效把握新时代背景下中学生群体"画像"的知识基础，是中学思政课教师夯实自身专业知识，进而优化完善知识结构的重要着力点。习近平总书记指出，"中小学生是青少年的主体，是国家的未来和希望"②，"青少年思想政治教育是一个接续的过程，要针对青少年成长的不同阶段，有针对性地开展思想政治教育"③。系统的中学生群体特征和行为方式的相关知识能够帮助中学思政课教师更好地理解新时代中国青少年群体，是教师切合青少年群体特征实施针对性教育教学的重要前提。

当前青少年生活在物质生活环境更为优越的时代，精神成长空间相对更为富足，群体的个性化需求更加多元且更注重情感与精神层面的交流与满足。同时，中学生群体也深受互联网的影响。2022年国务院新闻办公室

---

① 习近平在全国高校思想政治工作会议上强调 把思想政治工作贯穿教育教学全过程 开创我国高等教育事业发展新局面［N］. 人民日报，2016-12-09（1）.
② 习近平在北京市八一学校考察时强调 全面贯彻落实党的教育方针 努力把我国基础教育越办越好［EB/OL］. 新华网，2016-09-09.
③ 习近平在中国人民大学考察时强调 坚持党的领导传承红色基因扎根中国大地 走出一条建设中国特色世界一流大学新路［N］. 人民日报，2022-04-26（1）.

印发的《新时代的中国青年》白皮书指出,新时代的青少年在与互联网的相互塑造、相互影响中成长,"互联网已经成为当代青少年不可或缺的生活方式、成长空间、'第六感官'"[1],青少年群体喜欢通过网络获取信息、交流思想和学习工作,聚焦互联网捕捉青少年群体的兴趣爱好等突出特征和行为习惯是中学思政课教师做好思想政治引导的重要前提。正如习近平总书记强调的,"网民中绝大多数是青少年,容易受到不同思潮影响。要把青少年作为网上争夺人心的重点……把要讲的道理、情理、事实用青少年易于接受的语言和方式呈现出来"[2]。此外,中学生群体中也存在着普遍的朋辈效应,具有相似成长经历或共同兴趣爱好的中学生容易建立联系并分享信息、交流情感、传递观念,进而在潜移默化中相互影响各自的思想认知和行为方式。关注和把握朋辈影响这一青少年群体的突出特点是中学思政课教师有效开展教育引导的育人基础。总的来说,中学思政课教师是教授学生正确思想、引导学生走正路的筑梦人,良好的中学生群体特征和行为方式的相关知识是其面向群体性的中学生,不断更新教育教学理念方法手段,进而更好地实施思想政治教育引导的前提支撑。

(三) 教育教学理论的相关知识

教育教学理论的相关知识作为教师专业知识的重要组成部分,是其从事教书育人专业实践的前提,主要指"教师在从事教育教学过程中所具有的教育学知识和心理学知识"[3]。良好的教育教学理论的相关知识能够帮助教师认清各种复杂的教育教学现象,厘清教学活动中相互作用、相互影响的各种要素,明确制约教育教学实践的内外因素,进而帮助教师更好地理解教育教学的本质,掌握教育教学基本规律。着眼中学思政课教师,依据《中学教师专业标准(试行)》中关于教育知识的基本要求,结合部分高校思想政治教育专业师范生培养方案中关于教师教育基础课程的相关

---

[1] 中华人民共和国国务院新闻办公室. 新时代的中国青年 [M]. 北京:人民出版社,2022:7.
[2] 习近平. 论党的青年工作 [M]. 北京:中央文献出版社,2022:121.
[3] 教育部教师工作司. 中学教师专业标准(试行)解读 [M]. 北京:北京师范大学出版社,2013:82.

安排，以及中学思政课的教学目标任务可以得出，中学思政课教师良好的教育教学理论的相关知识主要包括教育学理论知识、教育心理学知识和现代教育技术基础等知识。

良好的教育学理论知识包括，中学思政课教师需要熟练地掌握中学教育性质、目的与功能、中学教育制度、中学课程论、中学课堂教学方法策略、教育管理和教育艺术等方面的知识理论，这些知识理论能帮助中学思政课教师有效贯彻教育目标、树立正确教育理念、认清教育方针政策，清晰准确分析教育现象、厘清教育规律，进而有效促进学生思想政治素质的全面提升。同时，良好的教育心理学知识包括教育心理学性质和作用、学生心理、认知学习理论、行为主义学习理论、建构主义学习理论等方面的知识，这些知识能够帮助中学思政课教师更好地掌握学生心理特征以理解学生心理并提供有效引导，同时掌握教师自身常见的心理特征以及时调整和改善自身，进而更有针对性地开展教学实践。此外，现代教育技术基础知识包括现代教育技术基础理论、现代教学媒体与系统环境、数字媒体技术与教育应用等方面的知识，这些知识能够帮助中学思政课教师将现代化信息技术灵活运用到教学实践中，推动教学理念、教学方式的更新完善。总的来说，良好的教育教学理论相关知识作为中学思政课教师教学实践必备的知识素质，是其专业发展的重要内容。

第四节 中学思政课教师的专业能力

专业能力作为教师在教育教学实践中基于教育理性和教育经验，有效运用教育教学技能完成教育目标任务，促进学生成长发展的专业素质，是"能力这种个性心理品质在教师专业活动中的特有表现与运用"[1]。专业能力是教师顺利开展教育教学的前提保证，因而成为其专业发展的重要内容。依据《中学教师专业标准（试行）》中关于教师专业能力的基本要求，结合中学思政课教师专业实践活动的具体任务可以得出，其专业能力

---

[1] 张典兵，王作亮. 教师专业发展[M]. 徐州：中国矿业大学出版社，2017：84.

包括知识传授和价值引导相统一的教学能力、与时俱进的教育研究能力和多维并举的教育反思能力三个部分。切实探讨中学思政课教师的专业能力，有效剖析专业能力的具体内容要素，对于帮助中学思政课教师明确专业能力的现实指向，进而夯实专业能力、提升专业素养具有重要的现实意义。

一、知识传授和价值引导相统一的教学能力

教学能力作为教师在实现教学目标、完成教学任务的实践活动中所体现的素质本领，是教师作为专业人员与其他人员相区别的显著标志。教学能力是教师专业发展的重要内容，需要教师通过理论学习与实践练习不断完善和发展，同时影响着教学质量水平和学生的学习获得感。无论是习近平总书记在学校思想政治理论课教师座谈会上对思政课改革创新提出的基本要求，还是《关于加强新时代中小学思想政治理论课教师队伍建设的意见》中完善教学改革机制的政策规定，都清晰表明教学能力对中学思政课教师的重要作用。结合中学思政课的课程性质和教学要求，可以明确中学思政课教师的教学能力包括践行知识和价值统一理念的教学准备能力、有机融合价值观和知识点的教学设计能力，以及寓价值观引导于知识传授的教学实施能力。

（一）践行知识和价值统一理念的教学准备能力

教学准备能力强调教师具备的、在实施开展教学前围绕具体教学任务做好相应准备工作的技能，从内容上看，主要包括掌握课标、教材和学生的能力。着眼中学思政课教师，践行知识和价值统一理念的教学准备能力是其顺利开展教育教学实践的重要保证，能够有效提升课堂铸魂育人实效。基于对教师教学准备过程和中学思政课教学目标任务的切实把握可以得出，中学思政课教师践行知识和价值统一理念的教学准备能力主要包括课程标准的有效把握力、教材内容重点的全面掌握力，以及学生特点需求的切实理解力。

课程标准作为确定"课程水准、课程结构与课程模式的纲领性文件"①，是教学设计、实施与评估的重要依据。良好的课程标准把握能力能够帮助中学思政课教师有效把握课程的内在逻辑结构和现实育人指向，进而推动教学目标的达成。中学思政课教师良好的课程标准把握能力体现在其能明确贯穿知识传授和价值引导相统一的课程性质、基本理念、目标任务，以及课程培养学生以知识和价值为核心的学科核心素养内涵，掌握课程设计思路、内容结构以及实施建议等方面。同时，教材作为思政课教学内容的重要来源和参照，是"根据教学大纲（或课程标准）编订的系统地反映学科内容的教学用书"②，为教师提供教学依据、素材供给、教法指引与评价支撑等效用。中学思政课教师良好的教材掌握力体现在其明确教材的重要功能和价值，厘清教材的整体架构和单元结构，并在全面掌握教材内容的基础上找准教学内容的重点和难点，以及熟悉知识传授和价值引导方式。此外，中学思政课教师践行知识和价值统一理念的教学准备能力还体现在其对学生特点需求的切实理解力上。思政课"教学目标在于'人'，在于人才的培养，在于培养青年学生树立正确的世界观、人生观、价值观"③，这就需要中学思政课教师具备切实理解学生知识渴求和价值观引导结合的特点与需求的能力，思考分析学生的兴趣点和疑惑点、学习动机和预存立场，为教学设计实施奠定基础。

（二）有机融合价值观和知识点的教学设计能力

教学设计作为创造性、规划性的实践活动，是教师"运用系统方法，将学习理论与教学理论的原理转换成对教学目标（或教学目的）、教学条件、教学方法、教学评价等教学环节进行具体计划的系统化过程"④。科学合理的教学设计是教学任务有序完成的可靠保证，能够帮助教师有效把握教学活动的基本过程，促进教师在对设计应然与实施实然的评价比较中

---

① 顾明远. 教育大辞典：增订合编本［M］. 上海：上海教育出版社，1998：893.
② 胡田庚. 中学思想政治课程标准与教材分析［M］. 北京：科学出版社，2012：73.
③ 张润枝，梁瑶. 思想政治理论课应该如何研究学生［J］. 思想理论教育，2019（9）：68.
④ 何克抗. 也论教学设计与教学论：与李秉德先生商榷［J］. 电化教育研究，2001（4）：8.

提升教学设计和教学实施水平。依据《中学教师专业标准（试行）》中关于中学教师教学设计能力的基本要求，以及《义务教育道德与法治课程标准（2022年版）》和《普通高中思想政治课程标准（2017年版2020年修订）》中关于课程内容与教学理念的要求规定，可以厘清中学思政课教师教学设计能力的现实表征。

着眼能力，中学思政课教师的教学设计能力更加注重价值观和知识点的有机融合，强调立足学生的实际情况和现实需要，关注学生的成长发展，是设计谋划能力在教学内容目标、方法过程等方面的整体反映。具体而言，中学思政课教师的教学设计能力体现在科学设计目标、合理安排内容、恰当选择方法、切实预设过程等方面。关于教学目标设计，中学思政课教师良好的教学设计能力体现在其能够基于对课程标准、教材内容和学生实际的有效把握，科学地制定知识传授和价值引导结合的教学目标，使教学目标兼具全面性、适应性、层次性和价值引领性等特性。[1] 关于教学内容设计，中学思政课教师良好的教学设计能力体现在其能以培养学生的学科核心素养为导向、以课程知识为支撑，在充分掌握"最近发展区理论"的基础上，合理选取教学内容，将价值观和知识点有机融合，突出教学重点和难点，有效将教材语言转化为学生乐于接受的教学语言。关于教学方法设计，中学思政课教师良好的教学设计能力体现在其能依据教学内容和目标，选择切合学生接受规律的方法手段，打好各种方法交叉使用、相辅相成的组合拳。关于教学过程设计，中学思政课教师良好的教学设计能力体现在其能有效设计教学导入、情境创设、新课学习建构、内容强化、总结拓展等各个过程环节。总的来说，有机融合价值观和知识点的教学设计能力是中学思政课教师有序完成教学任务的重要前提，也是其专业发展的重要内容。

（三）寓价值观引导于知识传授的教学实施能力

教学实施是教师将教学设计有目的、有条理地应用到现实教学情境中的实践活动，关注师生之间的有效互动，是评价教学实效需要考察的重要

---

[1] 孟宪乐. 中学思想政治教学设计［M］. 北京：高等教育出版社，2017：37-43.

环节。一般而言，良好的教学实施能力能够帮助教师有效创设教学环境、开展教学实践，进而顺利完成教学任务，是保证教书育人实效的关键。着眼中学思政课，其内蕴的思想政治属性和铸魂育人目标对中学思政课教师的教学实施能力提出更高要求。相较于其他学科教师，中学思政课教师除了教授学生科学知识之外，还要着力"打牢学生的思想基础""提升学生的政治素养"①，这就对中学思政课教师的教学实施能力提出价值引导和知识传授有机结合的特殊要求。围绕两者的内在关系，正如习近平总书记在学校思想政治理论课教师座谈会上就思政课改革创新问题所强调的，"知识是载体，价值是目的，要寓价值观引导于知识传授之中""坚持价值性和知识性相统一"。②

着眼能力维度，中学思政课教师的教学实施能力内在蕴含着教师的教学情境创设力、教学过程主导力和教学情况应变力。在情境创设力方面，良好的教学实施能力体现在中学思政课教师能够"营造良好的学习环境与氛围，激发与保护中学生的学习兴趣"③，使教学情境有效感染学生的情绪和意志，触及学生的思想和观念，切实激发学生的学习动机和兴趣。在教学过程主导力方面，良好的教学实施能力体现在中学思政课教师能在遵循教育教学规律和学生接受规律的基础上，通过知识讲授、情境展示、启发探讨、小组研学和课堂辩论等多种方式，充分激发学生课堂参与的内在热情和价值观塑造的能动性，在教育引导学生中合理主导整个教学过程。在教学情况应变力方面，良好的教学实施能力体现在中学思政课教师不仅善于通过观察学生的情绪反应，灵活调整教学内容和教学方法手段，还能够运用经验智慧有效处理应对课堂教学中的突发事件。总的来说，寓价值观引导于知识传授的教学实施能力作为培育学生学科核心素养的关键，是中学思政课教师提升专业能力的有效着力点。

---

① 中共中央宣传部　教育部关于印发《新时代学校思想政治理论课改革创新实施方案》的通知［EB/OL］.中国政府网，2020-12-18.
② 习近平.思政课是落实立德树人根本任务的关键课程［M］.北京：人民出版社，2020：18-19.
③ 教育部关于印发《幼儿园教师专业标准（试行）》《小学教师专业标准（试行）》和《中学教师专业标准（试行）》的通知［EB/OL］.中华人民共和国教育部，2012-09-13.

二、与时俱进的教育研究能力

教育研究作为一种有目的的研究活动,是"教师自身专业成长与发展的介质与通道"[1]。通过有效的教育研究,教师能够合理解决教育教学实践中的矛盾问题,厘清蕴含在其中的内在规律,进而切实提升教育教学质量水平。着眼中学思政课教师,与时俱进的教育研究能力作为专业发展的重要内容,是其能够基于学生实际特点和现实需求,选择合适内容方法开展思想政治教育教学实践活动的有力保证。从能力维度来看,中学思政课教师与时俱进的教育研究能力主要包括深耕教学内容方法的钻研能力、关注学生特点需求的把握能力和追踪学科发展前沿的探究能力。

(一)深耕教学内容方法的钻研能力

教学钻研是教师结合自身教学实践,针对教学过程中各种矛盾问题开展的研究活动,强调对教学各要素关系的探究以及教学实践问题的解决。教学钻研作为影响课程改革创新的重要因素,能够有效推动教学质量的切实提升。习近平总书记在学校思想政治理论课教师座谈会上指出思政课建设中亟待解决的问题时强调,"课堂教学效果还需要提升,教学研究力度需要加大、思路需要拓展"[2],明确了教师夯实教学钻研能力的现实必要性。

着眼中学思政课教师,教学内容方法的钻研能力,是其运用理性思维和科学手段分析探究实际教学内容和具体教学方法,并解决相关教学问题的综合本领,能够促进教学内容的科学传授和教学方法的合理运用。围绕教学内容,中学思政课教师需要在有效把握课程标准和教材内容结构的基础上,深入探究教材内容的丰富蕴涵,厘清其中贯穿的思想观念、政治观点和价值理念,进而把准教学内容的重点和难点。同时,基于对教学内容

---

[1] 杨茂庆,孙杰远. 聚焦于教育研究能力的教师教育模式探析[J]. 教育研究,2012,33(12):95.

[2] 习近平. 思政课是落实立德树人根本任务的关键课程[M]. 北京:人民出版社,2020:7.

重难点的深入分析和切实把握，中学思政课教师能够合理安排利用各种教学资源丰富完善教学内容，通过剖析教材内容的内在逻辑和层次结构，根据学生特点和实际需要，科学地调整教学内容的逻辑结构和内在要素，使其逻辑严密、层次分明，且符合学生的"最近发展区"。围绕教学方法，中学思政课教师需要深入研究不同教学方法的基本特点、应用场景以及实际运用中的现实问题。习近平总书记强调，"思政课的本质是讲道理，要注重方式方法，把道理讲深、讲透、讲活"[①]，充分论证了教学方法之于思政课教学的重要作用。由此，中学思政课教师需要通过对自身教学实践的回顾反思，围绕教学方法问题深入剖析比较教学过程中不同方法手段的具体效果，为更好掌握运用教学方法奠定基础。同时，中学思政课教师也需要借助新媒体、新技术，积极探索研究中学思政课教学新的方式方法，进而更好地为中学生启智润心、培根铸魂服务。

（二）关注学生特点需求的把握能力

把握学生特点、关注学生需求是中学思政课教师坚持以学生为本进行教学实践的重要体现，也是其因材施教、因地制宜讲好思政课，进而提升学生学科核心素养的必要前提。习近平总书记强调，"要用好课堂教学这个主渠道，思想政治理论课要坚持在改进中加强，提升思想政治教育亲和力和针对性，满足学生成长发展需求和期待"[②]。为此，首先要关注学生、了解学生，明确其现实需求的具体所指。中学思政课教师只有具备关注学生特点需求的把握力，才能开展更具针对性的课堂教学，这既是由课堂教学活动的一般性决定的，也是由思想政治教育的特殊性决定的。

从课堂教学活动的一般性来看，思政课教学活动是由教师、学生、教学介体和教学环体等要素相互联系、彼此作用构成的整体过程，学生作为教学活动中最活跃的要素，是教学目标任务落实完成的集中体现者，也是

---

① 习近平在中国人民大学考察时强调 坚持党的领导传承红色基因扎根中国大地 走出一条建设中国特色世界一流大学新路［N］．人民日报，2022-04-26（1）．
② 习近平在全国高校思想政治工作会议上强调 把思想政治工作贯穿教育教学全过程 开创我国高等教育事业发展新局面［N］．人民日报，2016-12-09（1）．

衡量评价教学效果的重要落脚点。中学思政课教师对学生特点需求的关注能够在教学中有效激发学生主体性，进而确保教学活动高效顺利进行。

从思想政治教育的特殊性来看，思政课教学作为重要的育人活动，关注人思想觉悟、政治素质、道德水平和文化修养等问题，是培养初中生政治认同、道德修养、法治观念、健全人格、责任意识[1]和高中生政治认同、科学精神、法治意识、公共参与[2]等学科核心素养的关键环节。因此，中学思政课教师只有关注研究学生的特征和需求，才能找准学生思想上的困惑、理论上的疑惑和现实中的具体需求，进而提高学生的思想道德素质和科学精神品质。总的来说，中学思政课教师良好的学生特点与需求把握能力，能够帮助其厘清学生成长发展的阶段性特点，并找准学生的思想困惑点、理论疑虑点、现实需求点以及情绪波动点，有助于增强课堂吸引力和针对性，是教师提升专业能力进而促进自身专业发展的重要着力点。

（三）追踪学科发展前沿的探究能力

学科前沿问题作为尚需解决研究的重要问题，是学科基础理论问题中生发的新思考、新矛盾、新观点，以及新形势下学科建设发展面临的新的时代课题，"主要呈现为理论与实际的矛盾"[3]。追踪探究学科前沿问题是学科发展的必然趋势，也是解决学科建设发展中突出矛盾问题的重要突破口。着眼中学思政课教师，追踪学科发展前沿的探索能力能够帮助其及时理解和掌握学科发展动态及其热点问题，在及时为学生解疑释惑中增进思政课的时代感和吸引力。

具体而言，思政课教学内容涵盖多个领域的不同方面且与时事政治紧密相连，具有突出的时代性，这就需要中学思政课教师增强自主学习意识，提升追踪探索学科发展前沿问题的能力。习近平总书记强调，"国内

---

[1] 中华人民共和国教育部制定．义务教育道德与法治课程标准（2022年版）[M]．北京：北京师范大学出版社，2022：5-8.
[2] 中华人民共和国教育部制定．普通高中思想政治课程标准（2017年版2020年修订）[M]．北京：人民教育出版社，2020：4-6.
[3] 张澍军．试论思想政治教育学科前沿的若干重大问题[J]．马克思主义研究，2011（1）：128.

外形势、党和国家工作任务发展变化较快，思政课教学内容要跟上时代，只有不断备课、常讲常新才能取得较好教学效果"①。这进一步确证了讲好思政课，需要中学思政课教师不断学习吸收有关思政课教学的新理念、新内容和新方法，讲清楚课堂教学需要回应的特别是学生关心的学科前沿问题。同时，学科发展前沿问题中往往还包含着一部分与学科相关的社会热点问题，这类问题在网络环境的催化下，容易被中学生捕捉和关注，进而对其认知和理解造成困惑。而中学生处在抽象逻辑思维迅速发展的关键时期，获取信息的方法渠道多元且对新鲜事物充满好奇，具有很强的可塑性，但深度思考相对不足，容易受社交网络中的各种信息特别是碎片化信息的影响。中学思政课教师作为帮助学生解决思想困惑进而引导其树立正确价值观念的筑梦人，需要及时了解学生关于学科前沿以及社会热点问题的态度和看法，厘清学生在思想上的矛盾点和困惑点，在不断探索学习学科前沿问题中，用透彻的学理分析和生动鲜活的案例回应学生，进而更好为学生答疑解惑。在这个过程中，中学思政课教师宽广的学科视野、强烈的问题意识、不懈的探究精神及其积极地回应现实问题与学生疑惑，是其追踪学科发展前沿的探究能力的生动表征。

三、多维并举的教育反思能力

教育反思能力作为教师夯实自身专业能力的重要维度，是教师着眼教育教学实践，以增强自主反思意识、促进自身专业发展为指向，"结合已有的教育教学理论，反复地、持续地对自我及整个教学活动进行积极、主动地计划、检查、评价、反馈、控制和调节的能力"②。多维并举的教育反思能力能帮助教师总结教育经验并发现教育过程中的矛盾问题，丰富积累教育实践性知识，切实提高自身教育教学实践能力。2012年教育部印发的《中学教师专业标准（试行）》中明确将教育反思能力作为教师提升专业水平的基本要求。聚焦中学思政课教师的教育教学实践，其多维并举

---

① 习近平. 思政课是落实立德树人根本任务的关键课程［M］. 北京：人民出版社，2020：11.
② 张四方. 中学教师专业化发展导论［M］. 北京：中国石化出版社，2019：353.

的教育反思能力体现在全面考察教学效果的检查评价能力、系统回顾教学过程的总结省思能力、聚焦问题吸收经验的调节促进能力三个方面。

(一) 全面考察教学效果的检查评价能力

教学效果的检查评价是教师根据课程标准和教学目标任务，运用科学合理的评价方法和手段，对教学活动及其效果进行客观全面地考察与评判。教学效果检查评价能力作为中学思政课教师专业发展的重要内容，是"使教师的'教'和学生的'学'产生连接的一个非常重要的因素"[1]，能够帮助其发现教学过程中的矛盾问题，有利于教师切实衡量学生对课程内容的吸收内化程度，以及科学评判自身教学实践的具体实效。依据《中学教师专业标准（试行）》中对中学教师的教育教学评价能力的基本要求，以及中学思政课程标准和教学任务的切实把握，可以厘清中学思政课教师关于教学效果的检查评价能力。

着眼能力维度，中学思政课教师的教学效果检查评价能力反映于其既能遵循教育评价的一般原则，又能把准思政课教学评价的特殊要求，既坚持评价内容的全面性、评价目标的发展性和评价主体的多元性，也坚持评价方法的多样性、评价过程的动态性以及评价结果的客观性。具体而言，全面考查教学效果的检查评价能力体现在中学思政课教师善于从学生的课堂表现、课后作业、考核成绩、课外实践，以及自身教学实施的教学结构设定、语言运用、内容处理、方法选择、资源整合中收集评价信息，能够用发展的眼光看待中学生思想意识和政治素质的有效提升，既能切实体现对学生学习现状和成长发展的全面检查诊断，又能对自身教学实践的综合考查与衡量。同时，还体现在中学思政课教师能够合理有效运用定性评价与定量评价等方式科学考察教学实效，既关注教学结果，又重视学生思想政治素质成长发展的过程，进而客观公正地衡量学生的实际获得、科学考察教学活动的具体实效。总的来说，中学思政课教师良好的检查评价能力有助于其客观、准确地把握学生学习的实际获得和自身教学实践的具体成

---

[1] 教育部教师工作司. 中学教师专业标准（试行）解读 [M]. 北京：北京师范大学出版社，2013：129.

效，对其专业发展具有重要推动作用。

(二) 系统回顾教学过程的总结省思能力

教学过程的总结省思作为教师在开展相应教学实践后，聚焦不同视角对教学实践过程进行系统全面的省察思考，进而得出具有价值性知识和指导性结论的思维或心理活动，具有实践性、反观性、过程性、研究性等突出特征。[1] 良好的总结省思能力能够帮助教师系统梳理教学实践过程，通过将教学实践与教学基本要求及其规范准则对照比较，审视分析自身教学行为表现，在挖掘其蕴含的基本经验和矛盾问题的基础上，促进教师自身建构独具个人特色的教学实践经验和方法，能为其更好地教学实践奠定基础。同时，教师的总结省思能力还能促进其教学实践能力和教学研究能力的切实提升。基于对教学过程的总结省思，教师能在不断解决自身教学实践问题中，更高质量地完成教学任务。此外，从教学总结省思的一般过程来看，教师不单是教学活动的参与者、教学省思的研究对象，更是教学实践的研究者。教师的总结省思就是其基于对教学情境的把握和教学实践过程的梳理，发现问题、分析问题并找准规律、揭示矛盾进而解决问题的过程，其本身就是开展教学研究的重要体现，也是提升其教学研究能力的现实着力点。

着眼中学思政课教师，关于教学过程的总结省思能力是其运用理性思维从不同维度分析探究实际教学过程，进而收获经验、明晰问题的综合本领，具体表征为实践审视中的问题意识和理性研判中的问题分析。关于实践审视中的问题意识，"人的意识不仅反映客观世界，并且创造客观世界"[2]。问题意识作为科学研究的逻辑起点，是中学思政课教师善于用批判的眼光审视对待自身教学实践并自觉探索发现其中存在的问题的心理状态。在这一过程中，中学思政课教师往往从自身的教学日志、教学录像和教学总结，以及学生的课堂反映、课后作业和调查问卷等资料中审视自身教学过程，并发现蕴含其中的矛盾问题。关于理性研判中的问题分析，中

---

[1] 朱旭东. 教师专业发展理论研究 [M]. 北京：北京师范大学出版社，2011：183.
[2] 中共中央马克思恩格斯列宁斯大林著作编译局. 列宁全集：第55卷 [M]. 北京：人民出版社，2017：182.

学思政课教师往往能辩证地看待某一教学问题，综合比较问题的外在表象和现实反映，客观剖析其背后蕴含的深层次原因，进而得出价值性结论和指导性经验。总的来说，系统回顾教学过程的总结省思能力作为教师反思能力的重要体现，是中学思政课教师专业能力的重要组成部分。

（三）聚焦问题吸收经验的调节促进能力

聚焦教学效果的全面检查与评价以及围绕教学过程的系统总结与省思的最终落脚点都在于帮助教师调节自身教学实践行为，进而不断促进教学实效的切实提升。《中学教师专业标准（试行）》中关于教师专业能力的基本要求指出，教师应当"针对教育教学工作中的现实需要与问题，进行探索和研究"，"不断进行反思，改进教育教学工作"，[1]再次确证了教学研究与反思的现实指向。中学思政课教师是培养学生思想政治教育学科核心素养的主导者，其反思实践基础上的调节促进能力体现在解决教学矛盾问题以及吸取教学经验教训的本领上。

围绕解决教学矛盾问题的能力，中学思政课教师需要在系统回顾自身教学过程的基础上明确其中所总结出的矛盾问题，科学厘清具体教学问题的外在表象、形成原因、现实影响等，为教学问题的有效解决奠定基础。同时，中学思政课教师也需要在强化对学生所面临现实问题的关注中，不断解决消除教学过程中学生需求期待与教学实际呈现之间的矛盾问题。正如习近平总书记所强调的，思政课教师"要坚持问题导向，学生关注的、有疑惑的问题其实也就几大类，要把这些问题掰开了、揉碎了，深入研究解答，把事实和道理一条条讲清楚"[2]，这就阐明了解决学生关注且疑惑的问题是解决矛盾问题的重要体现，能够切实提升课堂教学质量。围绕吸取教学经验教训的能力，中学思政课教师需要明确基于自身教学实践所归纳概括的经验教训，通过把准经验教训的价值意蕴和应用情境等基本问

---

[1] 教育部关于印发《幼儿园教师专业标准（试行）》《小学教师专业标准（试行）》和《中学教师专业标准（试行）》的通知 [EB/OL]. 中华人民共和国教育部, 2012-09-13.

[2] 习近平. 思政课是落实立德树人根本任务的关键课程 [M]. 北京：人民出版社，2020：20.

题，不断改进和完善自身教学理念、教学内容、教学方法、教学载体等，进而在守正创新中切实增强思政课教学实效和水平。总的来说，聚焦问题吸收经验的调节促进能力是中学思政课教师教学反思价值得以体现的重要环节，能够有效影响其专业水平提升的效度，是教师夯实自身专业素养的重要着力点。

　　总体而言，内容要素是中学思政课教师专业发展的现实着力点，也是后续深入研究中学思政课教师专业发展的前提基础。本书依据党和国家有关思政课教师的政策文件，以及思想政治教育学中教育者的相关理论，借鉴教育学中教师专业发展理论，切实结合中学思政课教师教育教学实际，构建起包括专业精神、专业知识和专业能力的中学思政课教师专业发展内容要素体系。其中，专业精神作为教师独特的精神力量和情怀境界，决定着中学思政课教师的专业实践行为，是教师专业发展中主导层面的内容要素。专业知识是中学思政课教师身为专业人员为完成教育教学目标任务所必须具备的各类知识集合，展现着中学思政课教师作为一种专门化职业的独特性和不可替代性，是其铸魂育人实效得以彰显的基础条件。专业能力作为中学思政课教师在教育教学实践中基于教育理性和教育经验，有效运用教育教学技能完成教育目标任务的专业素质，也是其专业发展中基础层面的内容要素。在中学思政课教师专业发展中，专业知识和专业能力彼此作用、相辅相成，支撑着专业精神的发展，同时专业精神又主导着教师专业知识和专业能力的发展。中学思政课教师专业发展内容要素的关系如图4所示。

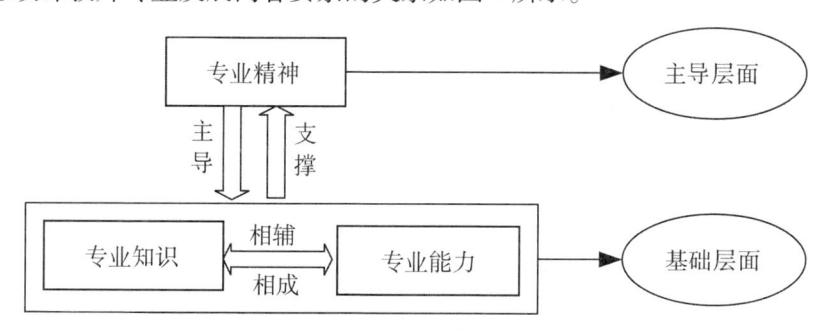

图4　中学思政课教师专业发展内容要素的关系图

第三章

中学思政课教师专业发展的基本阶段

教师专业发展是教师持续不断提升完善自身专业素养，逐步走向成熟和专业的发展过程。上一章已经从横向的角度系统探讨了中学思政课教师专业发展的内容要素，基于理论分析和实证调研，构建起理想状态下教师应当着力提升与发展的素养体系。本章依据教师职业能力标准、职称评定方案、分层培训计划等相关政策文件，借鉴教师专业发展阶段理论，从纵向角度研究中学思政课教师专业发展，以专业素养为核心指标，按照不同发展程度将其划分为四个基本阶段，并着力探讨应然状态下不同发展阶段的教师在专业精神、专业知识和专业能力等方面展现出的不同特征及其具体表现，经由德尔菲法①验证和优化，形成系统的中学思政课教师专业发展阶段理论。科学划分和详细阐释中学思政课教师专业发展的基本阶段，可以帮助不同阶段中学思政课教师明确自身专业发展的实际情况和主要任务，进而在提升针对性的基础上，切实增强专业发展的实效性。

第一节　中学思政课教师专业发展阶段划分的基本依据

教师专业发展基本阶段的科学划分并非随意构想而为之，实则需要着力寻求相关的理论依据、政策依据与实践依据，为基本阶段的有效确立提供参考借鉴。具体来看，中学思政课教师专业发展阶段划分需要在有效把握《义务教育道德与法治课程标准（2022年版）》和《普通高中思想政

---

① 又称专家调查法，其本质是一种反馈匿名征询法。

治课程标准（2017年版2020年修订）》中关于初中、高中思政课教学目标任务和课程标准的基础上，借鉴国内外学者关于教师专业发展阶段的理论研究，依据教师职业能力标准和职称评定方案的相关政策，以及参考中学教师分层培训工作计划的实践要求开展合理探讨。

一、借鉴国内外学者关于教师专业发展阶段的研究

阶段问题一直都是教师专业发展研究中的重要议题，国内外学者基于不同的研究视角，采用不同的研究方法对教师专业发展的一般过程及其基本规律进行了科学探讨，形成了各有侧重的不同观点，其中代表性的观点有如下几种。

（一）富勒（Fuller）的教师关注阶段理论

富勒是较早关注和探究教师专业发展的研究者，为了给学生制定切实合理的培养方案，其开展了具有较强针对性的访谈调研和文献研究，并有效研制了"教师关注问卷"。通过对问卷调查数据的科学分析，富勒指出，随着教师素养水平的不断夯实完善以及教学实践经验的有效积累，其在专业成长过程中的关注点是不断变化发展的，主要会经历四个发展阶段。[1] 关于职前关注阶段，这一时期教师处于职前培养阶段，并没有真正意义上参与到教学实践中，多以自身主观意识去审视教师角色，对观察到的教师往往持有批判态度，其关注的问题与教学关联性不大。关于生存关注阶段，这一时期教师刚刚亲历教学实践，教学经验相对不足，其关注点更多在于自身能否胜任教师职业，能否适应工作环境、承受工作压力并完成教学任务。关于教学情境关注阶段，这一时期教师更多关注自身的教学表现以及知识技能的实际水平，关心其在特定教学情境中，如何更加有效合理地完成教学目标任务。关于关注学生阶段，这一时期教师更多关心学生对教学内容的吸收内化情况，以及自身通过哪些具体举措可以改进优化教学实践，提升教学效果。富勒的教师关注阶段理论对后续研究者关于教师专

---

[1] FULLER F F. Concerns of teachers: A developmental conceptualization [J]. American Educational Research Journal, 1969, 6 (2): 207-226.

业发展阶段的探索具有重要的学习和借鉴意义,也为中学思政课教师专业发展基本阶段的合理划分提供了科学理论指导。

(二)休伯曼(Huberman)的教师职业周期理论

休伯曼基于实证调研,对教师的能力素养以及成长发展问题进行了探讨,并提出教师职业周期理论,该理论将教师职业发展主要分为五个阶段。关于教师的职业进入期,在这期间教师处于"生存和探索"阶段,[①]教学经验相对缺乏,面对复杂和不确定的教学环境,往往会对自身是否能够胜任这一职业感到怀疑。关于教师的稳定期,在这期间教师经过一定的教学实践,能够逐渐熟练掌握各教学环节,熟悉各项育人技能和方法,逐步确立自身的教学风格,其往往会产生一种轻松愉快的安全感。关于教师的实验与重新评估期,在这期间教师有可能由于知识技能的逐渐强化和教学经验的不断积累,对自身教学实践充满信心,并愿意创新教学方法手段,能较好解决教学过程中的实际问题。同时,教师也有可能因为察觉到自身教学方面的缺失,对自身专业素养产生怀疑,更有甚者还会引发去留危机。关于教师的平静和保守期,在这期间教师能轻松完成教学实践,但与学生心理距离相对疏远,教学积极性逐渐放缓,教学志向逐渐低下,由"充满活力"向"机械化"转变。关于教师的清闲期,在这期间属于教师的职业生涯末期,教师不再从事教育教学活动,逐渐退出教师行业。休伯曼的教师职业周期理论对教师专业发展的阶段研究更加细致和具体,描述出更多的发展节点,为后续研究提供了指导。

(三)叶澜的"自我更新"教师生涯阶段理论

叶澜等人基于对教师专业发展内在结构的科学把握,将其划分为五个阶段,并从教师"自我专业发展意识所关注的重点与所达到的水平两方

---

① HUBERMAN M. The professional life cycle of teachers [J]. Teacher College Records, 1989, 91 (1): 31-57.

面"① 详细描述了不同阶段教师的发展特征。关于教师的"非关注"阶段，这一阶段是发展主体正式接受教师教育之前的时期，其在无意识中形成了比较稳定的教育信念，与专业能力紧密相关的一般性能力也不断积累与完善，为正式从教打下坚实基础。关于教师的"虚拟关注"阶段，这一阶段的发展主体是师范生，还处于"准教师"角色，具备一定的自我发展意识，但由于缺乏真实的专业体验，其专业发展的意识相对较为淡薄。关于教师的"生存关注"阶段，这一阶段发展主体的角色由师范生向正式教师转变，会面临理论知识与实践运用不匹配的现实矛盾。教师需要在教学实践中不断学习与反思，建构自身的知识能力体系，以完成教学实践。关于教师的"任务关注"阶段，这一阶段教师已经掌握了职业"生存"的知识和技能，其自信心也逐渐增强。教师的关注点不再是自我生存问题，而是自身如何更加有效地完成教育教学任务，切实引导学生成长发展。关于教师的"自我更新关注"阶段，这一阶段教师专业发展的聚焦点转移到了教师自身，教师更加关注自身专业能力素养的内在结构和现实水平。同时，教师有较强的专业发展意识和较为明确的专业发展规划，致力于专业素养的全面提升。叶澜的"自我更新"教师生涯阶段理论重视内在能动性发挥，强调教师自身对专业发展的重要作用，关注不同阶段教师的自我发展意识和专业素养的整体表征，对后续研究者研究教师专业发展特别是探讨其发展阶段具有重要指导意义。

（四）申继亮的教师生涯阶段理论

申继亮等人借助访谈法开展调查研究，将教师专业发展分为四个基本阶段，并探讨了不同发展阶段教师专业成长的特征与发展任务。关于教师的学徒期，这一期间教师刚刚走上讲台，在熟悉教材、掌握方法、了解对象、营造情境的实践过程中，教师的教学效能感逐渐增强，教育教学知识不断夯实，一般持续三到五年。关于教师的成长期，这一阶段教师在具体教学实践中不断积累个人经验，形成自己的教学特色，并构建自身的教学

---

① 叶澜，白益民，王枏，等.教师角色与教师发展新探［M］.北京：教育科学出版社，2001：278.

123

风格，一般持续五到七年。关于教师的反思期，这一期间教师关注对理论的认识，并且已经积累了足够多的教学经验，能轻松顺利地完成教学任务，心态趋于平和并且可能出现职业倦怠，比较满足于现状，其持续时间一般不等。关于教师的学者期，这一期间教师不再安于现状，其专业知识不断丰富，专业能力不断增强，教学监控能力和自我反思能力也明显提高，并且善于通过科学研究来进一步提高自身的教育教学能力，已然成为一名学者，"这一时期相当于中教高级阶段"[①]。申继亮的教师生涯阶段理论认为教师专业发展并非线性上升态势，发展历程可能出现停滞不前的现象，其对不同发展阶段教师职业能力的切实关注，为中学思政课教师专业发展基本阶段的有效确立提供了重要参考。

二、依据教师职业能力标准和职称评定方案

研究中学思政课教师专业发展的阶段问题，应当开阔视野，打开思路，不仅需要借鉴研究者们关于教师专业发展的阶段理论，也要聚焦教师职业能力标准以及职称评定方案等政策文件，从基本职责、任职条件、能力标准等方面探寻基本阶段的划分依据。

（一）关于中学教师职业能力标准及其职称评定方案

1986年国家教育委员会制定《中学教师职务试行条例》，将中学教师职务设为四个等级，对不同职务教师的基本职责进行了说明，认为中学三级教师需具备教育学、心理学以及所教学科内容等基础知识，掌握学科教学方法，并且能够履行一门学科教学职责；中学二级教师除了担任中学三级教师两年以上，还需要具备所教学科的基础理论、专业知识以及教育中学生的原则方法，并在教学实践中取得较好的教学效果；中学一级教师除了担任中学二级教师四年以上或取得硕士学位，还需具备扎实的专业知识并对教材内容和教学方法有独特的理解，能基于学生的阶段特点和思想实际，教育引导学生且教育效果好；中学高级教师除了担任中学一级教师五

[①] 申继亮，费广洪，李黎.关于中学教师成长阶段的研究[J].天津师范大学学报（基础教育版），2002（3）：3.

年以上或取得博士学位，还需具备系统扎实的基础理论和专业知识，拥有丰富的教育教学经验，并在某一方面有较强的科学研究能力，且得到显著成果和贡献。① 2015年，为提高中学教师队伍质量，完善人才评价机制和教师职称制度，人力资源社会保障部和教育部印发了《关于深化中小学教师职称制度改革的指导意见》，统一了中学教师职称等级和名称，将中学教师职称分为五个等级，对不同职称教师的能力标准进行了阐述，认为三级教师具备教育学、心理学和所教学科内容知识，掌握一般教学方法和教育引导学生的原则方式，能够完成教学任务并正确教育引导学生；二级教师能独立掌握教学大纲和教材内容，拥有学科所需的专业知识，比较熟悉教育引导学生的方法原则，具备一定的教学研究和实践创新能力，并能取得较好的教育效果；一级教师能够组织与开展教育教学研究，承担一定的教学研究任务，拥有一定的创新实践经验，并在教育教学方面取得一定成绩；高级教师具备坚实的专业知识和专业能力，教学经验丰富，有自己的教学特色，并能基于学生阶段特征和思想实际教育引导学生，同时也能够组织和开展教育教学研究，且在某些方面取得显著成果；正高级教师教学艺术精湛，有自己的教学风格，能够主持和指导教育教学研究，并在某些方面取得创造性成果，具备良好的示范引领作用。② 基于对中学教师职业能力标准及其职称评定方案的梳理分析，不但能够更加明确各职称教师的专业素养的基本要求，进而更加有效抓住不同职称教师专业素养所呈现的层级性，也能够厘清不同时间节点党和国家对教师专业素养具体要求的内在变化，为新时代中学思政课教师基本阶段的确定提供了重要参考。

(二) 关于高校教师职业能力标准及其职称评定方案

2014年，为进一步推动辅导员队伍职业化、专业化发展，教育部印发《高等学校辅导员职业能力标准（暂行）》，基于相关理论知识、工作内

---

① 关于转发国家教育委员会中、小学教师职务试行条例等文件的通知 [EB/OL]. 中华人民共和国教育部，1986-05-19.
② 人力资源社会保障部　教育部关于印发《关于深化中小学教师职称制度改革的指导意见》的通知 [EB/OL]. (2015-08-28) [2022-09-01]. 中国政府网，2015-08-28.

容、能力要求将辅导员职业等级分为初级、中级和高级，并从思想政治教育、党团和班级建设、日常事务管理、心理健康教育与咨询、网络思想政治教育、危机事件应对、职业规划与就业指导等维度详细描绘了不同等级辅导员的职业能力标准，认为初级辅导员通过入职培训并取得相应证书，工作年限一般在三年以内，掌握思想政治教育的基本理论与方法，并能在了解学生思想动态的基础上开展个别谈心谈话和群体主题教育，能积极回应和解决学生关心的热点、焦点问题，并在日常的管理活动中化解学生矛盾，正确引导学生。中级辅导员在实践工作中培养了较强的研究能力并积累了一定经验，一般工作年限为四到八年，能够基于教育教学需要把握学生基本特征、掌握学生实际需要，并灵活运用搭配不同的方式方法开展思想政治教育，切实与学生进行深层次的思想交流与沟通。同时，中级辅导员也具备丰富的党团与班级建设以及日常思想政治教育的工作经验，能够抓住重要节日开展主题教育并在日常事务管理中教育指导学生。高级辅导员具有较高的理论水平和学术修养，拥有丰富的实践经验，一般工作八年以上，能够切实把握党和国家教育方针政策以及学校教育教学要求，掌握学生阶段特征，并基于教育目标有计划、有策略地对学生进行系统的思想政治教育。同时，高级辅导员也能开展理论与实践工作的调查研究，并取得一定的研究成果。[①] 2020年，人力资源社会保障部和教育部印发《关于深化高等学校教师职称制度改革的指导意见》，详细描述了高校助教、讲师、副教授、教授等各级职称的基本评价标准，认为助教需具备一定的专业知识，掌握基本的教学理念和方法，能够协助完成部分课程教学任务并在培养学生中做出一定贡献。讲师具备扎实的专业知识并有代表性成果，教学态度端正，能够掌握基本的教学理念方法，在教学过程中能将思想政治教育融入其中，为培养学生做出积极贡献。不论是教学科研型副教授还是教学为主型副教授，其都有严谨治学的专业态度，扎实系统的专业知识，教学经验较为丰富，形成具有自身特色的教学风格，并在科研上有其代表性成果。相较于副教授，教授的教学水平更加高超、科学研究能力更

---

① 教育部关于印发《高等学校辅导员职业能力标准（暂行）》的通知 [EB/OL]. 中华人民共和国教育部，2014-03-27.

加出色，为学生培养工作做出了更加突出的贡献。① 相较于中学，对高校教师职业能力标准及其职称评定方案的分析把握，能够扩宽我们的眼界，从不同维度、不同方面认识和学习不同阶段教师所展现出来的基本特性，在深刻理解和有效总结的基础上，为中学思政课教师专业发展的阶段划分提供重要参考借鉴。

三、参考中学教师分层培训工作计划

合理阐发中学思政课教师专业发展的基本阶段，也需要从中学教师分层培训工作计划的相关文件中寻找划分依据。通过吸收借鉴文件中不同层次教师培训的目标任务、实践重点和具体要求，特别是思考审视不同水平教师发展情况，能够为切实体现中学思政课教师专业发展各阶段的层级性以及合理描述不同阶段的发展特性提供重要参考。

其一，中小学教师培训工作意见的借鉴参考。2011年，教育部印发《关于大力加强中小学教师培训工作的意见》，明确提出围绕教育改革发展中心任务，在遵循教师成长规律的基础上，开展中小学教师全员培训，强调新任教师的培训重点在于帮助教师适应岗位要求和教育教学工作。在职教师的培训重点在于帮助教师夯实专业知识、提高专业技能、更新教育理念，加深其对教育教学工作的理解和把握，进而切实提高教师的实际教学能力。骨干教师的培训重点在于帮助教师发现教育教学规律，总结教育教学经验，在强化其教学能力、教研能力和指导能力过程中提升教师的示范引领作用。②

中小学教师培训课程指导标准的借鉴参考。2020年，为推动教师专业发展，提升中小学教师培训的针对性，教育部组织制定了《中小学教师培训课程指导标准（专业发展）》，明确提出要以教师发展水平为依据，基于对不同发展阶段的教师进行现实考量，递进式设计培训课程，以对教师

---

① 人力资源社会保障部 教育部关于深化高等学校教师职称制度改革的指导意见［EB/OL］. 中国政府网，2020-12-31.
② 教育部关于大力加强中小学教师培训工作的意见［EB/OL］. 中华人民共和国教育部，2011-01-04.

进行分层培训。通过对四个水平教师在专业发展规划、专业知识学习和专业实践研修等方面的现实描述可以明确，处于水平一的教师对其从事职业的性质和特点有初步了解，能根据学校对教师的要求进行专业发展，对教材和课标比较熟悉，并尽量能用信息化手段开展教学工作。处于水平二的教师认为教师职业有较强的专业性，自身有较为清晰的发展规划，注重理论知识的系统学习并努力把教育理论运用于教学实践，能对自身教学实践进行反思。处于水平三的教师能够充分认识并认同自身的职责与使命，基于对专业发展现实因素和可能路径的综合考虑制定发展规划，掌握教师专业发展评价。同时该水平的教师知识体系比较成熟，教学风格趋于稳定，积极关注国内外学科发展动态，能把握学生学习规律，重视学情研究，能有效引导学生不断发展。处于水平四的教师对自身所处的阶段有清晰的认识，能够抓住有利因素促进自身的自主发展和自我实现，并能运用科学方法对自身发展状况进行评价。同时，该阶段的教师注重吸收教学理论研究成果，能在灵活运用教学理论方法、更新完善教育理念中形成自己的教育思想，主动关注新技术，具备熟练运用新技术、新方法提升育人实效的能力。[1] 通过对中学教师分层培训工作计划相关文件的梳理和分析，特别是对不同层级水平教师的培训重点、特点描述的深刻分析，能够为中学思政课教师专业发展基本阶段的合理阐述提供重要参考和借鉴。

第二节 中学思政课教师专业发展阶段划分的征询研究

科学划分中学思政课教师专业发展的基本阶段，不仅需要依据借鉴党和国家相关政策文件，以及国内外学者有关教师专业发展阶段的理论研究，还需要运用合理的实证研究方法，对基于理论分析而初步建构起的、阐释不同阶段中学思政课教师各专业素养及其主要表现的阶段划分设计，向不同教龄和职称的一线教师进行匿名征询，经过多次验证、调整与优

---

[1] 教育部办公厅关于印发《中小学教师培训课程指导标准（师德修养）》等3个文件的通知 [EB/OL]. 中华人民共和国教育部，2020-07-22.

化，形成既有政策与理论支撑，又有数据佐证，且符合现实情况的中学思政课教师专业发展阶段理论，进而在内容上、环节上提升这一理论的科学性。本节主要介绍中学思政课教师专业发展阶段划分征询研究的设计思路、基本原则以及调整优化过程。

一、征询研究的设计思路

征询研究的主要目的是，通过对基于理论分析而初步建构起的、阐释不同阶段中学思政课教师各专业素养，及其主要表现的阶段划分设计进行验证、调整与优化，进而使中学思政课教师专业发展阶段理论更加切合现实情况，增强研究的科学性、合理性与整体性。本章的征询研究主要采用德尔菲法进行，通过向不同教龄和职称的一线教师进行匿名征询，在充分吸收内化反馈意见的基础上，形成对中学思政课教师专业发展的阶段阐释。具体设计思路如下：

征询教师遴选。本章征询调研邀请了来自北京、河北、浙江、广东、河南、内蒙古、湖北、江西、重庆、四川、陕西、甘肃等覆盖东中西部地区的共15个省、自治区、直辖市的36位[①]不同教龄与职称的一线中学思政课教师进行匿名咨询。教师遴选包括三个基本条件：一是36位教师均需参与过上一轮中学思政课教师专业发展内容要素的测评调研。上一章的内容要素测评，实际上是一线教师对基于理论探讨和专题访谈建构起的中学思政课教师专业发展内容要素的框架进行综合评价，通过评价反馈与调整优化，形成以政治素质、专业道德、专业理念，学科内容知识、学科教学知识、中学生特点及其教育知识，教学能力、教育研究能力、教育反思能力为核心的中学思政课教师专业发展内容要素框架。本章关于基本阶段的描述也在已然确立的专业发展内容要素框架的基础上，按照各专业素养的不同发展程度对各阶段进行描述，参与过上一轮测评调研的教师更加熟

---

① 在运用德尔菲法时，专家人数的选择可根据征询调研所涉及的具体内容及其范围决定，一般20人左右为宜。基于对德尔菲法基本原理与运行特征的把握，结合中学思政课教师专业发展阶段调研实际，必须考虑遴选教师应覆盖各区间教龄与各级职称，并且大致呈正态形，经过前期数据测试后，最终将第一轮征询调研的教师人数定为36人。

悉，也能更好理解本轮的征询调研内容。二是36位教师的称职与教龄应大致呈正态形，职称为正高级、高级、一级、二级与三级的教师均不少于3人，同时教龄在1~3年、4~12年、13~24年以及25年以上各区间的教师也均不少于3人，保证参与征询的一线中学思政课教师在职称与教龄上覆盖教师专业发展各阶段，增进调研教师结构的科学性和合理性。三是36位教师自愿参与征询调研并确保客观反馈，同时也愿意参加下一轮的征询调研。

教师征询基本思路。本章征询的主要内容为中学思政课教师专业发展阶段，特别是以要素测评基础上确立的专业发展内容要素框架为核心进行描述的各阶段素养表现。相关调研均通过邮件或微信转发等形式，借由问卷星在线调查平台向各位教师进行匿名征询。第一步，向各位教师介绍本轮征询内容的设计依据以及征询的任务要求和相关操作。第二步，发放教师专业发展征询调研问卷（详见附录3），收集各位教师基于自身认知与经验，对各项指标及其各专业素养的阶段描述进行的实际评价和意见反馈等相关数据，通过数据分析处理，验证其信度与效度等各项数据指标。在保证数据可用性的前提下，充分考虑与合理吸收各教师反馈意见，经过多次修改、调整与优化，形成新一轮的征询调研问卷。第三步，通过同样的方式向参与过前一轮征询调研的教师进行新一轮的匿名征询，发放教师专业发展征询调研问卷（详见附录4），通过数据分析处理，特别是对各教师反馈意见的重点关注，对中学思政课教师专业发展阶段及其各专业素养的阶段表现做进一步调整与优化。第四步，通过同样的方式向参与过第一轮征询调研的教师[1]进行新一轮的匿名征询，发放教师专业发展征询调研问卷（详见附录5），通过数据分析处理并合理验证，直至各位教师对中学思政课教师专业发展基本阶段的确立达成较高共识。中学思政课教师专业发展基本阶段征询调研程序如图5所示。

---

[1] 因为第二轮征询调研只有33名教师，虽然全部都参与过第一轮征询调研，但是并非参与过第一轮调研的36名教师都参加了第二轮征询调研，因为匿名，我们并不知道哪3位教师没有参与第二轮调研。这里问卷发放对象选择参与第一轮调研的36名，主要是想保证调研对象至少参与过一轮征询调研。

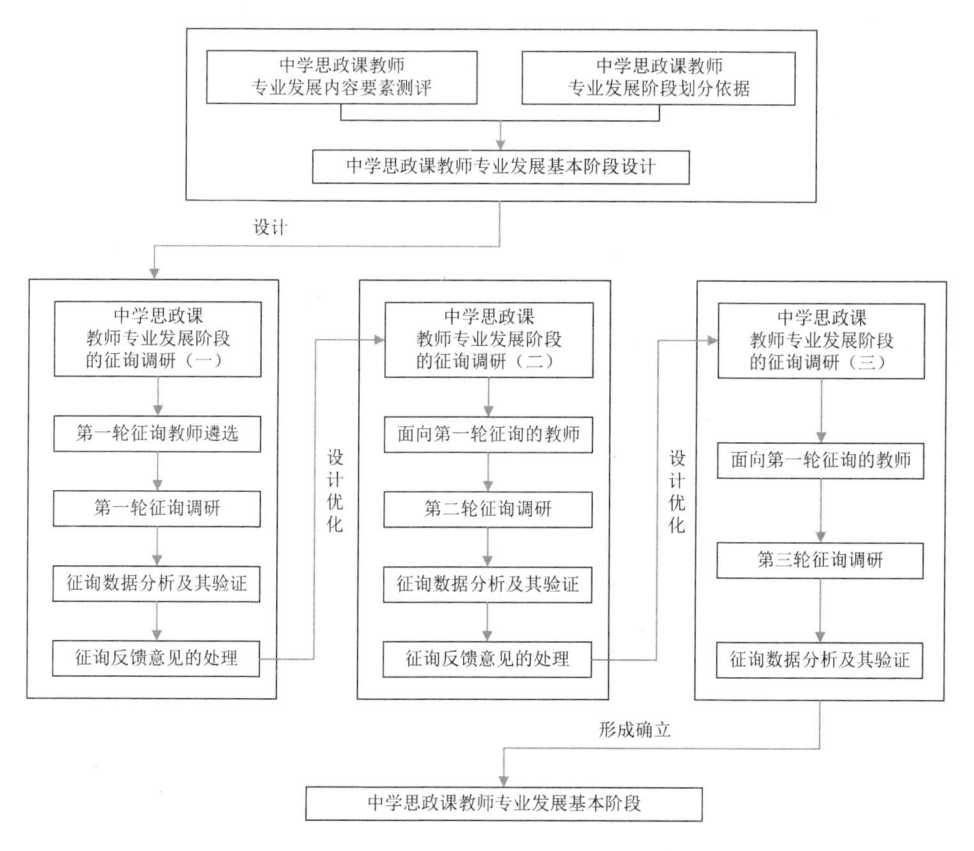

图5　中学思政课教师专业发展基本阶段征询调研程序图

数据分析处理基本思路。中学思政课教师专业发展基本阶段经过三轮匿名征询调研分析得以确立。关于调研数据的分析处理，本书首先对各轮征询调研收集到的数据进行预处理，在数据标准化的基础上，验证数据的信度并统计标本信息。通过对各指标进行描述性分析以及对相关数据进行一致性检验，最终明确教师对调研问卷中各阶段描述的现实评判。同时，本书着重关注并充分吸收各位教师的反馈意见，通过对反馈信息进行分类、描述、综合、归纳，在与现实评判相关数据相结合的基础上，修改完善征询调研问卷。本次询调研中的数据分析秉持客观原则，以教师对各阶段现实描述的认同程度为依据，直至最终达成共识并且各教师没有提出修改意见。中学思政课教师专业发展基本阶段征询调研数据分析基本思路如图6所示。

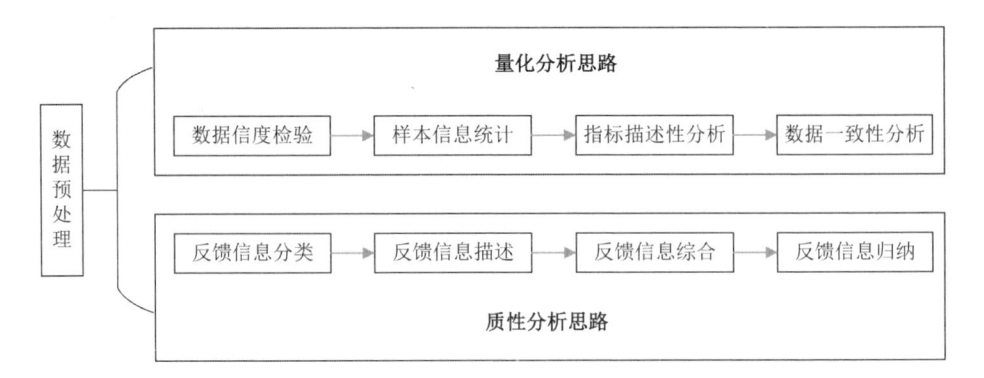

图 6　中学思政课教师专业发展基本阶段征询调研数据分析思路图

二、征询研究的基本原则

依据一般性征询研究的基本要求，结合中学思政课教师专业发展阶段研究实际，本次征询调研遵循以下基本原则。

坚持客观性原则。整个征询调研始终坚持实事求是的研究方法，以客观公正的态度对待各位教师反馈的各项信息数据，认真审核调研反馈信息数据的真实性与有效性。在数据清洗、数据提取、数据变换与数据检验的过程中，特别是在对相关反馈意见的数据分析处理等环节，不应以自身的主观意志为转移，坚持尊重数据的客观性。

坚持全面性原则。整个征询研究既在中学思政课教师的遴选上坚持全面性原则，也在数据分析处理中坚持全面性原则。本次征询调研的目的在于，通过一线教师的评判与反馈，修正与优化中学思政课教师专业发展阶段的相关阐释，其本身就需要对不同职称与教龄的中学思政课教师进行征询调研，才能保证调研的科学性、客观性。同时，在数据分析过程中，也坚持从不同维度、不同方面去分析各项数据及其相关指标，以获取更加全面的信息。

坚持充分性原则。征询研究过程坚持充分性原则，征询前向教师明确表达，鼓励各位教师就征询问题提出宝贵意见，并充分尊重各位教师反馈的相关意见。同时，在征询调研的反馈意见处理环节，也高度重视各位教师的反馈信息，并基于教师视角，充分考虑并深入挖掘各反馈信息，以调整优化下一轮的调研问卷。充分性原则是中学思政课教师专业发展征询研究需要重视和坚持的原则，这是因为调研过程中人思维认知层面的信息很难用文字准确表达。关于认可程度的反馈，也是教师基于自身认知和经验给出的大致判断，不可避免地会带有一定的模糊成分。所以在处理各位教师意见反馈信息时，不能仅仅拘泥于反馈信息的具体文字，而是需要适当发掘文字背后隐匿的相关信息，充分吸取各种反馈意见。

坚持匿名性原则。本次征询调研采用德尔菲法，整个过程都坚持匿名性原则。无论是调研问卷包含的基本信息还是问卷发放与收集过程，均不涉及教师身份信息，坚持匿名评判与反馈。坚持匿名性原则主要是希望尽可能消除权威性影响，期待各位教师积极反馈意见，以更好地达到征询效果。在教师遴选中，涉及对不同职称与教龄的教师进行征询，坚持匿名性能够为各位教师信息反馈提供更加自由、独立的空间，增强反馈信息的真实性并激发教师信息反馈的积极性。同时，坚持匿名性也是出于对教师个人信息的保护，本次征询调研仅用于学术研究，并且通过匿名反馈，也能达到征询调研的目的。

三、征询研究的调整优化过程

本章中学思政课教师专业发展阶段理论，在教师专业发展内容要素框架测评研究的基础上，经过三轮征询反馈与多次调整优化得以确立，其中有必要对征询研究的调整优化过程进行说明，概述如下。

（一）第一轮征询的基本过程

第一轮征询过程：在上一章教师调研测评确立的"中学思政课教师专业发展内容要素"框架的基础上，借鉴吸收中学思政课教师专业发展阶段划分的相关依据，设计完成"中学思政课教师专业发展阶段的征询调研（一）"（详见附录3）。通过邮件或微信转发等形式，借由问卷星在线调查平台向36位中学思政课教师进行匿名征询调研（36位教师来自北京、河北、浙江、广东、河南、内蒙古、湖北、江西、重庆、四川、陕西、甘肃等覆盖东中西部地区的共15个省、自治区、直辖市，在职称上正高级、高级、一级、二级与三级的教师均不少于3人，在教龄上在1~3年、4~12年、13~24年以及25年以上各区间的教师也均不少于3人，且称职与教龄大致呈正态形)。在规定时间内(一般在问卷发放后 7 个工作日内)回收问卷,并对问卷数据进行清洗、变换等操作,确保数据真实有效且满足分析条件。借助 SPSS26.0 分析软件从不同维度对数据进行分析处理,归纳并得出相关征询结果。第一轮征询调研教师的基本信息分布如表 3 所示。

表 3　第一轮征询调研教师的基本信息分布表

统计项目		频数	百分比
职称	三级(员级)	5	13.90%
	二级(助理级)	8	22.22%
	一级(中级)	12	33.33%
	高级	8	22.22%
	正高级	3	8.33%
教龄区间	1~3 年	7	19.44%
	4~12 年	14	38.89%
	13~24 年	10	27.78%
	25 年以上	5	13.89%

第一轮征询结果:关于教师调研数据的量化分析,第一,验证调研数据的可靠程度,计算第一轮征询调研的克朗巴哈系数,Cronbach's alpha 值为 0.967,大于 0.8,证明该征询调研的信度非常好,可靠性较高。

第二,从专业精神、专业知识、专业能力三个维度统计教师对各征询条目的认同程度,其中选择"非常符合"以及"比较符合"的比率分别为 70.60%、23.84%,62.50%、28.01%,62.96%、33.10%,可以得出接受征询的各位教师总体上较为认同本次调研对不同阶段教师在专业精神、专业知识、专业能力等方面主要表现的描述,但关于专业知识和专业能力的阶段描述仍需要进一步修改与调整。第一轮征询调研中,接受征询的教师对专业精神、专业知识、专业能力维度上不同阶段教师的主要表现描述的认同程度如图 7 所示。

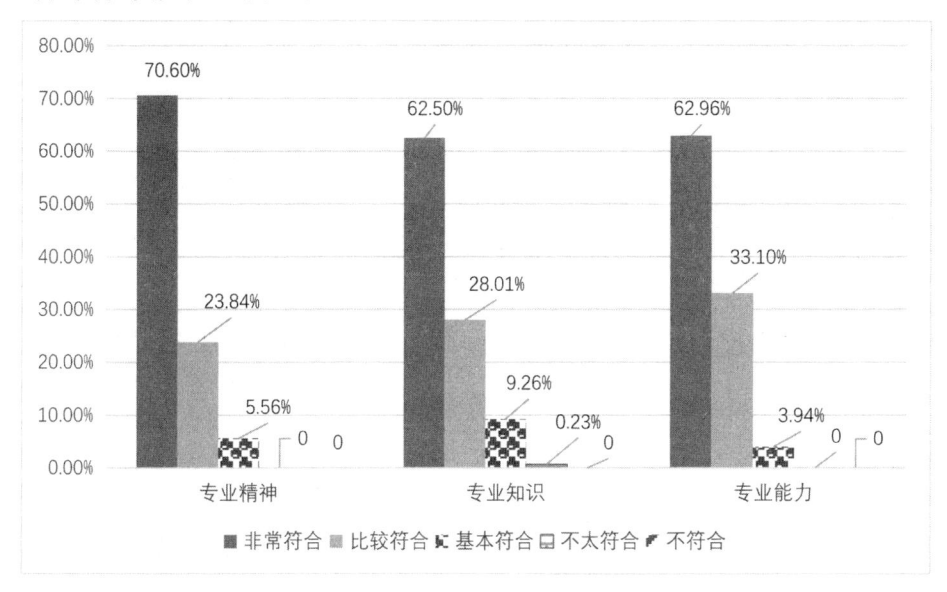

图 7　各专业素养维度上第一轮征询调研教师认同程度图

同时，多维验证与分析接受第一轮征询的教师对各专业素养维度上教师阶段描述的认同情况，本次征询调研数据同样采用李克特量表的五点评分方法进行赋值，"非常符合"赋值为"5"，"比较符合"赋值为"4"，"基本符合"赋值为"3"，"不太符合"赋值为"2"，"不符合"赋值为"1"，其中"专业精神""专业知识""专业能力"均值分别为 4.65、4.53、4.59，说明第一轮征询的教师总体上对各专业素养维度上的中学思政课教师专业发展阶段描述较为认同。同时，"专业精神""专业知识""专业能力"的变异系数①全部介于 0.0774~0.0937，其值均小于 0.1，说明第一轮征询教师对各专业素养维度上教师阶段描述的认同程度沿着均值波动的幅度较小。此外，"专业精神""专业知识""专业能力"的协调系数 Kendall's W 分别为 0.601、0.616、0.636（其中 P = 0.000<0.05），介于 0.6~0.8 之间，说明评价一致性程度较强，参加第一轮征询的 36 位教师

---

① 本章征询调研选择用变异系数 COV 来说明各指标数据的离散程度，不仅因为 COV 没有量纲，能够消除测量尺度和量纲的影响，也因为其能反映出各数据沿着均值波动幅度，对本章认同程度的集中度能进一步说明。

对各专业素养维度上教师阶段描述的认同较趋于一致。接受第一轮征询的教师对各专业素养维度上教师阶段描述认同情况的多维数据分析如表4所示。

表4 各专业素养维度上第一轮征询调研教师认同情况的多维数据分析表

指标名称	项数 P	均值 $\bar{X}$	标准差 σ	变异系数 COV	协调系数 Kendall's W
专业精神	12	4.65	0.36	7.74%	0.601
专业知识	12	4.53	0.42	9.27%	0.616
专业能力	12	4.59	0.43	9.37%	0.636

第三，从探索适应阶段、成长发展阶段、成熟稳固阶段、融汇创新阶段四个维度统计教师对各征询条目的认同程度，其中选择"非常符合"以及"比较符合"的比率分别为67.28%、32.10%，61.42%、29.32%，70.68%、22.53%，62.04%、29.32%，可以得出接受征询的各位教师总体上较为认同本次调研对中学思政课教师专业发展各阶段的素养描述，但关于成长发展阶段与融汇创新阶段的素养描述仍需要进一步修改与调整，同时在探索适应阶段与成熟稳固阶段还存在"基本符合"或"不符合"等情况，也需要在进一步挖掘教师意见反馈的基础上，对其进行修改和调整。第一轮征询调研中，接受征询的教师对中学思政课教师专业发展阶段描述的认同程度如图8所示。

同时，多维验证与分析接受第一轮征询调研的教师对中学思政课教师专业发展阶段描述的认同情况，其中"探索适应阶段""成长发展阶段""成熟稳固阶段""融汇创新阶段"均值分别为4.66、4.52、4.64、4.53，可以得出第一轮征询的教师总体上对中学思政课教师专业发展各个阶段的素养描述较为认同，但教师对成长发展阶段与融汇创新阶段认同度要低于探索适应阶段与成熟稳固阶段。同时，探索适应阶段、成长发展阶段、成熟稳固阶段、融汇创新阶段的变异系数全部介于0.0815~0.0927，其值均小于0.1，说明参与第一轮征询的教师对中学思政课教师专业发展各阶段的素养描述的认同程度沿着均值波动的幅度较小。此外，探索适应阶段、

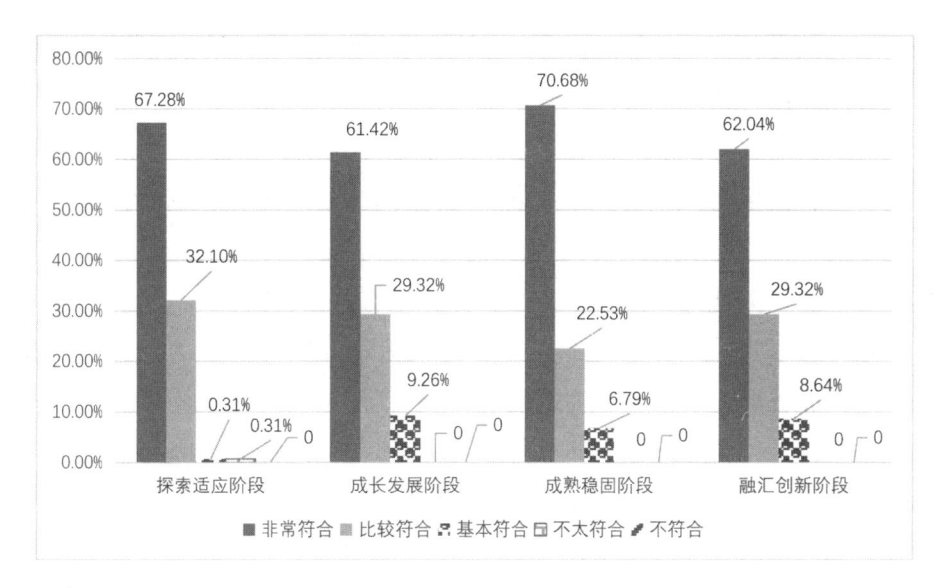

图 8　第一轮征询的教师对中学思政课教师专业发展阶段描述的认同程度图

成长发展阶段、成熟稳固阶段、融汇创新阶段的协调系数 Kendall's W 分别为 0.595、0.634、0.616、0.526（其中 P=0.000<0.05），融汇创新阶段的协调系数小于 0.6，说明参加第一轮征询的 36 位教师对中学思政课教师融汇创新阶段的素养描述的认同一致性还有待提高，仍然需要进一步修改和调整。接受第一轮征询的教师对中学思政课教师专业发展各阶段素养描述认同情况的多维数据分析如表 5 所示。

表 5　第一轮征询调研教师对中学思政课教师专业发展阶段描述认同情况的多维数据分析表

指标名称	项数 P	平均值 $\bar{X}$	标准差 σ	变异系数 COV	协调系数 Kendall's W
探索适应阶段	9	4.66	0.38	8.15%	0.595
成长发展阶段	9	4.52	0.39	8.63%	0.634
成熟稳固阶段	9	4.64	0.43	9.27%	0.616
融汇创新阶段	9	4.53	0.42	9.27%	0.526

关于教师反馈意见的分析处理，在征询调研中，针对阶段描述，有教师反馈意见提出，"关于成长发展阶段，从字面意思来看，不能体现这个

阶段的教师素养特征，建议再斟酌修改"，对于成长发展阶段的类似意见无独有偶。也有教师提出，"教师在经历探索适应阶段后，特别是前几年的工作后，如果想要发展，会经历一个快速发展期，知识能力得到扩展，当然也会有很多内容教法方面的创新"。还有教师在融汇创新阶段的反馈意见中提出，"融汇创新阶段比较理想化，一般教龄25年以上的老师，确实经验丰富，但是大多数已经没有了创新的动力和热情"，"教龄20年以上的教师大都形成了思维定式，对于时政信息和教材内容的把握能力较强，但是课程形式的创新能力较弱"，"创新与教龄并不一定是正比例关系，年轻也是创新的优势"，"教师在经历第一轮教学后就能逐渐将教学反思成果固化、教学设计创新等，从设计看融汇创新阶段是专业发展的高级阶段，应体现出'专家型'教师特征"，等等。同时也有教师在征询问卷的总体修改调整意见中指出，"中学思政更重'大思政'，范围广，初中思政课学科核心素养为政治认同、法治观念、道德修养、人格健全、责任意识，也需要教师掌握一定的法治知识。新高考后教材增加了一本党史，需要教师把握好党史、近现代史"；也有教师指出，"问卷里面少了教师对学生的提问艺术和评价要求，中学课堂还是很注重的，是评价教师教学能力的指标之一"；等等。

基于对本次征询结果的分析处理和反馈意见的综合吸收，对征询问卷进行了修改调整。调整中学思政课教师专业发展的第二阶段标题表述，将"成长发展阶段"修改为"增速成长阶段"；调整中学思政课教师专业发展的第四阶段标题表述，考虑到该阶段教师具备系统完善的专业素养，各类素养相互贯通并能灵活运用，将"融汇创新阶段"修改为"融会贯通阶段"。在对中学思政课教师专业发展第二阶段和第四阶段素养状况和发展特点的进一步把握的基础上，调整成长发展阶段的教师在"信念坚定与善于担当的政治素质"方面的某些表述，将"具备一定的政治敏锐性"修改为"不断提高政治敏锐性"；调整成长发展阶段的教师在"敬业乐教与严以自律的专业道德"方面的某些表述，将"做好本职工作"修改为"在教学实践中快速提高履行专业责任的能力"；调整成长发展阶段的教师在"思想政治教育学科内容知识"方面的某些表述，将"能够在日常思想政治教育实践中不断积累经验、总结教训"修改为"能够在日常思想政治教育实践中快速积累经验，不断总结教训"；调整融汇创新阶段的教师在"思想政治教育学科内容知识"方面的某些表述，将"科学理论灵活运用到教学实践中"修改为"科学理论融会贯通，有效运用到教学实践中"；调整成长发展阶段的教师在"思想政治教育学科教学知识"方面的某些表述，将"能够在教学实践中不断熟悉中学生思想政治素质形成发展过程"修改为"能够在教学实践中快速熟悉中学生思想政治素质形成发展过程"；调整成长发展阶段的教师在"中学生特点及其教育的相关知识"方面的某些表述，在"不断丰富对中学生身心发展一般规律的认识"前新增"快速熟悉"；调整成长发展阶段的教师在"多维并举的教育反思能力"方面的某些表述，将"反思的方式方法"修改为"快速积累总结反思的方式方法"。此外，根据征询意见，对其他阶段的素养描述也进行了适当调整，调整探索适应阶段的教师在"思想政治教育学科内容知识"方面的某些表述，将"具备讲好课程的理论基础"修改为"掌握一定的'四史'知识和法治知识，具备讲好课程的知识支撑"；调整探索适应阶段的教师在"知识传授和价值引导相统一的教学能力"方面的某些表述，将"有序落实教学环节"修改为"有效运用提问、讨论等方式方法开展落实教学环节"。

(二) 第二轮征询的基本过程

第二轮征询过程：在充分吸收第一轮征询结果并对"中学思政课教师专业发展阶段的征询调研（一）"问卷进行调整修改的基础上，设计完成"中学思政课教师专业发展阶段的征询调研（二）"（详见附录4）。通过邮件或微信转发等形式，借由问卷星在线调查平台向参与第一轮征询的36位中学思政课教师再次进行匿名征询调研，回收有效问卷33份（问卷回收率为91.67%，通过检验，在职称上，正高级、高级、一级、二级与三级的教师均不少于3人，在教龄上，教师教龄在1~3年、4~12年、13~24年以及25年以上各区间的教师也均不少于3人，且职称与教龄大致呈现正态形）。通过对问卷数据进行清洗、变换等操作，确保数据真实有效且满足分析条件。借助 SPSS26.0 分析软件从不同维度对数据进行分析处理，归纳并得出相关征询结果。第二轮征询调研教师的基本信息分布如表6所示。

表6 第二轮征询调研教师的基本信息分布表

统计项目		频数	百分比
职称	三级（员级）	5	15.15%
	二级（助理级）	7	21.21%
	一级（中级）	11	33.33%
	高级	7	21.21%
	正高级	3	9.10%
教龄区间	1~3年	7	21.21%
	4~12年	12	36.36%
	13~24年	9	27.27%
	25年以上	5	15.16%

第二轮征询结果：关于教师调研数据的量化分析，第一，验证调研数据的可靠程度，计算第一轮征询调研的克隆巴赫系数，Cronbach's alpha 值为0.973，大于0.8，证明该征询调研的信度非常好，可靠性较好。

第二，从专业精神、专业知识、专业能力三个维度统计教师对各征询条目的认同程度，其中选择"非常符合"以及"比较符合"的比率分别为76.01%、21.21%，67.42%、27.78%，66.41%、31.57%，可以得出，相较于第一轮征询调研，各位教师更加认同修改完善后专业精神、专业知识、专业能力等各素养维度上的中学思政课教师专业发展的阶段描述，其中认为专业精神阶段描述"非常符合"的比例有了显著提高，同时也要看到专业知识和专业能力的阶段描述仍有优化完善的空间。第二轮征询调研中，接受征询的教师对专业精神、专业知识、专业能力维度上不同阶段教师的主要表现描述的认同程度如图9所示。

<<< 第三章 中学思政课教师专业发展的基本阶段

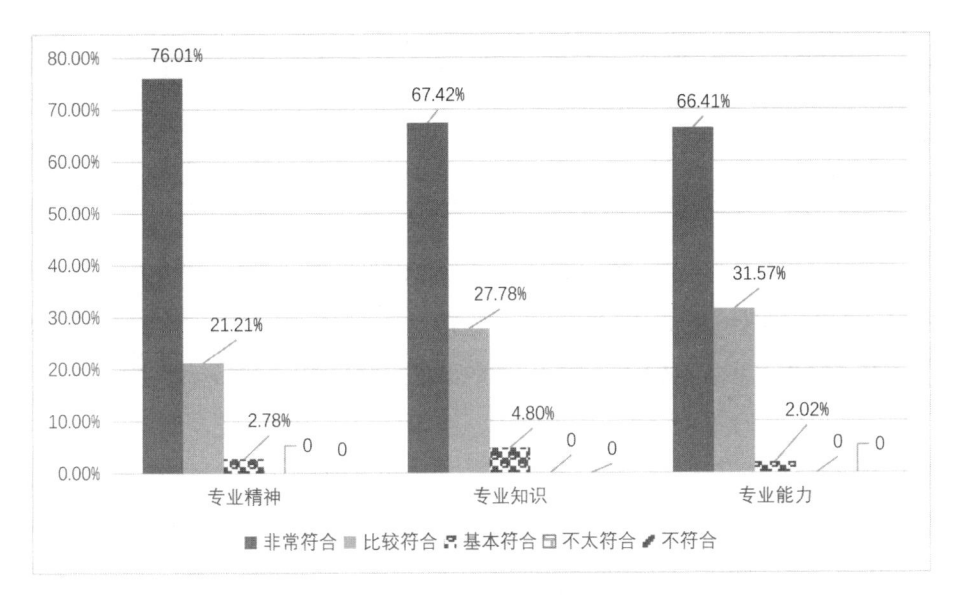

图9 各专业素养维度上第二轮征询调研教师认同程度图

同时，多维验证与分析接受第二轮征询调研的教师对各专业素养维度上教师阶段描述的认同情况，其中专业精神、专业知识、专业能力均值分别为4.73、4.63、4.64，同时"专业精神""专业知识""专业能力"的变异系数全部介于0.0698~0.0907，其值均小于0.1，说明相较于第一轮征询调研，教师对第二轮征询问卷中各专业素养的阶段描述认同度更高，且认同程度沿着均值波动的幅度更小。此外，专业精神、专业知识、专业能力的协调系数Kendall's W分别为0.622、0.642、0.661（其中P=0.000<0.05），说明教师对各专业素养的阶段描述评价一致性程度较强，参加第二轮征询调研的33位教师对各专业素养维度上教师阶段描述的认同较趋于一致并且更加趋于认同。接受第二轮征询调研的教师对各专业素养维度上教师阶段描述认同情况的多维数据分析如表7所示。

表7 各专业素养维度上第二轮征询调研教师认同情况的多维数据分析表

指标名称	项数 P	均值 $\bar{X}$	标准差 σ	变异系数 COV	协调系数 Kendall's W
专业精神	12	4.73	0.33	6.98%	0.622
专业知识	12	4.63	0.42	9.07%	0.642

141

续表

指标名称	项数 P	均值 $\bar{X}$	标准差 σ	变异系数 COV	协调系数 Kendall's W
专业能力	12	4.64	0.41	8.84%	0.661

第三，从探索适应阶段、增速成长阶段、成熟稳固阶段、融会贯通阶段四个维度统计教师对各征询条目的认同程度，其中选择"非常符合"以及"比较符合"的比率分别为 72.39%、27.27%，66.67%、28.62%，75.76%、21.89%，64.98%、29.63%，可以得出相较于第一轮征询调研，各位教师总体上更加认同第二轮征询问卷中对中学思政课教师专业发展各阶段的素养描述，虽然教师对增速成长阶段与融会贯通阶段的素养描述的认同度有了不少提升，但这两个阶段的素养描述仍有进一步完善与优化的空间。第二轮征询调研中，接受征询调研的教师对中学思政课教师专业发展阶段描述的认同程度如图 10 所示。

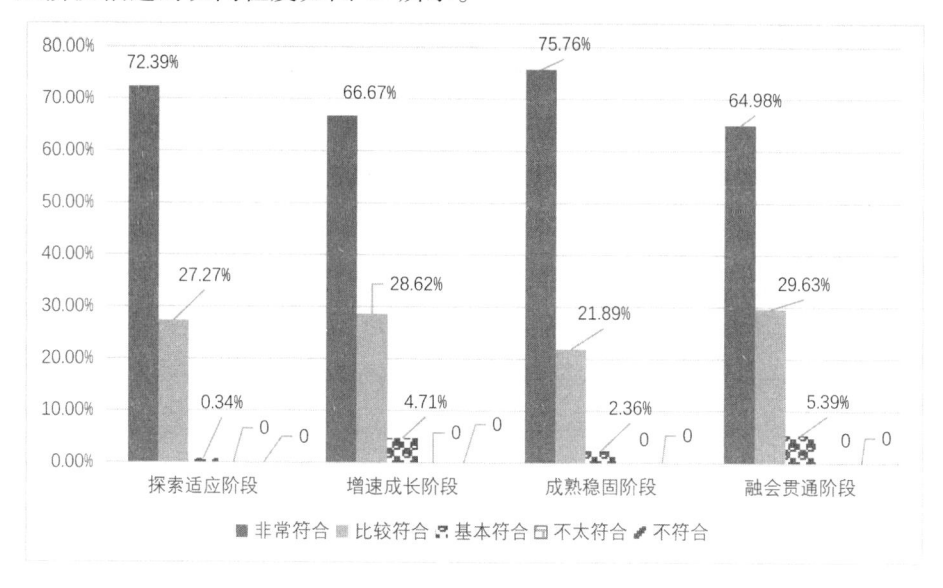

图 10　第二轮征询调研教师对中学思政课教师专业发展阶段描述的认同程度图

同时，多维验证与分析接受第二轮征询调研的教师对中学思政课教师专业发展阶段描述的认同情况，其中探索适应阶段、增速成长阶段、成熟稳固阶段、融会贯通阶段均值分别为 4.72、4.62、4.73、4.60，可以得出教师总体上对第二轮征询问卷中对中学思政课教师专业发展各个阶段的素养描述更为认同,但教师对增速成长阶段与融会贯通阶段认同度同样要低于探索适应阶段与成熟稳固阶段。同时,探索适应阶段、增速成长阶段、成熟稳固阶段、融会贯通阶段的变异系数全部介于 0.0742~0.0867,其值均小于 0.1,说明该轮征询教师对中学思政课教师专业发展各阶段的素养描述的认同程度沿着均值波动的幅度较小。此外,探索适应阶段、增速成长阶段、成熟稳固阶段、融会贯通阶段的协调系数 Kendall's W 分别为 0.671、0.671、0.644、0.589(其中 P=0.000<0.05),融会贯通阶段的协调系数相较于第一轮虽有较大提升,但低于 0.6,说明第一轮征询调研后的修改调整有一定成效但仍有进一步完善优化的空间。接受第二轮征询调研的教师对中学思政课教师专业发展各阶段素养描述认同情况的多维数据分析如表 8 所示。

表 8　第二轮征询调研教师对中学思政课教师专业发展阶段描述认同情况的多维数据分析表

指标名称	项数 P	平均值 $\bar{X}$	标准差 σ	变异系数 COV	协调系数 Kendall's W
探索适应阶段	9	4.72	0.35	7.42%	0.671
增速成长阶段	9	4.62	0.38	8.23%	0.671
成熟稳固阶段	9	4.73	0.41	8.67%	0.644
融会贯通阶段	9	4.60	0.38	8.26%	0.589

关于教师反馈意见的分析处理,在征询调研中,有教师提出融会贯通阶段的教师在"信念坚定与善于担当的政治素质"方面"应体现出融会贯通阶段的特性,相比前几个阶段要有提升,具体表述需进一步打磨、提升",针对这一反馈意见,在反复斟酌后本书未你帮出调整,主要因为成为示范引领的先锋模范,已然是教师政治信念、政治立场、政治担当等各方面政治素养融会贯通的体现。也有教师在"敬业乐教与严以自律的专业道德"反馈意见中提出,"探索适应阶段中政治与教学纪律,党规与公序良俗注意先后关系"。也有教师在"自主提升与着眼学生的专业理念"反馈意见中提出,"增速成长阶段是教师专业发展几个阶段中,成长发展最

快的阶段"。也有教师提出,"融会贯通阶段应在各方面都体现阶段特点"。

基于对本次征询结果的分析处理,征询问卷主要调整优化了探索适应阶段的教师在"敬业乐教与严以自律的专业道德"方面的某些表述,将"能够自觉遵守教学纪律和政治纪律,遵守公序良俗和党规法规"修改为"能够自觉遵守政治纪律和教学纪律,遵守党章法规和公序良俗";调整优化了增速成长阶段的教师在"自主提升与着眼学生的专业理念"方面的某些表述,将"能够不断学习教学实践所需要的知识和能力"修改为"能够不断学习和快速积累教学实践所需要的知识和能力";调整优化了融会贯通阶段的教师在"自主提升与着眼学生的专业理念"方面的某些表述,将在"切实提升学生的实际获得感"之前新增"并将其融会形成高质量的教学供给";调整优化了融会贯通阶段的教师在"中学生特点及其教育的相关知识"方面的某些表述,将"系统把握中学生身心发展特点的生成基础和应对策略,厘清中学生身心发展规律的现实表征"修改为"系统把握中学生身心发展特点的生成基础,厘清中学生身心发展规律的现实表征,贯通运用中学生身心发展问题的应对策略";调整优化了融会贯通阶段的教师在"与时俱进的教育研究能力"方面的某些表述,将"能够系统科学把握学生的个性化特点和需求并给予学生个性化指导"修改为"能够系统科学把握学生的个性化特点和需求,融合有效教学供给,提供学生个性化指导"。

(三)第三轮征询的基本过程

第三轮征询过程:在充分吸收第二轮征询结果并对"中学思政课教师专业发展阶段的征询调研(二)"问卷进行优化完善的基础上,设计完成"中学思政课教师专业发展阶段的征询调研(三)"(详见附录5)。通过邮件或微信转发等形式,借由问卷星在线调查平台向参与第一轮征询的36位中学思政课教师进行第三次匿名征询调研,回收有效问卷34份(问卷回收率为94.44%,通过检验,在职称上,正高级、高级、一级、二级与三级的教师均不少于3人,在教龄上,教师教龄在1~3年、4~12年、13~24年以及25年以上各区间的教师也均不少于3人,且称职与教龄大致呈现正态形）。通过对问卷数据进行清洗、变换等操作，确保数据真实有效且满足分析条件。借助 SPSS26.0 分析软件从不同维度对数据进行分析处理，归纳并得出相关征询结果。第三轮征询调研教师的基本信息分布如表 9 所示。

表 9　第三轮征询调研教师的基本信息分布表

统计项目		频数	百分比
职称	三级（员级）	5	14.71%
	二级（助理级）	7	20.59%
	一级（中级）	11	32.35%
	高级	8	23.53%
	正高级	3	8.82%
教龄区间	1-3 年	7	20.59%
	4-12 年	13	38.24%
	13-24 年	9	26.46%
	25 年以上	5	14.71%

第三轮征询结果：第三轮征询中，各位教师对修改后的中学思政课教师专业发展阶段及其专业素养表现表示认同，均未提出修改意见。关于教师调研数据的量化分析，第一，验证调研数据的可靠程度，计算第一轮征询调研的克隆巴赫系数，Cronbach's alpha 值为 0.980，大于 0.8，证明该征询调研的信度非常好，可靠性较好。

其次，从专业精神、专业知识、专业能力三个维度统计教师对各征询条目的认同程度，其中选择"非常符合"以及"比较符合"的比率分别为 77.21%、21.57%、68.38%、29.17%、69.12%、29.90%，可以得出经过前两轮征询调研以及多次的调整优化，教师认同本对不同阶段教师在专业精神、专业知识、专业能力等方面主要表现的描述。第三轮征询调研中，接受征询的教师对专业精神、专业知识、专业能力维度上不同阶段教师的主要表现描述的认同程度如图 11 所示。

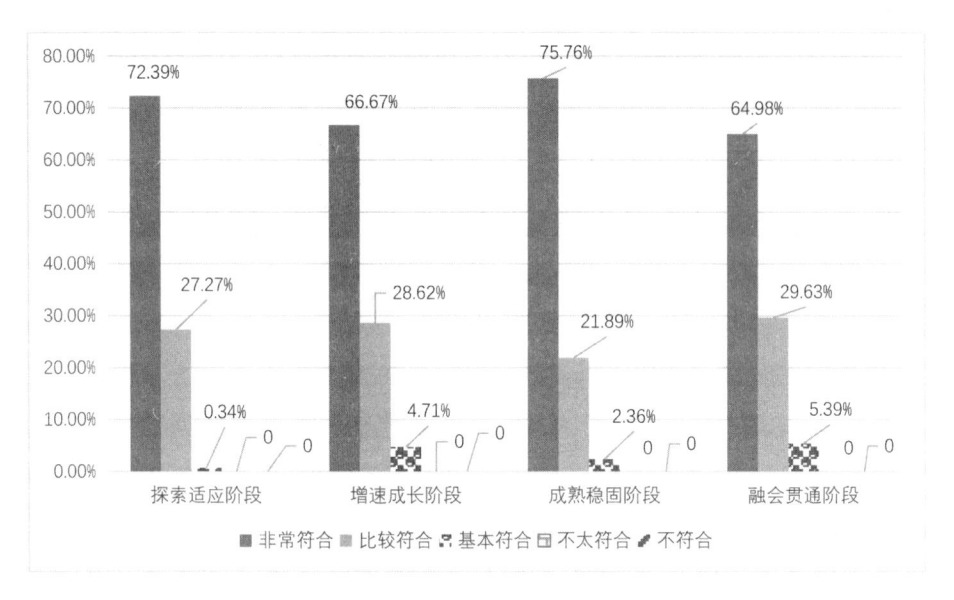

图 11　各专业素养维度上第三轮征询调研教师认同程度图

同时，多维验证与分析接受第三轮征询调研的教师对各专业素养维度上教师阶段描述的认同情况，其中专业精神、专业知识、专业能力均值分别为 4.76、4.66、4.68，第三轮征询教师对各专业素养维度上的中学思政课教师专业发展阶段描述认同程度更高。同时，专业精神、专业知识、专业能力的变异系数全部介于 0.0672~0.0877，其值均小于 0.1，其协调系数 Kendall's W 分别为 0.724、0.697、0.712（其中 P=0.000<0.05），均在 0.7 左右，说明教师对目前各专业素养维度上教师阶段描述的认同程度沿着均值波动的幅度较小，并且其认同趋于一致。接受第三轮征询调研的教师对各专业素养维度上教师阶段描述认同情况的多维数据分析如表 10 所示。

表 10　各专业素养维度上第三轮征询的教师认同情况的多维数据分析表

指标名称	项数 P	均值 $\bar{X}$	标准差 σ	变异系数 COV	协调系数 Kendall's W
专业精神	12	4.76	0.32	6.72%	0.724
专业知识	12	4.66	0.40	8.58%	0.697
专业能力	12	4.68	0.41	8.77%	0.712

第三，从探索适应阶段、增速成长阶段、成熟稳固阶段、融会贯通阶段四个维度统计教师对征询条目的认同程度，其中选择"非常符合"以及"比较符合"的比率分别为72.88%、26.14%，68.30%、29.74%，76.47%、22.22%，68.63%、29.41%，可以得出接受征询的教师认同本次征询研究对中学思政课教师专业发展各阶段的素养描述。第三轮征询调研中，接受征询的教师对中学思政课教师专业发展阶段描述的认同程度如图12所示。

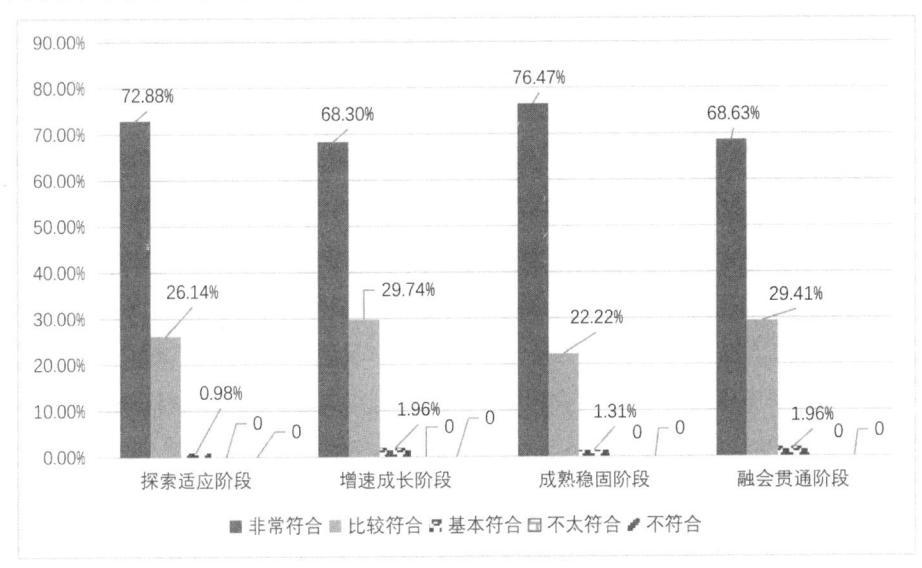

图12 第三轮征询调研教师对中学思政课教师专业发展阶段描述的认同程度图

同时，多维验证与分析接受第三轮征询调研的教师对中学思政课教师专业发展阶段描述的认同情况，其中探索适应阶段、增速成长阶段、成熟稳固阶段、融会贯通阶段均值分别为4.72、4.66、4.75、4.67，可以得出教师对第三轮征询问卷中中学思政课教师专业发展各阶段的素养描述更加认同。同时，探索适应阶段、增速成长阶段、成熟稳固阶段、融会贯通阶段的变异系数相较于第二轮征询调研也有了一定程度的降低，说明教师对第三轮征询问卷中中学思政课教师专业发展各阶段的素养描述的认同程度沿着均值波动的幅度更小，各发展阶段的均值的解释力更强。此外，探索适应阶段、增速成长阶段、成熟稳固阶段、融会贯通阶段的协调系数Kendall's W分别为0.701、0.699、0.735、0.687（其中P=0.000<0.05），说明教师对该论征询中的阶段描述的认同趋于一致。接受第三轮征询调研

的教师对中学思政课教师专业发展各阶段素养描述认同情况的多维数据分析如表11所示。

表11 第三轮征询的教师对中学思政课教师专业发展阶段描述认同情况的多维数据分析表

指标 名称	项数 P	平均值 $\bar{X}$	标准差 σ	变异系数 COV	协调系数 Kendall's W
探索适应阶段	9	4.72	0.31	6.57%	0.701
增速成长阶段	9	4.66	0.36	7.73%	0.699
成熟稳固阶段	9	4.75	0.32	6.74%	0.735
融会贯通阶段	9	4.67	0.37	7.92%	0.687

经过前两轮的征询调研，在有效把握教师认同程度与充分吸收征询反馈意见的基础上，修改完善各阶段中学思政课教师专业发展的素养描述。考虑到第三轮征询调研，各教师没有相关意见反馈且各项指标系数已达到接受范围（均值大于4.6，变异系数小于9%，协调系数大于0.6）并趋于稳定，所以将第三轮征询调研中的中学思政课教师专业发展基本阶段的素养描述确立为本书教师专业发展的阶段阐释。每轮征询调研教师对中学思政课教师专业发展阶段及素养描述的认同程度如图13所示。

第三节 中学思政课教师专业发展的阶段阐释

通过对中学思政课教师专业发展内容要素的科学测评，专业发展内容要素的框架得以系统构建。本节借鉴依据国内外学者关于教师专业发展阶段的理论研究、教师职业能力标准与职称评定方案以及中学教师分层培训工作计划的相关政策文件，在切实把握《义务教育道德与法治课程标准（2022年版）》和《普通高中思想政治课程标准（2017年版2020年修订）》中关于初中、高中思政课教学目标任务和课程标准的基础上，以专业素养为核心指标，按照不同发展程度将中学思政课教师专业发展划分为

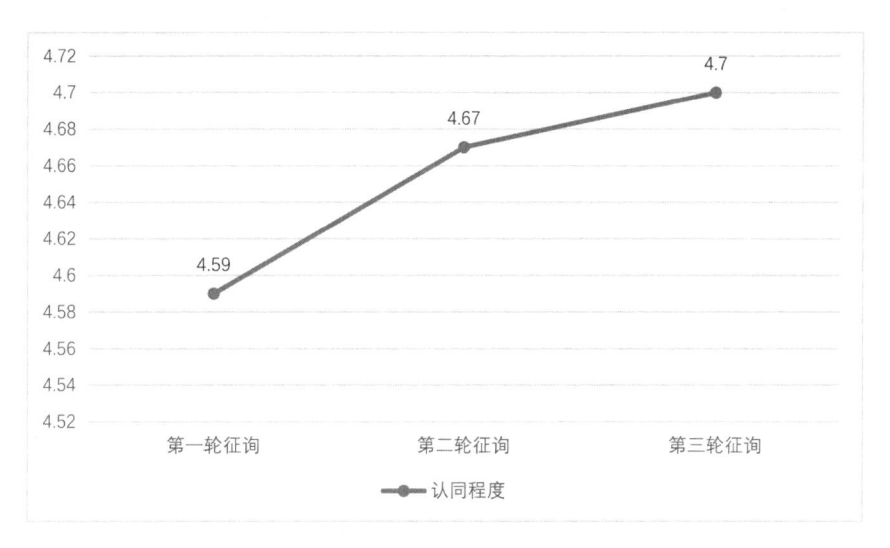

图 13　每轮征询调研教师对中学思政课教师专业发展阶段及素养描述的认同程度图

四个基本阶段，探讨应然状态下不同发展阶段的中学思政课教师在专业精神、专业知识和专业能力等专业素养层面的主要表现，形成了围绕政治素质、专业道德、专业理念，学科内容知识、学科教学知识、中学生特点及其教育知识，教学能力、教育研究能力、教育反思能力等不同方面，涵盖探索适应阶段、增速成长阶段、成熟稳固阶段、融会贯通阶段的中学思政课教师专业发展阶段描述。同时，充分运用德尔菲法，将中学思政课教师专业发展阶段描述向不同教龄和职称的一线教师进行匿名征询，在充分吸收两次相关反馈意见的基础上，经过多次调整与优化，得出了既有理论支撑，又有数据佐证，且切合现实情况的中学思政课教师专业发展的阶段阐释。

一、探索适应阶段

探索适应阶段是中学思政课教师专业发展的初始阶段，教师的教龄区间大约为1~3年，处于开展本学段的第一轮教学实践中。这一阶段的教师刚刚从事中学思政课教学实践，对工作充满热情，但同时也倍感工作压力，其学科知识多停留在抽象理论层面，在教学中多以准备好的教学内容为中心，对课程标准、教材内容、教学方法的认识与理解有待深化，比较缺乏教学实践经验。探索适应阶段的中学思政课教师以适应教学对象、教学内容、教学过程、教学环境为主,主要任务是准确把握课程标准,熟悉教材基本结构和主要内容,掌握基本的教学方法并具有一定的教学反思意识。

(一) 中学思政课教师探索适应阶段的专业精神表现

关于政治素质。该阶段的中学思政课教师能够把政治信念建立在对马克思主义理论和中国特色社会主义的理性认同上;能够坚决拥护党的领导,坚定马克思主义信仰,坚守人民立场,并尝试在课堂教学中有效引导学生坚定政治立场;能够把握正确政治方向,遵守党的政治纪律和政治规矩;能够自觉担当知识传授和价值引导的职责,履行宣传马克思主义的重要使命。关于专业道德。该阶段的中学思政课教师能够具备关心爱护学生、教育指导学生的情怀;能够在教育实践中认真履行教育教学职责,严肃认真做好教学工作;能够自觉遵守政治纪律和教学纪律,遵守党章法规和公序良俗。关于专业理念。该阶段的中学思政课教师能够关爱学生,公平对待每一名学生,尊重学生的人格和学习发展的权利;能够熟悉教材内容,熟练运用教学方法和载体,具备创新意识;能够夯实和运用职前培养所学知识,具备自主学习意识。

(二) 中学思政课教师探索适应阶段的专业知识表现

关于学科内容知识。该阶段的中学思政课教师能够正确把握马克思主义及其中国化理论的基本内涵、主要观点和所回答的相应时代问题,掌握一定的"四史"知识和法治知识,具备讲好课的知识支撑;能够正确把握思想政治教育学原理、思想政治教育史、思想政治教育方法论、思想政治教育前沿和比较思想政治教育学等的基本观点和主要内容;能够正确把握班级管理、校园文化活动、党团组织建设、心理健康教育等日常思想政治教育的基础知识和基本流程。关于学科教学知识。该阶段的中学思政课教师能够正确把握讲授法、问答法和讨论法等教学方法的基本特点和实践要求;能够正确把握中学生课程内容认知内化与行为外化的基本知识,掌握中学生认知、情感、意志、信念和行为的一般转化过程;能够正确把握中学思政课课程资源的基本内涵及其开发利用的基本要求。关于中学生特点及其教育的相关知识。该阶段的中学思政课教师具备正确把握中学生身心发展的阶段特点和一般规律的基本知识；具备正确把握中学生群体的基本特征和行为方式的基本知识，并能认识新时代背景下中学生的群体"画像"；能够正确把握教育学理论知识、教育心理学知识和现代教育技术基础等知识的基本内容。

（三）中学思政课教师探索适应阶段的专业能力表现

关于教学能力。该阶段的中学思政课教师具有基本的教学能力，能够明确教学准备的一般过程并正确把握中学思政课教学准备的重点内容；能够基于教学目标任务，完成对教学环节的构思设计和教学过程的头脑预演；能够根据教学设计，有效运用提问、讨论等方式方法开展落实教学环节，基本完成教学实施过程。关于教育研究能力。该阶段的中学思政课教师具备教学内容方法、探究学生特点需求和学科发展前沿的意识，能够自主熟悉教学内容方法，主动了解学生特点需求，自觉关注学科前沿问题。关于教育反思能力。该阶段的中学思政课教师具有一定的反思意识，能够在考查学生和自我反思中把握教学效果、总结教学经验、反思教学问题，并能吸收反思中的有利因素来调整与改善教学。

二、增速成长阶段

增速成长阶段是中学思政课教师在探索适应阶段持续专业积累的基础上所达到的发展阶段，教师的教龄区间大约为4~12年，处于开展本学段的第二至第四轮教学实践中。这一阶段的教师对课程标准、教材结构内容具有一定的认识和体会，教学技能相对比较熟悉，但教学经验仍需进一步积累，教学内容深度需要进一步挖掘，对学生特点需要的系统性理解和认识还有待深化。增速成长阶段的教师经过探索适应后，在专业成长中实现增速提升，这一阶段教师比较熟悉教学对象、内容、方法等各项要素，其发展重点在于经过教学实践快速积累面对教学对象综合运用多种要素开展教学的经验，着力增强教学研究能力，优化教育理念，进一步完善知能结构，进而不断提高自身的育人质量和实效。

(一) 中学思政课教师增速成长阶段的专业精神表现

关于政治素质。该阶段的中学思政课教师能够在马克思主义理论实践体悟和中国特色社会主义教育事业实际参与中越发坚定政治信念；能够以坚定正确的政治立场为支撑，持续探索课程教学中引导学生坚定政治立场的内容和方法；能够不断提高政治敏锐性，观察分析问题首先把握政治因素；能够在深化对马克思主义认识研究中，着力打牢学生的思想基础、提升学生的政治素养。关于专业道德。该阶段的中学思政课教师能够具备为学生传道授业解惑的情怀；能够自觉克服职业倦怠，提升职业认同感，在教学实践中快速提高履行专业责任的能力；能够言行一致，表里如一，做到课上课下一致、网上网下一致。关于专业理念。该阶段的中学思政课教师能够尊重学生的主体性，关注学生思想观念和价值理念提升的需求期待，服务于学生的身心健康成长；能够尝试教学内容、方法和载体等要素的不同组织形式以创新教学供给，着力提升教学质量实效；能够不断学习和快速积累教学实践所需要的知识和能力，研究中学生不断变化的阶段特征，以更好地胜任教学任务。

(二) 中学思政课教师增速成长阶段的专业知识表现

关于学科内容知识。该阶段的中学思政课教师能够自主学习追踪马克思主义中国化最新理论成果，丰富完善自身对马克思主义及其中国化理论的认识框架；能够在教学实践中运用思想政治教育学理论的相关知识，对思想政治教育学理论知识形成深刻体悟；能够在日常思想政治教育实践中快速积累经验，不断总结教训，进而有效开展日常思想政治教育。关于学科教学知识。该阶段的中学思政课教师能够根据教学内容灵活选择符合学生实际的方式手段，并将启发教学有效融入各种教学方法中；能够在教学实践中快速熟悉中学生思想政治素质形成发展过程，切实把握思想政治教育和引导的基本方法；能够经过教学实践迅速熟悉中学思政课课程资源的具体类别、现实特点和功能作用，并运用不同方法开发利用课程资源。关于中学生特点及其教育的相关知识。该阶段的中学思政课教师能够在教学实践中熟悉中学生认知特点、情感价值特点和心理特点等，快速熟悉、不断丰富对中学生身心发展一般规律的认识；能够通过教学活动深入理解中学生朋辈影响的群体效应，切实体会时代背景下中学生群体展现的行为方式；能够将教育教学理论知识有效应用于思政课教学实践，正确认识分析教育现象和问题。

（三）中学思政课教师增速成长阶段的专业能力表现

关于教学能力。该阶段的中学思政课教师具有良好的教学能力，能够在明确中学思政课课程性质、基本理念和目标任务的基础上，厘清课程设计思路、内容结构等，并准确把握教材内容和学生需求；能够通过教学训练，切实有效制定教学目标、设计教学内容、选择教学方法以及预设教学过程；能够在教学实践中较好地体现教学情境创设力和教学过程主导力。关于教育研究能力，该阶段的中学思政课教师具备一定的教学内容方法、学生特点需求和学科发展前沿的探究能力，能够选用合适的教学方法，把准和讲透教学内容的重点和难点，掌握学生的阶段特点和一般性需求，并在主动追踪学科发展前沿中调整改善教学。关于教育反思能力。该阶段的中学思政课教师能够在教学实践把握和检查评价经验积累中，切实体会把握教育效果，持续明确总结反思的重点内容，快速积累总结反思的方式方法，并在教育反思过程中进一步找准教学调整与改善的重点和方式。

三、成熟稳固阶段

成熟稳固阶段是中学思政课教师在增速成长阶段基础上继续专业发展所达到的阶段，教师的教龄区间大约为13~24年，处于开展本学段的第五至第八轮教学实践中。成熟稳固阶段的教师经过增速成长的积淀，对课程标准、教学内容具有系统地把握，教学经验丰富，形成了较为稳定的教学风格和特色，在基于教学的融会贯通进而产出教学思想方面还需进一步积累。

（一）中学思政课教师成熟稳固阶段的专业精神表现

关于政治素质。该阶段的中学思政课教师能够把握中学生政治信念确立的基本过程，在帮助中学生解决政治信念问题中不断筑牢自身政治信念；能够把握中学生政治立场形成的一般过程，厘清明确并探索解决中学生政治立场确立的重点难点；能够具备较强的政治敏锐性和政治鉴别力、辨析力；能够在持续研究马克思主义的基础上，面向以学生为主的不同群体宣传和讲授马克思主义。关于专业道德。该阶段的中学思政课教师能够具备为学生传播思想、传播真理、塑造灵魂的情怀；能够对教育工作保持热情，并积极钻研，实现持续提升；能够真懂真信真用马克思主义，自觉弘扬主旋律、传播正能量。关于专业理念。该阶段的中学思政课教师能够关注个体差异，有针对性地开展教育，保护学生的学习自主性、独立性和选择性；能够根据教学需求，创造性地组织教学内容、方法和载体等形成有效的教学供给，切实增强教学质量；能够自主更新和拓展知识和能力体系，持续研究中学生的基本特点和实际问题，以更好地实现教育引导。

（二）中学思政课教师成熟稳固阶段的专业知识表现

关于学科内容知识。该阶段的中学思政课教师能够具备良好的理论思维，把握理顺马克思主义及其中国化理论的历史演进、结构体系和内在逻辑；能够在主动学习、追踪思想政治教育学相关前沿知识的实践中，深入全面地掌握思想政治教育学理论知识体系；能够从理论上认识和分析日常思想政治教育的相关问题，更加深入理解日常思想政治教育的运行逻辑、实践场景。关于学科教学知识。该阶段的中学思政课教师能够掌握案例式、互动式和分众式等综合性教学方法，在不同教学情境切实发挥其功能作用；能够从理论上审视分析中学生课程内容认知转化过程，有效发现和破解中学生思想政治素质形成发展过程中的实际问题；能够全面把握课程资源开发利用的基本原则和主要方式，灵活采取多种方式挖掘利用资源，切实发挥课程资源的育人效果。关于中学生特点及其教育的相关知识。该阶段的中学思政课教师能够全面把握中学生身心发展的有序性、阶段性、动态性以及差异性等特征,在切实遵循中学生身心发展规律的基础上有效开展教学实践;能够从理论上全面审视剖析中学生群体特征和行为方式对教育教学的现实影响,切实开展适应中学生群体的思想政治教育引导;能够立足教育教学知识,依据教育教学基本规律,有效破解思政课教学实践中的突出问题。

(三) 中学思政课教师成熟稳固阶段的专业能力表现

关于教学能力。该阶段的中学思政课教师具有优秀的教学能力,能够动态把握中学思政课课程标准要求、内容发展以及学生变化和教学现状的实际水平;能够在充分熟悉、全面把握教学环节的基础上,合理突出教学重点和难点,实现教学设计中知识传授和价值引导的有机协同;能够运用经验智慧有效处理应对课堂教学中的突发事件,并灵活调整教学内容和教学方法手段,有较好的教学情况应变能力。关于教育研究能力。该阶段的中学思政课教师具备较好的教学内容方法、学生特点需求和学科发展前沿的探究能力,能够理顺教学内容的逻辑结构并创造性地运用教学方法;能够全面准确把握学生的阶段特点并掌握学生的个性化需求;能够参与、推动学科发展并丰富中学学科教学前沿。关于教育反思能力。该阶段的中学思政课教师能够掌握并灵活运用多维评价办法,聚焦学生和自身对教学效果进行准确的检查衡量,并在全面总结反思教学过程中切实厘清有效经验,找准实际问题,进而将发现的实际问题转化为调整改善的着力点,促进教学质量的切实提升。

四、融会贯通阶段

融会贯通阶段是中学思政课教师专业发展的终极阶段,教师的教龄大约为25年及以上。这一阶段的教师具备较高的专业精神、系统扎实的专业知识和专业能力,能够灵活联动自身各方面素养开展教学实践,形成自身独特的教学风格,具有较好的研究能力和丰富系统的教学实践经验,在本学校或本学科有一定的影响力。融会贯通阶段的中学思政课教师能够系统深入把握教学对象、教学内容、教学过程、教学环境,并融会各项要素开展有效教学，基于教学实践提炼总结自身教学思想与经验，丰富中学思政课教学理论，拓展深化学科前沿性问题研究，推动学科不断改革发展。

（一）中学思政课教师融会贯通阶段的专业精神表现

关于政治素质。该阶段的中学思政课教师能够成为示范引领的先锋模范，在学习、工作、生活各个方面彰显坚定政治信念；能够把握政治立场的形成过程和规律，通过示范引领和教学创新指导带动学生养成坚定正确的政治立场；能够通过政治历练具备较强的政治自制力和执行力；能够有效贯彻马克思主义立场、观点和方法，站在立德树人的高度培养时代新人，做马克思主义的坚定信仰者、传播者和践行者。关于专业道德。该阶段的中学思政课教师能够具备为党和国家事业培养后继人才的情怀；能够始终热爱教育事业，在教育教学中恪尽职守、专注细致，严谨周密、精益求精；能够严以自律、率先垂范，做师生的表率，在教学实践和日常生活中践行马克思主义，以言行影响带动师生。关于专业理念。该阶段的中学思政课教师能够把握学生身心发展规律，善于为学生创造思想政治素质发展提升的条件和机会；能够自觉丰富拓展教学内容，创新教学方法、载体，并将其融会形成高质量的教学供给，切实提升学生的实际获得感；能够通过自主学习全面掌握发展性的知识和能力，在持续成长中贯彻终身学习。

（二）中学思政课教师融会贯通阶段的专业知识表现

关于学科内容知识。该阶段的中学思政课教师能够深刻领会马克思主义的立场、观点和方法，并且基于课堂教学需要，将科学理论融会贯通，有效运用到教学实践中；能够在教学论、学科前沿等方面深化思想政治教学理论知识，并将相关成果灵活运用到教学实践中；能够在理念、目标、内容等方面有效融合思政课和日常思想政治教育，提出可操作、可推广的日常思想政治教育有效制度。关于学科教学知识。该阶段的中学思政课教师能够具备系统科学的教学方法体系，根据教学目标和对象熟练搭配组合、综合运用多种教学方法，并基于教学实践和需求不断创新教学方法；

能够全面深入地理解中学生思想政治素质形成发展的运行逻辑和转化规律，抓住认知、情感、意志、信念和行为的辩证关系，通过有效的教育引导，提升教育转化效果；能够系统深入地理解课程资源开发利用的内在本质和实践逻辑，根据时代发展、教学需要和对象特征丰富拓展、灵活运用课程资源，促进课程资源开发利用的与时俱进。关于中学生特点及其教育的相关知识。该阶段的中学思政课教师能够系统把握中学生身心发展特点的生成基础，厘清中学生身心发展规律的现实表征，贯通运用中学生身心发展问题的应对策略，在理论与实践结合中有效开展针对性教学活动；能够在系统深入把握中学生群体的现实成长空间环境的基础上，切实理解中学生群体特征和行为方式的形成机制，善于透过中学生群体现象准确把握群体的本质变化；能够在思政课教学实践中总结教育经验，凝练教育思想，不断丰富、拓展教育教学理论。

(三) 中学思政课教师融会贯通阶段的专业能力表现

关于教学能力。该阶段的中学思政课教师具有卓越的教学能力，能够准确预见教学实施过程中的潜在问题，以及学生对教学内容接受内化的预期效果；能够在准确把握教学内容和学生实际的基础上，恰当融合教学要求和学生需求，有效组织教学内容、方法、载体，以创新教学供给，实现教学设计最优化；能够创造性地组织教学供给，切实将价值引导与知识传授有机融合，进而在教学过程中培根铸魂、启智润心。关于教育研究能力。该阶段的中学思政课教师具备与时俱进的教学内容方法、探究学生特点需求和学科发展前沿的能力，能够丰富拓展教学内容并有效探索新的教学方法；能够系统科学把握学生的个性化特点和需求，有效融合教学供给，提供学生个性化指导；能够在中学思政课教学方面引领学科发展前沿。关于教育反思能力。该阶段的中学思政课教师具备系统成熟的总结反思的科学思维和方法体系，以及良好的全局意识和协调能力，能够以发展的视角，科学全面检查学生学习现状和成长过程，有效考察衡量自身教学实践，应对和处理各种教学形式的教学实践，并通过调整完善进一步优化教学整体。

本章围绕中学思政课教师专业发展基本阶段开展了体系探讨，不仅因为教师专业发展作为一个过程，探究基本阶段是研究中学思政课教师专业发展的题中应有之义，能够使整个研究在逻辑上更加完整与顺畅，有利于完善和深化中学思政课教师专业发展问题的系统研究。同时更重要的是，为有效破解教师专业发展阶段研究这一难点问题，本章在理论探讨与实证调研相结合的基础上，建构起中学思政课教师专业发展的不同阶段，并对各阶段进行素养描述，可以帮助不同阶段中学思政课教师明确自身专业发展的实际情况和主要任务，有利于指导和促进不同发展阶段的中学思政课教师成长发展。

需要说明的是，本章构建起的中学思政课教师专业发展的基本阶段，是基于党和国家政策文件以及中学思政课课程标准对中学思政课教师的内在要求，对不同发展阶段的中学思政课教师专业素养进行的应然描述，是各阶段教师专业发展的理想状态或发展目标，本质上体现了教师专业素养螺旋式上升、波浪式递进的发展过程，作为一种应然呈现并非代表所有中学思政课教师都要完全遵照这一发展阶段过程。此外，关于不同发展阶段教师的教龄探讨，也主要是从理想状态探究达到该阶段的专业素养所需从教的大致年限区间，为本章关于中学思政课教师专业发展的阶段探究奠定了基础。

第四章

中学思政课教师专业发展的影响因素

探究中学思政课教师专业发展影响因素，能够帮助教师有效把准专业发展的关键生长点，是促进其专业成长的前提依据。本章基于对中学思政课教师专业发展影响因素的理论探讨，结合教师专业发展专题访谈数据，设计了中学思政课教师专业发展影响因素的调研问卷。通过对调研数据的分层梳理和有效分析，从教师思想意识状况、教师专业发展能力和教师发展支持条件三个维度确立了影响中学思政课教师专业发展的12个主要因素。结合中学思政课教师专业发展的内在特征和基本规律，论述分析了不同因素对中学思政课教师专业发展的作用机制，以及对不同发展阶段教师的影响程度，为中学思政课教师专业发展推动促进策略的探讨分析奠定了基础。

第一节 中学思政课教师专业发展影响因素调研分析

切实把握中学思政课教师专业发展实践，是准确分析其影响因素的前提基础。为此，本章开展了中学思政课教师专业发展影响因素的专题调研。通过对前期"中学思政课教师专业发展专题访谈"资料的梳理，结合对中学思政课教师专业发展影响因素的理论探讨，将其影响因素分为教师意识、教师能力和外在条件三个维度，并在此基础上设计了"中学思政课教师专业发展影响因素专题调研"问卷（详见附录6）。有效分析调研数据结果，为中学思政课教师专业发展影响因素框架的构建奠定了实证基础。关于中学思政课教师专业发展主要影响因素的确立程序如图 14 所示。

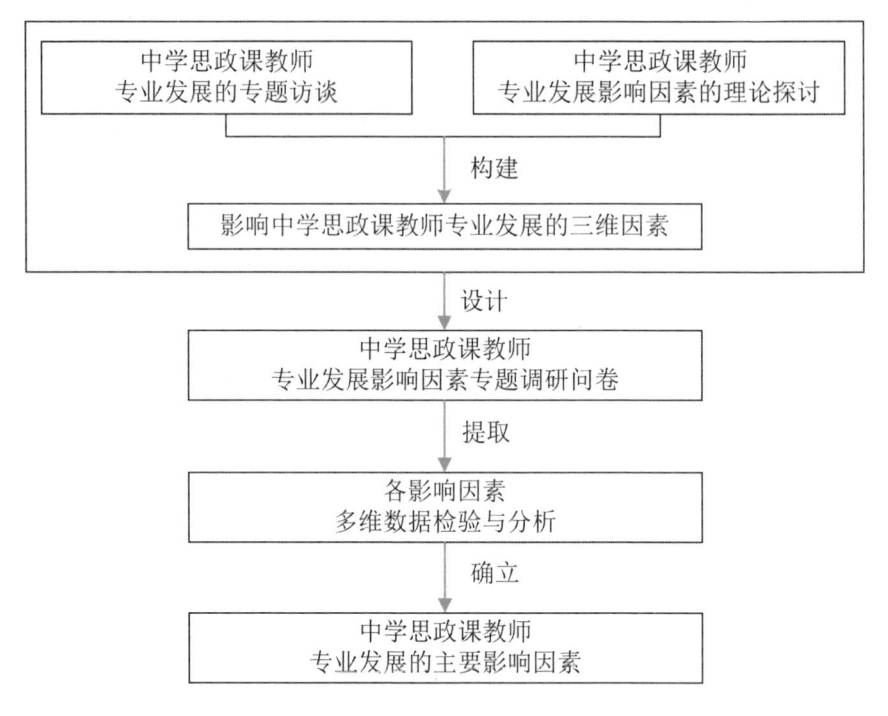

图 14 中学思政课教师专业发展主要影响因素的确立程序图

一、中学思政课教师专业发展影响因素调研的基本过程

本章中学思政课教师专业发展影响因素实证调研，通过邮件或微信转发等形式，借由问卷星在线调查平台向北京、河北、山东、浙江、广东、河南、内蒙古、湖北、江西、湖南、重庆、四川、陕西、甘肃、云南等覆盖东中西部地区的共 17 个省、自治区、直辖市的中学思政课教师进行调研。调研问卷共发放 220 份，平台回收 214 份，回收率为 97.27%，其中有效问卷 210 份（考虑答题时间和题目中的无效回答），有效率为 95.45%。统计样本中，探索适应阶段的教师样本为 52 人，占比 24.76%；增速成长阶段的教师样本为 76 人，占比 36.19%；成熟稳固阶段的教师样本为 62 人，占比 29.52%；融会贯通阶段的教师样本为 20 人，占比 9.53%。通过对参与调研的教师所属发展阶段进行游程检验，假设样本具有随机性，其中游程数为 70，渐进显著性为 0.176，大于 0.05，不能拒绝零假设，因此得出中学思政课教师专业发展影响因素的调研在四个发展阶段上是随机分布的，满足调研分析条件。参与影响因素调研教师所处专业发展阶段的游程检验如表12所示。

表12　参与影响因素调研教师所处专业发展阶段的游程检验表

检验值[a]	2
个案数<检验值	52
个案数>=检验值	158
总个案数	210
游程数	70
Z	-1.353
渐进显著性（双尾）	0.176

二、中学思政课教师专业发展阶段验证

在有效分析中学思政课教师专业发展影响因素之前，有必要对参与影响因素调研的教师进行阶段匹配度验证。基于对中学思政课教师专业发展影响因素调研中，各阶段教师专业素养数据的提取与验算可以得出，探索适应阶段、增速成长阶段、成熟稳固阶段、融会贯通阶段的各教师专业素养的均值分别为4.408、4.553、4.701和4.903（教师专业素养采取5分制）。随着发展阶段的演进，教师专业素养的均值渐进递增，符合上一章关于中学思政课教师专业发展基本阶段的素养描述。同时，通过进一步解析教师专业素养的各项具体调研数据可以得出，参与调研的教师中，除了少数几名教师的专业发展存在一定程度的超前或滞后外，其余教师都符合对应教龄区间中该阶段的素养描述。因此，我们可以认为参与影响因素调研的教师均处于正常发展水平，其对影响因素的选择结果有效。各阶段中学思政课教师专业素养水平如图15所示。

二、中学思政课教师专业发展影响因素调研的基本情况及数据分析

首先，对本章中学思政课教师专业发展影响因素调研数据的信度进行

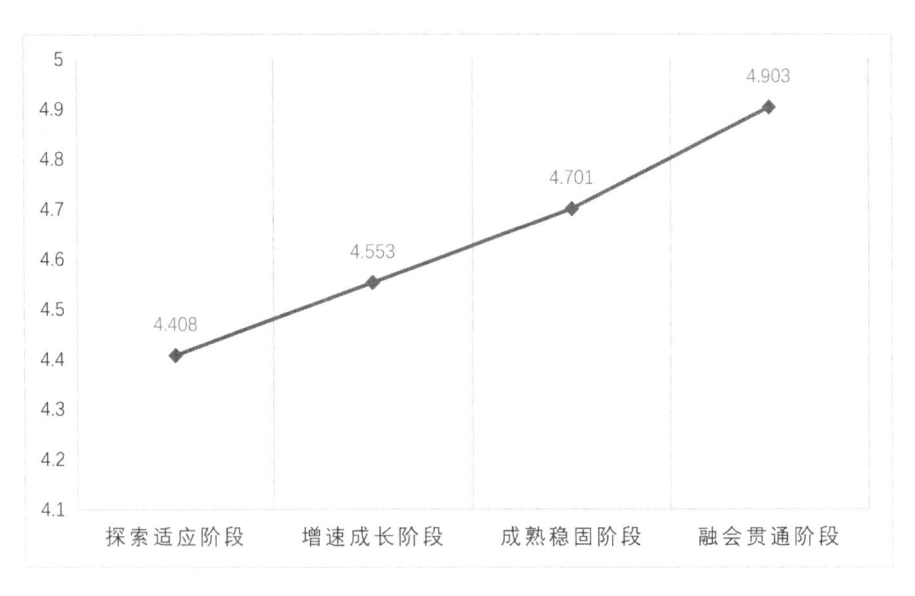

图 15　各阶段中学思政课教师专业素养水平图

检验，通过计算克朗巴哈系数，Cronbach's alpha 值为 0.792，大于 0.7，说明内部一致性较好，调研数据可信度较高。其次，计算教师思想意识状况、教师专业发展能力和教师发展支持条件三个维度下，18 个二级指标的均值和标准偏差，中学思政课教师专业发展影响因素的认同程度如表 13 所示。需要说明的是，在问卷调研过程中，三个维度下均没有教师选择其他选项，也没有教师添加或新增影响因素。因此，本章关于中学思政课教师专业发展影响因素框架的确立，重点分析探讨各调研教师关于 18 个二级指标的反馈数据。

表 13　中学思政课教师专业发展影响因素的认同程度表

一级指标	二级指标	均值	标准偏差
教师思想意识状况	教师专业发展意识	0.83	0.379
	教师的职业认同度	0.83	0.379
	教师的教育使命感	0.51	0.507
	教师自我发展需求	0.78	0.416
	教师的价值实现感	0.72	0.449

续表

一级指标	二级指标	均值	标准偏差
教师思想意识状况	教师职业发展预期	0.55	0.500
教师专业发展能力	教师自我反思能力	0.92	0.267
	教师认知接受能力	0.80	0.402
	教师适应规划能力	0.80	0.402
	教师自我调节能力	0.76	0.428
	教师抗压受挫能力	0.61	0.491
	教师沟通交流能力	0.57	0.497
教师发展支持条件	教师的评价考核机制	0.92	0.267
	教师的学校管理方式	0.85	0.361
	教师的学校群体氛围	0.85	0.361
	教师的培养培训体系	0.81	0.395
	教师的校园文化环境	0.59	0.494
	教师的学校教学资源	0.53	0.503

基于对各项数据指标的有效验证，并充分考虑到教师专业发展各影响因素的重要因子，本章选取了均值大于0.7且标准偏差小于0.45的二级指标，同时计算教师专业发展意识、教师的职业认同度、教师自我发展需求、教师的价值实现感、教师自我反思能力、教师认知接受能力、教师适应规划能力、教师自我调节能力、教师的评价考核机制、教师的培养培训体系、教师的学校管理方式、教师的学校群体氛围等因素，在各维度下调研教师的认同程度，得出其认同度均大于70%，可以认为各调研教师较为认同上述因素是影响中学思政课教师专业发展的主要因素。因此，本章将其正式确立为中学思政课教师专业发展的主要影响因素。调研教师对中学思政课教师专业发展主要影响因素的认同程度如图16所示。

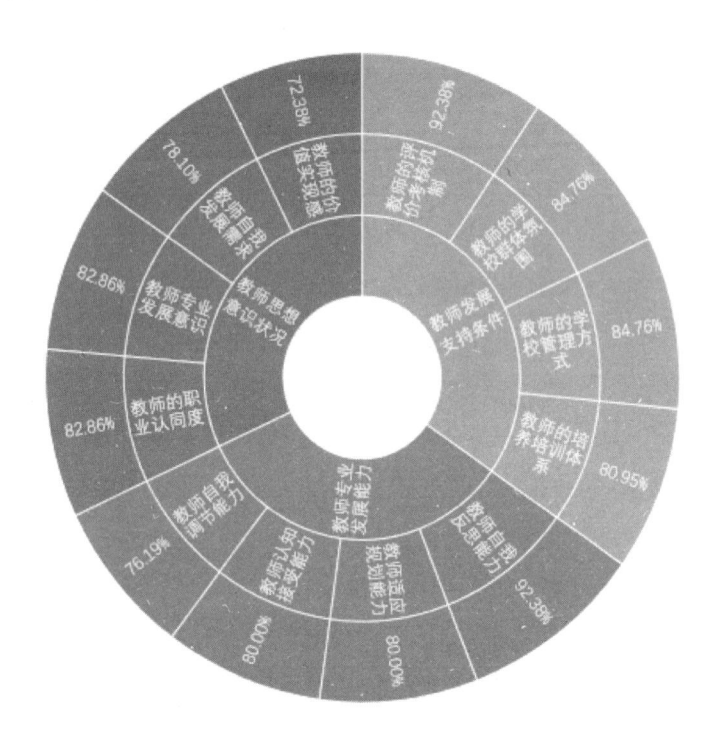

图16 调研教师对中学思政课教师专业发展主要影响因素的认同程度图

第二节 中学思政课教师思想意识状况

从本质上看,人的主体性实践活动都是其思想意识主导的外化结果。中学思政课教师专业发展作为教师主体性的实践活动,考察其影响因素时必然首先要关注和探究教师的思想意识。具体而言,聚焦中学思政课教师思想意识层面,其专业发展意识、职业认同度以及自身发展需求都影响着教师的专业发展。

一、中学思政课教师专业发展意识

意识作为物质世界在人脑中的主观映象,本身是主观形式与客观内容的有机统一。中学思政课教师专业发展意识是教师立足专业实践在头脑中生成的思想观念,建基于对教师专业发展的深刻认识以及高度认同,主导

<<< 第四章 中学思政课教师专业发展的影响因素

教师的行为实践,影响着中学思政课教师专业发展的全过程和各环节。

专业发展意识是中学思政课教师在理解与认同教师专业发展基础上产生的、自觉追求自身专业成长进步的情感和意志。一方面,专业发展意识生成于中学思政课教师对专业发展的深刻理解和理性认同上。理性认同是主体在深刻认识理解事物的基础上,对事物的认可与承认。中学思政课教师承担着提升学生思想政治素质,进而培养学生学科核心素养的重任,具有区别于其他专业人员的独特性和不可替代性。在思想政治教育教学中,中学思政课教师为满足专业实践需要,必须不断夯实自身专业素养,这一过程本身蕴含着对专业发展作用的认可。同时,在开展专业实践过程中,中学思政课教师也会不断深化对专业发展基本蕴涵、内在逻辑以及践行要求的认识与理解,更加认同自身专业发展在满足专业要求、完成专业实践中的重要意义,进而在头脑中生成自主专业发展意识。另一方面,专业发展意识是中学思政课教师追求自身专业成长进步的情感意志的集中体现。在切实认同专业发展的基础上,生成于中学思政课教师头脑中的专业发展意识,是其自觉追求专业成长的思维活动,能够有效激发教师专业发展主体动力,帮助中学思政课教师在专业成长过程中克服消极懈怠,促进其积极投身专业发展实践。

专业发展意识影响、主导着中学思政课教师专业发展实践行为。作为客观存在的主观映象,意识具有强大的能动作用,毛泽东在《论持久战》中强调:"一切事情是要人做的……做就必须先有人根据客观事实,引出思想、道理、意见,提出计划、方针、政策、战略、战术,方能做得好。思想等等是主观的东西,做或行动是主观见之于客观的东西,都是人类特殊的能动性。这种能动性,我们名之曰'自觉的能动性',是人之所以区别于物的特点。"[①] 这再次论证了思想意识对主体实践行为的指导与推动作用。专业发展意识是中学思政课教师在育人实践过程中,自主完善自身素养结构的情感和意志的统一,生成于教师对专业发展的理性认同与自愿接受,是教师抓住一切有利因素促进自身专业发展的前提基础。在专业发展意识的主导下,中学思政课教师依据专业发展计划,朝着既定的方向目

---

① 毛泽东选集:第二卷 [M]. 北京:人民出版社,1991:477.

标不断前进。同时，基于对意识特性的把握，中学思政课教师专业发展意识也具有突出的创造性。列宁强调，"人的意识不仅反映客观世界，并且创造客观世界"①，深刻揭示出人意识的创造性。意识主导作用下的中学思政课教师专业发展，并非消极被动的发展过程，而是教师在对自身专业素养水平与专业发展目标这一现实矛盾的切实把握中，不断更新发展理念，破解发展短板，主动夯实与完善自身专业素养的过程。一般来说，专业发展意识越强，中学思政课教师在专业实践中强化自身能力素质的动力就越足，其专业发展的效果也就越好。

经过对中学思政课教师专业发展影响因素调研数据的分析处理可以得出，探索适应阶段、增速成长阶段、成熟稳固阶段、融会贯通阶段的教师认为专业发展意识对教师专业发展的影响力系数②分别为0.654、0.895、0.871和0.900。由此可见，不同发展阶段的中学思政课教师都较为认同教师专业发展意识对其专业发展的影响，其中增速成长阶段和融会贯通阶段的教师认为专业发展意识对教师专业发展的影响最大。调研基础上中学思政课教师专业发展意识对其专业发展的影响力系数如图17所示。

二、中学思政课教师的职业认同度

认同反映了主体对于对象的接受、肯定态度，作为动机生成的重要前提，是主体行动的基础要素。职业认同不仅是中学思政课教师上好每一节课的意志前提，也是其自主完善素养结构、持续推进成长发展的有力支撑。一般而言，中学思政课教师的职业认同程度是思想意识层面需要探究的、影响其专业发展的重要因素。

聚焦中学思政课教师的职业认同，从构成上看，内在包含对教师职业和思政课教学的认同。一方面，对教师职业的认同是基础。中学思政课教师是在中学学段立足思政课发挥教育教学职能的教师，其职业认同从根本

---

① 中共中央马克思恩格斯列宁斯大林著作编译局. 列宁全集：第55卷 [M]. 北京：人民出版社，2017：182.
② 影响力系数主要用来衡量参加调研教师认为具体影响因素对教师专业发展的影响程度，由不同阶段下具体影响因素的选择频数与参加调研教师频数的比值计算得出。

阶段	系数
探索适应阶段	0.654
增速成长阶段	0.895
成熟稳固阶段	0.871
融会贯通阶段	0.900

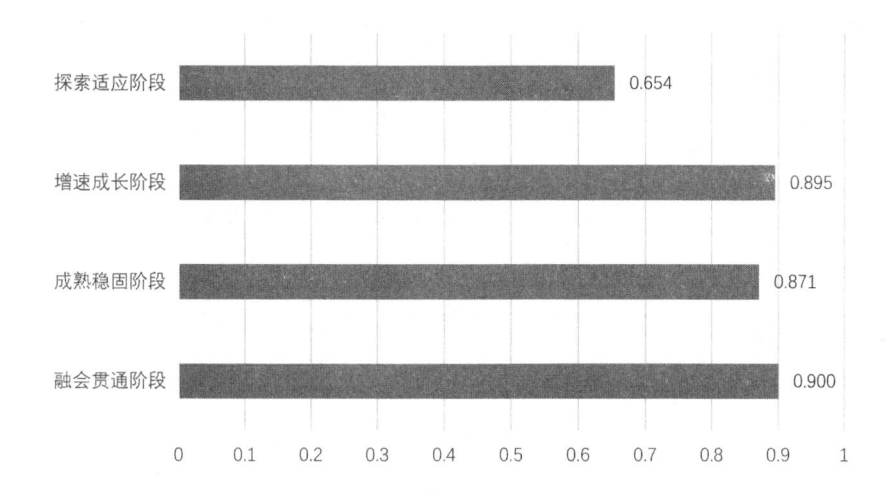

图 17　调研基础上中学思政课教师专业发展意识对其专业发展的影响力系数图

上要回归教师本身。对教师职业的认同立足于对"最伟大、最神圣的职业之一"[①] 的职业地位的肯定，来源于对"塑造灵魂、塑造生命、塑造人"[②] 的职业功能的肯定，生发于对"传道授业解惑"的职业使命的肯定。对教师职业的认同表现为积极践行教师的职责，自觉培养为人师表、关爱学生的道德情操，自主提升专业素养以胜任教师工作，主动担当培养德智体美劳全面发展的社会建设者和接班人的责任使命。另一方面，对思政课教学的认同是关键。中学思政课教师是以思政课为渠道载体讲授思想政治理论内容的教师，其职业认同关键要立足对思政课教学的认同。对思政课教学的认同来源于对思想政治理论内容及其必要性的认可，对课堂教学这一思想政治理论传授形式及其有效性的肯定，对教师自身借助思政课实现对中学生思想引领实效性的认同。教师对思政课教学的认同表现为切实明确自身教学主导者的角色，有效选择教学内容、运用教学方法以组织教学供给，在自觉发挥课堂主导作用中切实提升中学生关于思政课的获得感。总体而言，在教师职业认同和思政课教学认同相统一的基础上，中学思政课

---

① 习近平. 做党和人民满意的好老师：同北京师范大学师生代表座谈时的讲话 [M]. 北京：人民出版社，2014：2.
② 习近平. 做党和人民满意的好老师：同北京师范大学师生代表座谈时的讲话 [M]. 北京：人民出版社，2014：4.

教师形成完整意义上对自身职业的认同,这对教师专业发展具有重要意义,发挥着激励促进的能动作用。

认识把握中学思政课教师的职业认同程度与其专业发展状况的内在关系。基于对中学思政课教师职业认同多重意蕴的把握,我们深刻认识到其对于教师专业发展的价值作用,进而有效厘清两者之间的内在关系。职业认同作为中学思政课教师对所从事工作的基础内在动力,是影响其专业发展的正向因素。一般而言,中学思政课教师的职业认同程度与其专业发展程度呈现明显的正相关关系。中学思政课教师的职业认同程度越高,其对于自身所从事的中学思政课教学工作的动力就越强,与此同时对教学活动的开展也就越重视,进而对自身胜任中学思政课教学实践的专业素养要求也就越高,由此职业认同程度作为正向积极因素,促进中学思政课教师的专业发展,一般而言其专业发展也会越来越好。相反,中学思政课教师的职业认同程度越低,其对自身所从事的中学思政课教学工作就会因内在的排斥而缺乏动力,在此基础上对教学开展容易产生应付态度,从而对自身从事中学思政课教学的专业素养要求也就越低,此时职业认同程度成为反向消极因素,无助于甚至阻碍中学思政课教师的专业发展,在此情况下其专业发展也就会越来越差。此外,从关联性来看,中学思政课教师的职业认同程度与其专业发展状况有着密切关联。职业认同作为中学思政课教师基于教学实践生发的意识认知,是其动机转化和行为落实的关键意志前提,直接影响其自主提升专业素养、推进专业发展的内生动力。因此,中学思政课教师的职业认同因其在程度上与教师专业发展存在显著且密切的正相关关系,而成为影响发展的重要因素。

经过对中学思政课教师专业发展影响因素调研数据的分析处理可以得出,探索适应阶段、增速成长阶段、成熟稳固阶段、融会贯通阶段的教师认为职业认同对教师专业发展的影响力系数分别为 0.808、0.763、0.903 和 0.900。由此可见,各阶段中学思政课教师都认为职业认同对教师专业发展有较大影响,其中成熟稳固阶段和融会贯通阶段的教师认为这种影响很大。相比探索适应阶段、增速成长阶段,职业认同对于成熟稳固阶段和融会贯通阶段的中学思政课教师专业发展具有更大影响。调研基础上中学思政课教师职业认同度对其专业发展的影响力系数如图 18 所示。

探索适应阶段　0.808
增速成长阶段　0.763
成熟稳固阶段　0.903
融会贯通阶段　0.900

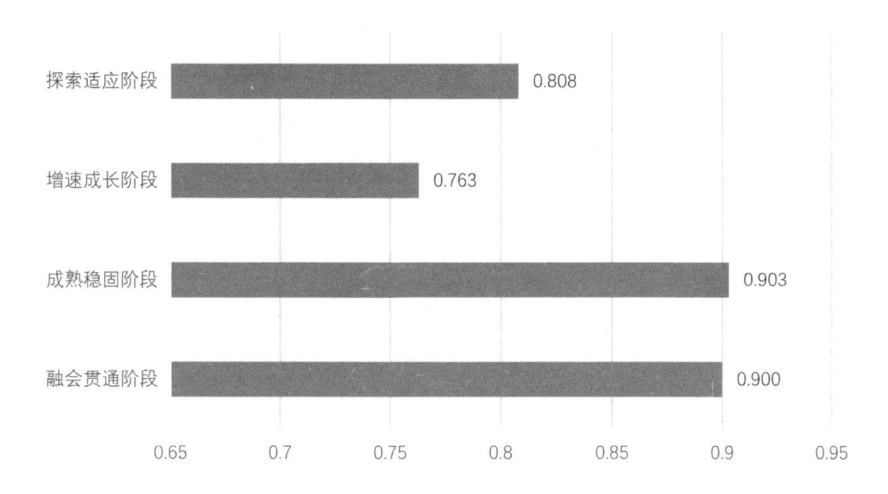

图 18　调研基础上中学思政课教师职业认同度对其专业发展的影响力系数图

三、中学思政课教师自我发展需求

需要是人进行主体活动和社会实践的内源动因，作为人存在的内在规定性，是人的"天然必然性"[①]。中学思政课教师自我发展需求是其作为思想政治教育专业人员所显现出的高层次需要，是主体为满足社会实践要求而不断发展和发挥自身机体与才能的内在动力，充分体现了"人的发展着的本质"。从思想意识层面研究中学思政课教师专业发展的影响因素，有必要聚焦教师自我发展需求探究其影响缘由。

科学把握中学思政课教师自我发展需求的丰富意蕴。自我发展需求是中学思政课教师作为社会活动主体的本质需要，也是其满足专业实践要求的必要前提。一方面，自我发展需求是中学思政课教师作为社会活动主体的本质需要。中学思政课教师作为具有突出社会性的人的存在，为参与完成社会交往实践，本身就蕴含着自身全面发展的需要，这是合乎规律性的。马克思和恩格斯在《德意志意识形态》中指出，"任何人的职责、使

---

① 中共中央马克思恩格斯列宁斯大林著作编译局．马克思恩格斯全集：第 1 卷［M］．北京：人民出版社，1956：439．

命、任务就是全面地发展自己的一切能力"①，深刻阐明了人全面发展自身各方面能力的现实必要性。作为社会活动的主体，中学思政课教师为满足社会实践要求，需要不断完善与发展自身能力素养，对自身一切能力全面、充分、自由地发展有着切实的需要。另一方面，自我发展需求也是中学思政课教师满足思政课教学实践要求的必要前提。就职责使命而言，中学思政课教师承担着讲好思政课，引导中学生扣好人生第一粒扣子的重任。② 为有效帮助学生在坚定理想信念、树牢价值观念中切实提升其学科核心素养，中学思政课教师需要不断夯实完善自身教书育人水平，突出体现了自我发展的现实需求。特别是中学思政课教学不仅关注知识传授，也强调价值引导，其"教学内容要跟上时代，只有不断备课、常讲常新才能取得较好教学效果"③，这就对教师在时代发展中有效进行专业实践提出了强化专业素养水平的要求。总的来说，中学思政课教师不论是作为社会活动的主体，还是作为培根铸魂、启智润心的专业人员，都有着现实具体的自我发展需求。

  自我发展需求具有自觉能动性，对中学思政课教师专业发展有着鲜明的激励、促进作用。人的需求具有突出的能动作用，马克思主义强调，"任何人如果不同时为了自己的某种需要和为了这种需要的器官而做事，他就什么也不能做"④，这就从一般性的角度，充分阐明了人的需求对主体行为的推动促进作用。中学思政课教师自我发展需求不是主观自生的，而是教师在专业实践中于头脑中生成的、有意识的能动反映，往往以愿望、目的、动机等形式存在，具有鲜明的目标指向性，能够为教师专业发展指明方向，增强教师提高能力素质、夯实专业水平的内在动力，进而推动教师在有效满足需求的过程中，切实加快专业发展进程。同时，自我发

---

① 中共中央马克思恩格斯列宁斯大林著作编译局. 马克思恩格斯全集：第3卷 [M]. 北京：人民出版社，1960：330.
② 五部门印发《关于加强新时代中小学思想政治理论课教师队伍建设的意见》[EB/OL]. 中国政府网，2019-10-14.
③ 习近平. 思政课是落实立德树人根本任务的关键课程 [M]. 北京：人民出版社，2020：11.
④ 中共中央马克思恩格斯列宁斯大林著作编译局. 马克思恩格斯全集：第3卷 [M]. 北京：人民出版社，1960：286.

展需求对中学思政课教师专业发展的激励、促进作用还在于需求本身所具有的发展性。马克思主义强调,"已经得到满足的第一个需要本身、满足需要的活动和已经获得的为满足需要而用的工具又引起新的需要"①,揭示出需求不仅具有能动的激励作用,而且还是不断发展的。在中学思政课教师教育教学过程中,为不断满足时代发展要求与教学实践需要,其自我发展需求也是不断变化发展的。因此,在自我发展需求的目标指引与动力激发下,中学思政课教师为更好地开展教学实践而不断发展自身专业素养,并在需求满足中又不断产生新的需求,形成需求产生与满足的良性循环,并持续激励与推动自身专业发展。一般而言,中学思政课教师自我发展的需求越强,其开展专业发展实践的动力也就越强,专业发展的实效相对也就越好。

经过对中学思政课教师专业发展影响因素调研数据的分析处理可以得出,探索适应阶段、增速成长阶段、成熟稳固阶段、融会贯通阶段的教师认为自我发展需求对教师专业发展的影响力系数分别为 0.808、0.789、0.774 和 0.700。由此可见,各阶段中学思政课教师都认为自我发展需求对教师专业发展有较大影响,其中探索适应阶段和增速成长阶段的教师认为这种影响很大。相比成熟稳固阶段、融会贯通阶段,自我发展需求对探索适应阶段和增速成长阶段的中学思政课教师专业发展具有更大影响。调研基础上中学思政课教师自我发展需求对其专业发展的影响力系数如图 19 所示。

四、中学思政课教师的价值实现感

价值实现是现代社会中人的普遍需要,这种需要本身以及需要满足带来的价值实现感将给予人极大的精神动力。中学思政课教师作为为教育事业贡献力量的重要群体,其价值实现感是支撑其自觉提升专业素养、更好开展教育教学的关键力量。由此,中学思政课教师的价值实现感是思想意识层面需要探究的、影响其专业发展的重要因素。

---

① 中共中央马克思恩格斯列宁斯大林著作编译局. 马克思恩格斯选集:第 1 卷 [M]. 北京:人民出版社,2012:159.

```
探索适应阶段  0.808
增速成长阶段  0.789
成熟稳固阶段  0.774
融会贯通阶段  0.700
```

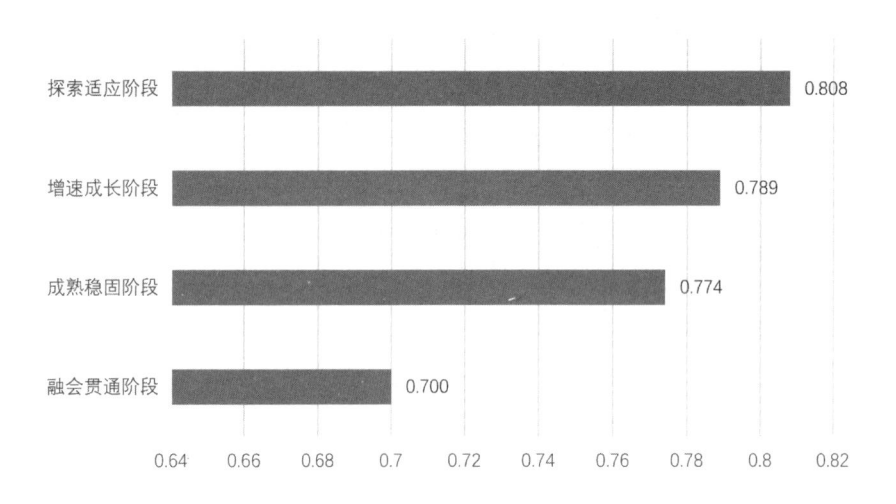

图19　调研基础上中学思政课教师自我发展需求对其专业发展的影响力系数图

认识中学思政课教师价值实现感的丰富意蕴。从本质上看,价值是人在需要提出和满足过程中把握的特定关系,这种特定关系随着人的实践发展逐步从人与物之间拓展到人与人之间。"从根本上说,人的价值就在于,它是一种创造价值的价值。"[1] 人既是自身的主体,也是社会的主体,为自身和社会创造的价值就是人的价值,而完成这一价值创造将带给人具有积极情感体验的价值实现感。这种价值实现感生发于人创造自身价值这一需求的满足,因而带来的积极情感体验也将进一步激发实现自身价值的需求和获得新的积极情感体验的渴望,给人的行动实践提供创造价值的强大动力。对于中学思政课教师而言,这种价值实现的需要及其满足带来的价值实现感,给予教师自身的精神动力作用更加显著。着眼职责使命,中学思政课教师从事教育培养学生"扣好人生第一粒扣子,从小听党话、永远跟党走"[2] 的这一社会性事业,其自身对于创造社会价值的需求更加突出。中学思政课教师需要在开展教育教学工作、完成教育教学目标中创造自身对社会的价值,这一价值实现的需要给予其投入思政课教学的主体内

---

[1] 陈先达,杨耕. 马克思主义哲学原理:第4版 [M]. 北京:中国人民大学出版社,2016:170.
[2] 教育部关于进一步加强新时代中小学思政课建设的意见 [EB/OL]. 中华人民共和国教育部,2022-11-08.

生动力。此外，基于价值实现需要的有力支撑，中学思政课教师在教学实践中创造的价值本身将带给其强烈的积极情感体验，即价值实现感。这一正向感受与价值实现需求叠加，有力促进中学思政课教师自觉开展好教育教学工作以及打牢完成这一目标的专业发展基础。

把握中学思政课教师的价值实现感与其专业发展的内在关系。在全面认识中学思政课教师价值实现感丰富意蕴的基础上，我们可以把握其内在的动力价值，进而探讨其与中学思政课教师专业发展之间的内在联系。中学思政课教师的价值实现感作为其更好开展教育教学工作的有力支撑，与其专业发展呈正相关关系。聚焦两者的内在关系，中学思政课教师的价值实现感越高，教师从思政课教学工作中获得的积极情感体验就越强，这一正向感受转化形成的教学动力越大，与此同时对教师自身的专业素养提出的要求也就越高，进而越发促进中学思政课教师的专业发展，一般而言其专业发展也会越来越好，在这一过程中，中学思政课教师的价值实现感对于其专业发展的正向影响得以充分展现。与之相反，中学思政课教师的价值实现感越低，教师从思政课教学工作中获得的积极情感体验就越弱，甚至产生消极的负面体验，其转化形成的教学动力就越小，也可能会有一定程度上阻力的产生，在此基础上对教师自身专业素养的提升要求也就越低，无助于甚至阻碍中学思政课教师的专业发展，一般而言其专业发展也会越来越差，这也在反向意义上更加确证了中学思政课教师的价值实现感与其专业发展的正相关关系。此外，从关联性审视的角度看，价值实现感作为中学思政课教师立足思政课教学这一价值创造实践产生的感受表达，是教师主体精神动力再生产的关键要素，而这一动力是促进教师专业发展内在力量的重要来源。由此，无论是正相关关系考察还是关联性审视，中学思政课教师的价值实现感是影响其专业发展的重要因素。

经过对中学思政课教师专业发展影响因素调研数据的分析处理可以得出，探索适应阶段、增速成长阶段、成熟稳固阶段、融会贯通阶段的教师认为价值实现感对教师专业发展的影响力系数分别为 0.577、0.789、0.806 和 0.600。由此可见，各阶段中学思政课教师都认为价值实现感对教师专业发展有较大影响，其中增速成长阶段和成熟稳固阶段的教师认为这种影响很大。相比探索适应阶段、融会贯通阶段，价值实现感对于增速成长阶段和成熟稳固阶段的中学思政课教师专业发展具有更大影响。调研基础上中学思政课教师价值实现感对其专业发展的影响力系数如图20所示。

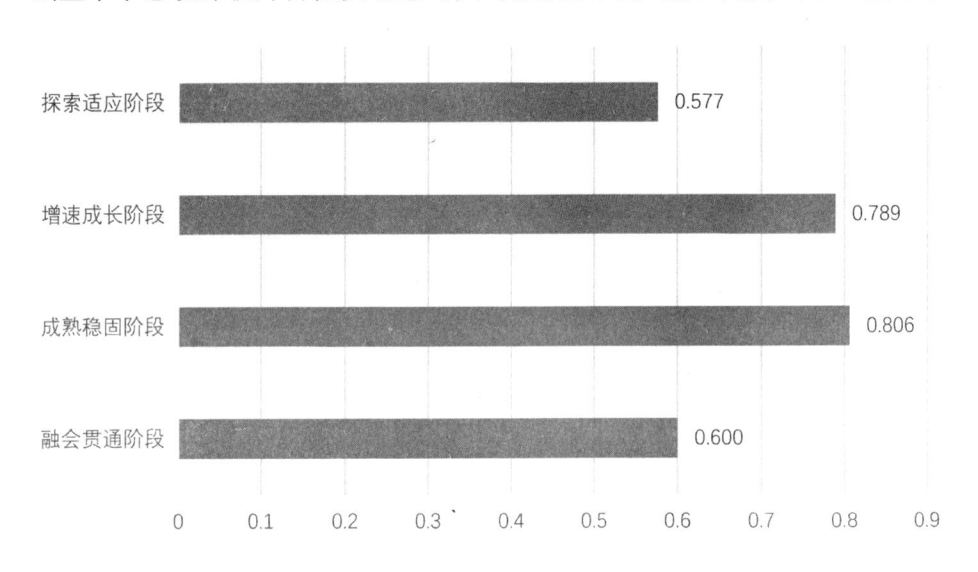

阶段	影响力系数
探索适应阶段	0.577
增速成长阶段	0.789
成熟稳固阶段	0.806
融会贯通阶段	0.600

图20 调研基础上中学思政课教师价值实现感对其专业发展的影响力系数图

第三节 中学思政课教师专业发展能力

能力作为主体认识与改造世界的综合素质，直接影响着实践活动的成效。中学思政课教师专业发展是教师在改造客观世界基础上改造主观世界的主体性实践活动，探究其影响因素需要着力分析和考察教师专业发展能力。具体而言，聚焦教师专业发展能力层面，其自我反思能力、认知接受能力、适应规划能力以及自我调节能力都影响着中学思政课教师的专业发展。

一、中学思政课教师的自我反思能力

反思作为实践主体觉察和内省自身思维意识或行为活动的有效方式，能够帮助其了解、监控与调节自身实践行为。聚焦中学思政课教师，自我

反思是教师对自身教学实践行为活动及其内蕴的理论与问题,进行持续反复的思考,并在思考中发现问题、寻求问题解决与完善方案的过程,能够在推动教师更好地开展教育教学实践的同时实现自我提升。因此,着眼教师专业发展能力维度去探究中学思政课教师专业发展主要影响因素时,需要对教师自我反思能力进行审视考量。

全面把握中学思政课教师自我反思的丰富意蕴。中学思政课教师自我反思是教师以教育教学实践为依托,以提供更好的教学供给为目的,基于自身思维逻辑和已有经验,周密细致地对整个教学实践活动进行积极主动的回顾、评价、总结与监控。一方面,中学思政课教师的自我反思依托于教学实践。教师自我反思是其对自身教学实践活动的行动性反思,强调中学思政课教师通过全面审视教学实践过程,识别教学现象的内在本质,找准实践中的现存问题与不足,进而有效评价并监控教学实践。作为对教学实践过程进行整体回顾的思维活动,中学思政课教师的自我反思来源于实践并指向实践,彰显出丰富的实践意蕴。另一方面,中学思政课教师的自我反思是教师主体慎思的过程,充分体现教师的自觉意识。"反思总是指向自我的,反思者本人既是反思的对象,又是反思的承担者。"[①] 中学思政课教师的自我反思不是对教学实践活动进行简单机械的回顾与思考,而是在坚持辩证思维的基础上,借助逻辑推理对具体实践情境中的教学活动,开展多层次、多视角地解剖分析。在这一过程中,中学思政课教师不仅需要对自身教学理念、教学内容、教学方法、教学策略以及教学效果进行有意识的深入思考,也需要以批判性思维,从评价者、接受者等他者视角对自身教学活动进行有意识的审视与评判。总的来说,中学思政课教师自我反思具有鲜明的实践性特征,是教师主体有意识地意义生产与价值建构的活动。

自我反思能力能够多维影响中学思政课教师专业发展。首先,良好的自我反思能力能够帮助中学思政课教师找准教学实践中的问题与不足,为教学供给质量水平的提升指明方向。自我反思强调中学思政课教师在自觉意识主导下,对自身教学实践活动进行全面省察,从而发现教学过程中现

[①] 朱旭东. 教师专业发展理论研究 [M]. 北京:北京师范大学出版社, 2011:183.

存的不足,找准制约课堂教学质量提升的内在矛盾,并厘清造成这一结果的深层次缘由。中学思政课教师良好的自我反思能力能够帮助其在明晰现存不足、探究破解问题思路方法中,切实提升教育教学能力素养,进而推进专业发展。其次,良好的自我反思能力能够帮助中学思政课教师获得教学实践性知识,促进其教学实践能力的提升。实践性知识是"教师在面临实现有目的的行为中所具有的课堂情景知识以及与之相关的知识,更具体地说,这种知识是教师教学经验的积累"[1]。丰富的实践性知识能够帮助中学思政课教师更加有效地根据教学目标和学生需求选择合适的教学方法,立足实际更加合理地应对课堂教学中的各种问题。自我反思作为主体性思维活动,在实际开展中帮助中学思政课教师生成教学实践性知识,在此基础上立足教学经验的积累,推进专业发展。最后,良好的自我反思能力能够增强中学思政课教师的教学研究能力,促进其将教学经验升华为理论。聚焦过程本质,自我反思是中学思政课教师通过回顾与审视自身实践,发现问题、剖析问题、总结经验与规律,并探究破解问题思路和方法的过程,也是教学研究在教师思维层面的体现。良好的自我反思能够强化中学思政课教师的教学研究能力,促进其将教育经验升华为理论,在实践回顾总结和经验理论积累中推进专业发展。一般而言,中学思政课教师的自我反思能力越强,越有利于其教学实践性知识的获取、教学问题的有效破解和教学研究能力的切实提升,进而在实践锻炼和素养积累中专业发展得越来越好。

经过对中学思政课教师专业发展影响因素调研数据的分析处理可以得出,探索适应阶段、增速成长阶段、成熟稳固阶段、融会贯通阶段的教师认为自我反思能力对教师专业发展的影响力系数分别为 0.923、0.895、0.935、1.000。由此可见,虽然探索适应阶段、增速成长阶段、成熟稳固阶段和融会贯通阶段的教师在自我反思能力这一因素的认可度上有细微差别,但都非常认可自我反思能力对中学思政课教师专业发展所带来的切实影响。对教师自身而言,自我反思能力在中学思政课教师专业发展全过程

---

[1] 林崇德,申继亮,辛涛. 教师素质的构成及其培养途径[J]. 中国教育学刊,1996(6):18.

发挥着重要作用。调研基础上中学思政课教师自我反思能力对其专业发展的影响力系数如图21所示。

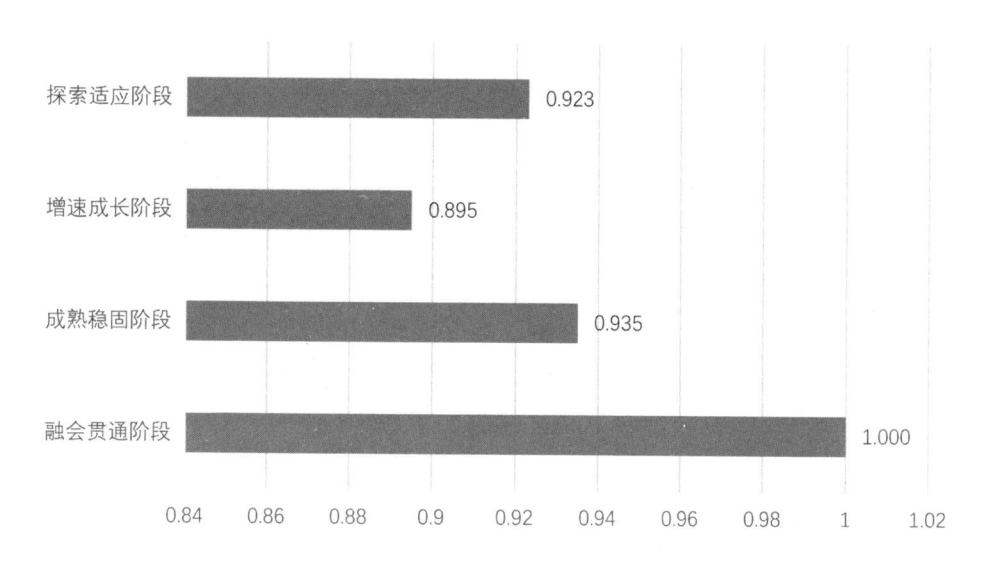

图21 调研基础上中学思政课教师自我反思能力对其专业发展的影响力系数图

阶段	影响力系数
探索适应阶段	0.923
增速成长阶段	0.895
成熟稳固阶段	0.935
融会贯通阶段	1.000

二、中学思政课教师的认知接受能力

认知接受是人作为有意识的实践主体的自觉行动，而人在认知接受实践开展中逐步将其积累确立为自身的能力。中学思政课教师的认知接受能力主要是指教师在学习探索过程中，基于认知接受实践训练形成的、用于吸收内化中学思政课教学相关知识内容的能力。中学思政课教师的认知接受能力很大程度上影响教师认知接受专业内容的效率，因而成为需要探究的重要因素。

深入认识中学思政课教师的认知接受能力。聚焦认知接受本身，其是一项人作为实践主体有意识的行为实践，贯穿人成长发展的始终。人在认知接受实践的开展中，在与外部事物相互作用进而获得相应信息内容的同时，也发展着自身关于认知接受的能力。正如恩格斯在《自然辩证法》中强调的，"人的思维的最本质的和最切近的基础，正是人所引起的自然界的变化，而不仅仅是自然界本身；人在怎样的程度上学会改变自然界，人的智力就在怎样的程度上发展起来"①。基于此，人在以往的认知接受实践开展中发展起自身的认知接受能力，这一能力作为人的本质力量促进并提升新的认知接受实践，这就在功能发挥中影响着人的认知接受效率。考察中学思政课教师的认知接受能力，其中既有一般性的基于个体实践探索形成的能力，也有在从事中学思政课教学相关实践活动中积累的本领。比较而言，一般性的认知接受能力奠定了中学思政课教师认知接受实践的思维基础，立足中学思政课教学的认知接受能力是其有针对性地开展认知接受实践的关键。由此，二者在有机结合中共同发挥作用，帮助中学思政课教师在新的认知接受实践中吸收内化中学思政课教学的相关知识内容。正是认知接受能力具备的这一功能作用，使其成为帮助中学思政课教师成长提升的重要能力，进而也成为探究中学思政课教师专业发展影响因素需要重视的关键点，有必要在中学思政课教师专业发展整体实践中进行考察。

切实把握认知接受能力对中学思政课教师专业发展的推动促进作用。基于对人的认知接受能力一般概念和中学思政课教师认知接受能力特殊内涵的全面认识，我们可以发现其中蕴含的动力价值，进而把握其在中学思政课教师专业发展中发挥的功能作用。一方面，认知接受能力在促进中学思政课教师学习专业内容中发挥推动教师专业发展的作用。专业内容是教师专业发展的现实基础，教师在专业内容的学习获取中逐步推进专业发展。由此可见，教师专业内容学习获取的效率很大程度上影响着教师的专业发展。而认知接受能力作为中学思政课教师具备的本质力量，在现实运用中能够帮助中学思政课教师更快更好地学习获取中学思政课教学的相关专业内容，将其转化为自身知识内容结构中的组成部分，进而在不断完善自身知识内容体系中持续推进专业发展进程。在这一意义上，中学思政课教师掌握的认知接受能力越好，学习获取专业内容的效率越高，其专业发展得也就越好。另一方面，认知接受能力在促进中学思政课教师确立形成专业素养中发挥着推动教师专业发展的作用。专业素养是教师专业发展的本质要素，教师专业发展根本上是教师自身专业素养不断积累和提升的过

---

① 中共中央马克思恩格斯列宁斯大林著作编译局. 马克思恩格斯选集：第3卷［M］. 北京：人民出版社，2012：922.

程。从联系上看，教师专业素养与其专业发展呈现明显的正相关关系。而认知接受能力作为中学思政课教师的本质力量，在作用发挥中能够有效助力中学思政课教师将学习获取的专业内容吸收内化为自身的专业素养，进而实现专业发展。总体而言，中学思政课教师具备越高的认知接受能力，其学习获取专业内容并转化为自身专业素养的效率也就越高，一般而言专业发展情况也会越来越快且越来越好。

经过对中学思政课教师专业发展影响因素调研数据的分析处理可以得出，探索适应阶段、增速成长阶段、成熟稳固阶段、融会贯通阶段的教师认为认知接受能力对教师专业发展的影响力系数分别为 0.654、0.868、0.839 和 0.800。由此可见，各阶段中学思政课教师都认为认知接受能力对教师专业发展有较大影响，其中增速成长阶段、成熟稳固阶段和融会贯通阶段的教师认为这种影响更大。相比探索适应阶段，认知接受能力对于增速成长阶段、成熟稳固阶段和融会贯通阶段的中学思政课教师专业发展具有更大影响。调研基础上中学思政课教师认知接受能力对其专业发展的影响力系数如图 22 所示。

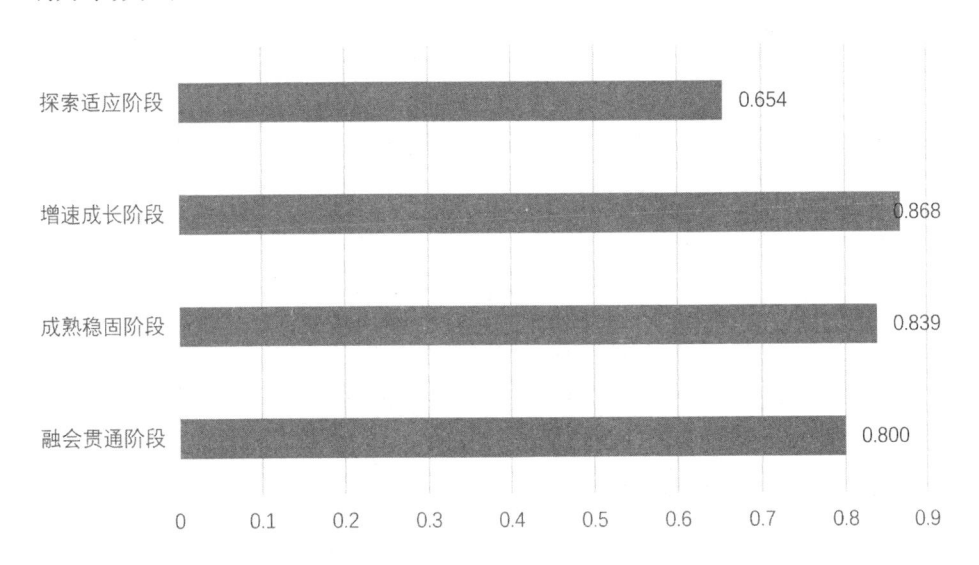

图 22 调研基础上中学思政课教师认知接受能力对其专业发展的影响力系数图

三、中学思政课教师的适应规划能力

适应规划是为满足环境变化与自身发展提出的新的实践需要，实践主体在深入认识实践活动及其规律的基础上对未来发展做出的积极响应。作为实践主体的本质力量，适应规划能力能够帮助中学思政课教师做出切实可行的设计安排，进而推动其有计划、可持续地专业发展。从专业发展能力维度考察影响中学思政课教师专业发展的主要因素，有必要对其适应规划能力开展深入剖析。

理解把握中学思政课教师适应规划能力的丰富意蕴。中学思政课教师的适应规划能力是教师基于对外在环境和自身条件的理性认识，以推动自身有计划、有预期、可持续地成长发展为实践旨归，系统合理地设计与制定自身专业发展的时间表与路线图的综合素质。首先，适应规划以中学思政课教师自身为主体。中学思政课教师适应规划的主体是教师自身，本质上是教师以专业成长视角对自身职业生涯进行符合客观实际地自我设计与擘画，充分展现出教师的主观意志，有赖于教师的规划能力。在这一过程中，中学思政课教师不仅是规划的主体，也是规划的对象，其情感意志和规划能力的有效发挥深刻影响着适应规划的全过程、各环节。其次，适应规划以中学思政课教师自身实际情况与外在要求期待为基点。中学思政课教师的适应规划不仅强调规划，也关注适应性问题，是满足适应性基础上的对教师成长发展目标与路向的合理擘画与蓝图。具体而言，适应规划既立足于充分全面考察中学思政课教师的实际情况，抓住其本身的特质与优势，找准其现存的矛盾问题，也强调适应外在的要求与期待，切实符合党和国家对其专业实践的内在要求以及满足学生对其的现实期待。最后，适应规划以促进中学思政课教师发展为实践旨归。聚焦适应规划的本质内涵可以得出，适应性基础上的教师规划并非为了规划而规划，而是帮助中学思政课教师明确专业实践中自身发展的目标与进程，提升其专业实践进而更好实现专业发展。总的来说，适应规划契合客观条件与外在需求期待，具备这种能力能为中学思政课教师成长发展指明方向。

有效厘清适应规划能力对中学思政课教师专业发展的多重影响。切实

把握适应规划能力的丰富内涵，能够合理揭示中学思政课教师适应规划能力对其专业发展的重要影响。首先，适应规划能力影响着中学思政课教师的自主发展意识。基于概念内涵可以得出，中学思政课教师的适应规划是其对自身专业发展时间表与路线图的合理设计与制定，本身是主体思想意志主导下的实践活动。在主体思想意志和规划能力的作用下，基于理性思考认识基础上而设计制订的适应规划，能够强化中学思政课教师成长发展的内在情感，激发其持续增强自身专业发展的主体意识，进而为有效推动专业发展奠定思想基础。其次，适应规划能力影响着中学思政课教师专业发展的方向性与目的性。专业发展是中学思政课教师内在专业素养不断完善提升的过程，是阶段递进的动态发展过程，处于不同阶段的中学思政课教师有不同的发展目标与需求，同时也存在各具特色的专业发展问题。良好的适应规划能力能够帮助中学思政课教师基于自身实践，制定合适的专业发展路线、选择切合的专业发展目标、明确专业发展的有效着力点，并且设计现实可行的实施策略，进而在方向目标明确中促进中学思政课教师专业发展。最后，适应规划能力影响着中学思政课教师教学效能感。教学效能感作为"教师对教育的理解和对自己能否有效完成教学任务、实现教学目标的主观判断或信念"[1]，切实影响着教师的教学实效。良好的适应规划能力以帮助中学思政课教师解决发展过程中的实际问题、提高自身专业发展质量为指向，能够在问题切实解决与教学供给质量提升中强化教师教学效能感，为更好开展专业实践进而改善和推进自身专业发展提供前提基础。总的来说，适应规划能力在不同方面都对中学思政课教师专业发展有着重要影响，一般而言，中学思政课教师适应规划能力越强，其专业发展也就越好。

经过对中学思政课教师专业发展影响因素调研数据的分析处理可以得出，探索适应阶段、增速成长阶段、成熟稳固阶段、融会贯通阶段的教师认为适应规划能力对教师专业发展的影响力系数分别为 0.808、0.763、0.774 和 1.000。由此可见，各阶段中学思政课教师都认为适应规划能力对

---

[1] 李晓巍，郭媛芳，王萍萍. 幼儿教师职业倦怠的现状及其与幼儿园组织气氛、教师教学效能感的关系 [J]. 教师教育研究，2019，31 (1)：67.

教师专业发展有较大影响，其中融会贯通阶段的教师认为这种影响更大。相比探索适应阶段、增速成长阶段和成熟稳固阶段，适应规划能力对于融会贯通阶段的中学思政课教师专业发展具有更大影响。调研基础上中学思政课教师适应规划能力对其专业发展的影响力系数如图 23 所示。

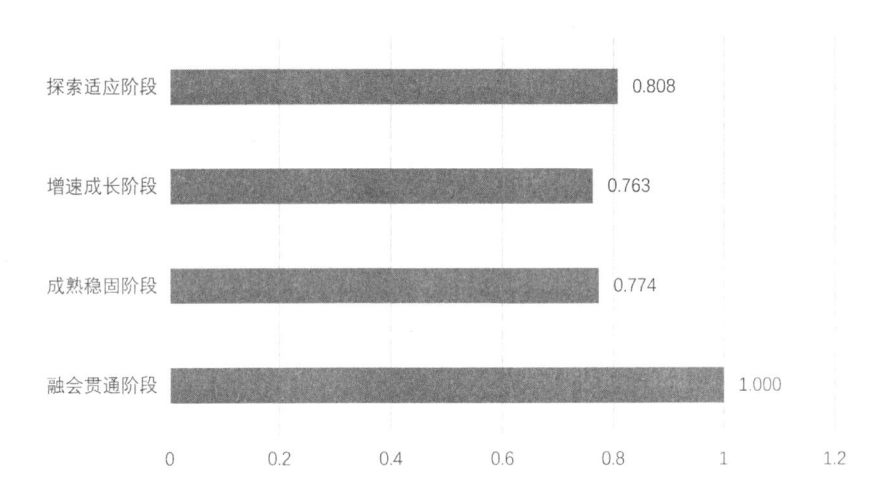

阶段	影响力系数
探索适应阶段	0.808
增速成长阶段	0.763
成熟稳固阶段	0.774
融会贯通阶段	1.000

图 23　调研基础上中学思政课教师适应规划能力对其专业发展的影响力系数图

四、中学思政课教师的自我调节能力

自我调节是人根据外在情况和自身状况对自我进行调整、节制的行为活动，是充分彰显主观能动性的主体实践。中学思政课教师的自我调节主要是指教师根据中学思政课教学相关情况，以及自身思想意识和教学实践状况，对自身意志心态及其主导的中学思政课教学相关实践进行调整和节制的行为。而教师自身在这一行为的持续开展中逐步积累自我调节的经验和技巧并固化确立为能力。中学思政课教师的自我调节能力在其专业发展中发挥着特有作用，是需要关注和探讨的重要影响因素。

深入认识中学思政课教师的自我调节能力。一般而言，自我调节是人作为能动的实践主体为帮助自身适应各种状况而开展的行为活动，强调对自身意志心态及其主导下的行动实践开展调整、节制等主动举措。这一概念中强调两点，一方面，正如"调节"指向的"从数量上或程度上调整，使适合要求"①，那么自我调节则强调客观要求影响下的主体行动，人通过主观能动性地发挥调整自身以更好地适应客观要求。另一方面，这种调节指向自我完善，聚焦自身与客观要求的不适之处，通过调整、节制等举措调整自身，以实现自我的优化与完善。很大程度上，自我调节不是人先天掌握的主体行动，而是面对客观要求与自身状况的实际矛盾时，在探索和解决这一矛盾中学会和掌握的、并同时积累和确立为自身的能力。聚焦中学思政课教师，其在以往的成长经历中形成了一定的自我调节能力。在开展中学思政课教学中，面对来自党和国家、社会以及学生等不同方面的要求与自身实际的知识、能力等素养状况之间的矛盾，中学思政课教师运用自我调节能力，在调整平静自身心态的基础上，立足对在矛盾中揭示的自身知识、能力等欠缺素养的把握，切实调整学习积累的重点和着力点，进而在自我完善中适应外在的要求期待。同时，在这一过程中，中学思政课教师立足实践经历，也在积累关于中学思政课教学方面的自我调节专项能力，在实践运用和积累提升的循环中不断发展。

切实把握自我调节能力对中学思政课教师专业发展的推动促进作用。在深入认识中学思政课教师自我调节能力的特殊内涵及其积累过程的基础上，我们可以发现中学思政课教师自我调节能力与其专业发展之间的正相关关系。一方面，自我调节能力在化解中学思政课教师面临的长期矛盾中推动促进教师专业发展。中学思政课教师作为社会与学生之间的中介，面对来自各个方面的要求期待，自身实际的专业素养往往与其存在一定的差距，这是中学思政课教师长期身处的现实矛盾。面对这一矛盾带来的压力以及提出的化解要求，自我调节能力能够帮助中学思政课教师以平稳的心态正确看待矛盾的长期存在，在此基础上调动化解矛盾的主观能动性，通过准确把握矛盾中展现出的自身专业素养方面的欠缺，以此为依据调整自身的时间、精力等各方面安排，找准着力点和突破口，在矛盾化解中适应要求、在素养提升中专业发展。另一方面，自我调节能力在解决中学思政课教师存在的突出问题中推动促进教师专业发展。中学思政课教师在专业

---

① 中国社会科学院语言研究所词典编辑室. 现代汉语词典：第7版[M]. 北京：商务印书馆，2016：1299.

发展过程中有时会出现一些突出问题，如职业倦怠，这些问题往往会从意志心态等各方面影响教师以致阻碍甚至停滞专业发展。针对这些问题，自我调节能力能够引导中学思政课教师开展价值梳理，再次认识中学思政课教学的重大意义和现实必要，基于此重新审视教学实践中面临的问题和困难，调动解决问题、提升素养以实现自我发展的主动性。总体而言，中学思政课教师的自我调节能力越强，其作用发挥以帮助教师化解矛盾、解决问题的效果越好，一般而言教师专业发展也会越来越好。

经过对中学思政课教师专业发展影响因素调研数据的分析处理可以得出，探索适应阶段、增速成长阶段、成熟稳固阶段、融会贯通阶段的教师认为自我调节能力对教师专业发展的影响力系数分别为 0.692、0.816、0.742 和 0.800。由此可见，各阶段中学思政课教师都认为自我调节能力对教师专业发展有较大影响，其中增速成长阶段和融会贯通阶段的教师认为这种影响更大。相比探索适应阶段、成熟稳固阶段，自我调节能力对于增速成长阶段和融会贯通阶段的中学思政课教师专业发展具有更大影响。调研基础上中学思政课教师自我调节能力对其专业发展的影响力系数如图 24 所示。

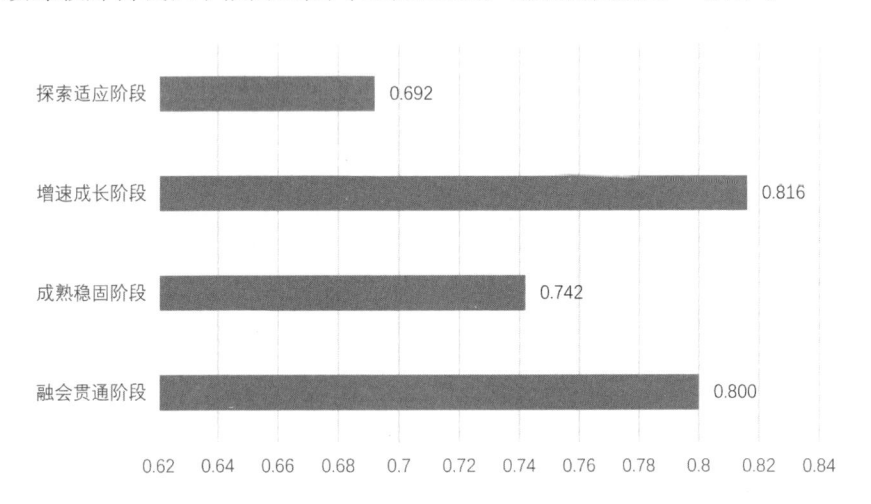

图 24 调研基础上中学思政课教师自我调节能力对其专业发展的影响力系数图

第四节　中学思政课教师发展支持条件

支持条件作为主体从事实践活动的有力保障，对活动实效有着重要影响作用。中学思政课教师专业发展是教师在专业实践中不断与外界交互，进而持续提升和完善专业素养的活动，不仅需要主体能动作用的切实发挥，也需要支持条件辅以支撑保障。因此，探究中学思政课教师专业发展的主要影响因素，需要对其发展支持条件做有效的梳理分析。具体来看，围绕教师发展支持条件，评价考核机制、培养培训体系、学校管理方式和群体氛围都影响着中学思政课教师专业发展。

一、中学思政课教师的评价考核机制

评价作为目的活动的保障和反馈，是评价者依据一定的评价标准原则，运用合适的评价方法手段对评价对象进行判断、总结与评定的过程。中学思政课教师的评价考核是评价者基于教育目标要求以及教师工作任务，对其教育教学实践进行合理描述，并切实判断和有效衡量其状态或价值的活动。科学的评价考核机制能有效激发中学思政课教师的自主性，促进其在优化教学实践、提升教学效果中推动自身专业发展。因此，聚焦教师发展支持条件层面去探究影响中学思政课教师专业发展的主要因素，有必要对其评价考核机制做有效探讨。

全面理解中学思政课教师的评价考核机制。教师评价考核事关中学思政课教师发展方向，是规范管理其专业实践的有效方式。着眼评价考核内容，对中学思政课教师的评价考核既包括对教师自身素质能力的综合考量，也涵盖对教师在教学实践中的行为表现以及育人效果的全面考察。中学思政课教师的主要职责是教育引导学生"扣好人生第一粒扣子，从小听党话、永远跟党走，着力培养担当民族复兴大任的时代新人"[1]，其特殊

---

[1] 教育部关于进一步加强新时代中小学思政课建设的意见 [EB/OL]. 中华人民共和国教育部，2022-11-08.

的专业实践内在要求着教师政治要强、情怀要深、思维要新、视野要广、自律要严、人格要正，由此对中学思政课教师进行评价考核需要全面考量其综合素质能力。同时，中学思政课教师是教育教学活动的主导者，其收获的育人成效与自身教学实践息息相关。评价考核中学思政课教师需要全面考察其教学目标任务的完成情况，教学实践活动中自身主导作用的发挥程度以及学生在教育引导过程中的实际获得情况。着眼评价考核原则，对中学思政课教师的评价考核既要坚持客观性与准确性相统一，也要坚持发展性与反馈性相结合。评价考核中学思政课教师需要秉持实事求是原则，遵循客观规律，全面准确判断与衡量教师专业素养与教学实际状况。同时，现状考察不是最终目的，评价考核应落脚到帮助教师更好实现专业成长，通过有效的信息反馈和检测诊断，为教师更好地开展专业实践提供支撑。着眼评价考核方法，对中学思政课教师的评价考核不仅需要关注学生评价、领导评价，也需要有效运用同行评价、自我评价来对教师素质能力与教学实效进行综合全面考量。总的来说，全面准确把握中学思政课教师评价考核机制，为厘清其对专业发展的影响奠定前提基础。

评价考核机制对中学思政课教师专业发展具有推动促进作用。评价考核具有鲜明的导向、诊断与激励作用，能够提升中学思政课教师专业实践的方向性、目的性和针对性，对其专业发展具有重要影响作用。首先，评价考核对教师专业发展具有导向作用。对中学思政课教师的评价考核不是脱离实际的空中楼阁，而是基于教育教学目标任务对其专业实践的整体考量。其中，评价考核的标准与指标是有效评判和考察中学思政课教师的重要抓手，明确规定着评价考核的具体内容和现实要求，为教师有效开展育人实践指明了清晰的目标方向，指引着中学思政课教师在提升完善自身素质能力中有目标、有规划地推进专业发展。其次，评价考核对教师专业发展具有诊断作用。通过对中学思政课教师进行科学合理的评价考核，能够帮助教师有效把准和发现自身教育教学实践中的薄弱环节，为教师更好开展教育教学工作提供切实的着力点。中学思政课教师专业发展的出发点与落脚点在于通过不断夯实自身专业素养，进而更好地开展专业实践、有效提升学生思想政治素质。然而，中学思政课教师专业素养的完善优化与教学质量的切实提升并非消极盲目的,而是需要教师充分利用评价考核的诊断功能,在找准和改善教学实践不足中补齐素养结构中的短板,进而有效推动自身的专业发展。最后,评价考核对教师专业发展具有激励作用。评价考核作为指挥棒,本身就具有突出的激励作用。评价考核能够帮助中学思政课教师更好地明确自身专业实践的重要作用和价值,在增强其专业认同感和价值实现感中正向激励教师更好开展教育教学活动。同时评价考核也能够在中学思政课教师找准与评价标准的现实差距中反向激励教师,有力破解专业发展中的突出矛盾,进而更好地促进自身专业发展。总体而言,教师评价考核机制在不同方面、不同维度都对中学思政课教师专业发展有着重要影响。

经过对中学思政课教师专业发展影响因素调研数据的分析处理可以得出,探索适应阶段、增速成长阶段、成熟稳固阶段、融会贯通阶段的教师认为评价考核机制对教师专业发展的影响力系数分别为 0.846、0.921、0.968 和 1.000。由此可见,虽然探索适应阶段、增速成长阶段、成熟稳固阶段和融会贯通阶段的教师在评价考核机制这一因素的认可度上有细微差别,但都非常认可评价考核机制对中学思政课教师专业发展所带来的切实影响。对教师自身而言,评价考核机制在中学思政课教师专业发展全过程都具有重要的促进功能。调研基础上中学思政课教师的评价考核机制对其专业发展的影响力系数如图 25 所示。

二、中学思政课教师的培养培训体系

培养培训作为目的明确、计划完备的学习性实践,是人成长发展的关键支持条件。针对中学思政课教师开展的培养培训,是为帮助教师掌握中学思政课教学所需的专业素养而开展的有目的、有计划、有组织的学习性活动,当前在长期的实践探索中已经形成了相对完备的培养培训体系。中学思政课教师的培养培训体系在其专业发展中发挥着关键的支持作用,是需要关注和探讨的重要影响因素。

全面认识中学思政课教师的培养培训体系。一般而言,培养培训是一项有目的、有计划、有组织的学习性活动,是人们立足教学实践经验开展

阶段	系数
探索适应阶段	0.846
增速成长阶段	0.921
成熟稳固阶段	0.968
融会贯通阶段	1.000

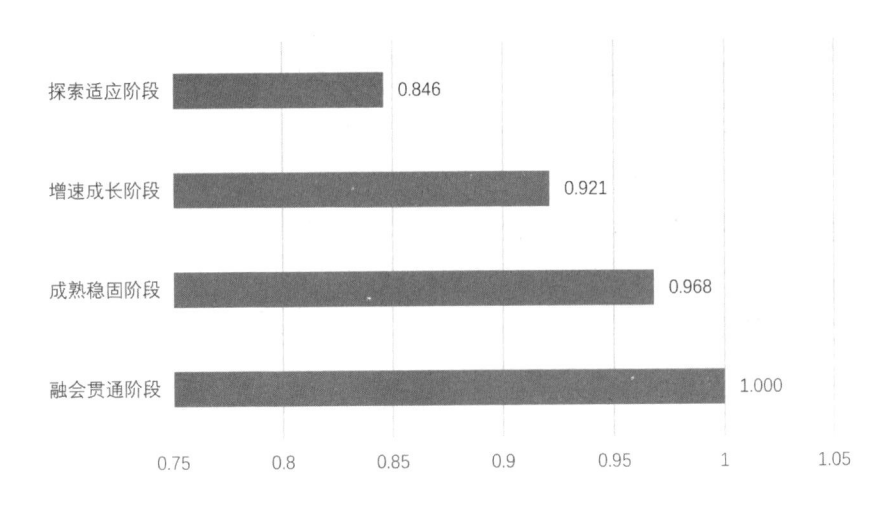

图 25 调研基础上中学思政课教师的评价考核机制对其专业发展的影响力系数图

的集中训练行为。中学思政课教师的培养培训以帮助中学思政课教师掌握中学思政课教学所需的专业素养为目的，在教育管理者的组织协调下按照科学高效的培养和培训计划有序开展。培养培训不是一次性的，聚焦中学思政课教师成长发展的各个重要阶段，涵盖包括职前培养、入职培训、职后培训的规范体系。第一，中学思政课教师的职前培养。职前培养是指中学思政课教师在入职之前接受系统的学历教育，通过以课堂学习为主，辅以教育研习、见习、实习等教育实践，帮助其掌握中学思政课教学所需的知识、能力等各方面基本专业素养。第二，中学思政课教师的入职培训。入职培训是"发展初任教师的专业能力，增强初任教师的教学自信心，帮助初任教师尽快适应教师角色"[1]，通过课堂教学、入职计划制订、主题研讨、教学观摩等教育活动，帮助中学思政课初任教师走好职业生涯的第一步，为其日后的专业化发展奠定重要基础。第三，中学思政课教师的职后培训。职后培训作为教育主管部门、学校以及中学思政课教师自身组织开展的，帮助其在就职阶段实现进一步提升的教育活动，"在提高教师的能力和积极性方面，以及在改善他们的地位方面，可以做出许多贡献"[2]。

---

[1] 黄翠华. 现代教师教育体系构建探究 [M]. 北京：中国书籍出版社，2020：139.
[2] 教育：财富蕴藏其中 [M]. 联合国教科文组织总部中文科，译. 北京：教育科学出版社，1996：143.

1999年教育部印发《中小学教师继续教育规定》，标志着我国中小学教师培训制度的正式确立，中学思政课教师的职后培训也步入正轨。总的来说，有效认识中学思政课教师的培养培训体系，是考察其对专业发展的影响的必要前提。

切实把握培养培训体系对中学思政课教师专业发展的有力支持作用。基于对不同阶段中学思政课教师培养培训内容及其侧重点的全面认识，我们可以发现教师专业发展视域下培养培训在其中发挥着关键支撑作用。第一，职前培养为中学思政课教师专业发展奠定前期基础。"教师职前教育实践是为教师从业做准备的，它既是教师从业的基础，也是教师终身发展的前提。"[1] 经过职前培养，中学思政课准教师们掌握的中学思政课教学的相关专业素养，成为其专业发展的现实起点。接受职前培养的效果越好，中学思政课教师专业发展的起点越高。第二，入职培训为中学思政课教师专业发展开启良好开端。"入职教育是教师专业发展的关键环节，连接着教师入职前的学生角色和入职后的教师角色转换，决定着初任教师将成为什么样的教师。"[2] 经过入职培训，中学思政课教师在开启自身专业发展良好开端的基础上，明确未来专业发展的正确方向。第三，职后培训为中学思政课教师专业发展提供关键指导。"一般来说，在职培训在决定教学质量方面的作用如果不是更大，至少也是和启蒙教育同样大。"[3] 经过职后培训，中学思政课教师不断接受和吸收新的内容，进一步完善和强化自身的专业素养，为推动自身专业发展提供了有力指导和支撑。总体而言，接受系统培养培训的效果越好，其作为有力支持条件的作用越能得以有效发挥，一般而言中学思政课教师专业发展也会越来越好。

经过对中学思政课教师专业发展影响因素调研数据的分析处理可以得出，探索适应阶段、增速成长阶段、成熟稳固阶段、融会贯通阶段的教师认为培养培训体系对教师专业发展的影响力系数分别为 0.808、0.868、

---

[1] 黄翠华. 现代教师教育体系构建探究 [M]. 北京：中国书籍出版社，2020：97.
[2] 黄翠华. 现代教师教育体系构建探究 [M]. 北京：中国书籍出版社，2020：133.
[3] 教育：财富蕴藏其中 [M]. 联合国教科文组织总部中文科，译. 北京：教育科学出版社，1996：141.

0.774和0.700。由此可见,各阶段中学思政课教师都认为培养培训体系对教师专业发展有较大影响,其中探索适应阶段和增速成长阶段的教师认为这种影响更大。相比成熟稳固阶段、融会贯通阶段,培养培训体系为探索适应阶段和增速成长阶段的中学思政课教师专业发展提供更大外在支持作用。调研基础上中学思政课教师的培养培训体系对其专业发展的影响力系数如图26所示。

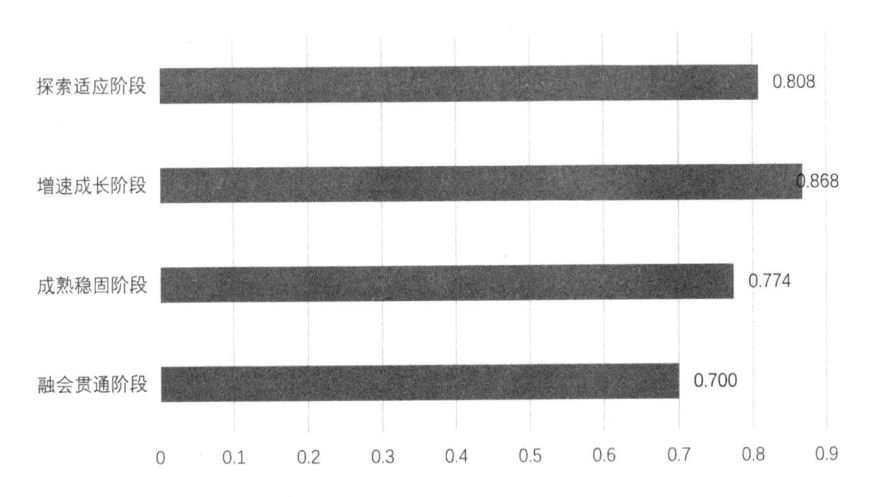

图26 调研基础上中学思政课教师的培养培训体系对其专业发展的影响力系数图

三、中学思政课教师的学校管理方式

学校管理作为社会管理的重要组成部分,是"根据一定的教育目标和管理目标,通过决策、计划、组织、指导和控制,有效地利用学校的各种要素,以实现培育人的社会活动"①。着眼中学思政课教师,学校管理方式既影响其教育教学实践的有效开展,也影响其专业素养能力的切实提升。聚焦支持条件层面探究影响中学思政课教师专业发展的主要因素,需要对教师身处的学校管理方式进行有效剖析。

全面认识中学思政课教师的学校管理方式。作为"管理者引导和影响组织及其成员为实现预定组织目标所运用的方法和形式"②,学校管理方

---

① 袁振国.当代教育学:第4版[M].北京:教育科学出版社,2010:240.
② 赵昌木.教师成长论[M].兰州:甘肃教育出版社,2004:74.

式对教师的教学实践以及行为规范有着重要影响作用。基于中学思政课教师专业发展视角，学校管理大致可以分为三种类型。关于专制化的学校管理方式。这种管理方式强调刚性制度化、权威性，是学校管理者为达到组织目标任务，在管理方式上对中学思政课教师进行强迫和控制，往往通过制定一系列规章制度，运用强制手段对其教育教学行为进行监控、指挥和管制。在这种管理方式下，中学思政课教师与学校管理层交往甚少，且很少参与学校管理决策，因此其教学实践的自由度一般很低，自主发展权利往往受到一定程度的限制。关于人本化的学校管理方式。这种管理方式强调以教师为本，并充分尊重中学思政课教师的人格尊严和劳动价值，通过多种途径了解其现实需要、发展愿望以及反馈意见，坚持以解决教师的实际困难与问题为指向。在这种管理方式下，中学思政课教师在自身专业实践中具有较强的主人翁意识和较高的发展自由度。关于民主化的学校管理方式。这种管理方式既坚持管理的规范化、制度化，也突出管理的灵活性、人本化，其"不是极端的民主化，它既发扬民主，又强调集中"[1]。在这种管理方式下，学校除了采用合理的制度规范对中学思政课教师进行刚性管理外，也乐于倾听教师各方面意见建议，并在管理过程中充分体现人文关怀的思想和情感，既对教师专业实践进行合理约束，也为其主动发展提供有力支撑。总的来说，全面准确把握中学思政课教师的学校管理方式，是考察其对专业发展的影响的重要前提。

有效剖析学校管理方式对中学思政课教师专业发展的影响。在深刻把握学校管理方式的基础上，我们能够明晰不同管理方式对中学思政课教师的教育教学及其成长发展有着不同程度的影响。学校管理作为综合运用各种资源进而实现既定学校工作目标的社会活动，本身既包含着对学校行政事务的调控处理，同时也具备引导和规范中学思政课教师成长发展的功效。科学合理的学校管理方式能够为中学思政课教师成长发展创设良好的教育教学环境，激发其更好地从事专业实践的积极性、主动性，为教师专业发展提供重要前提支撑。一方面，科学合理的学校管理方式能够在有效

---

[1] 张耀灿，郑永廷，吴潜涛，等．现代思想政治教育学［M］．北京：人民出版社，2006：420．

破解中学思政课教师成长发展现实问题中促进其专业发展。着眼学校管理方式，中学思政课教师要实现成长发展，不仅需要学校满足其正当合理的需求，而且强调学校要为其自身的发展保证相应时间。满足中学思政课教师在实际专业实践中的合理需要，能够激发其在教育教学中的主导作用，为更好教育引导学生进而提升专业素养奠定基础。同时，通过合理安排教学任务进而保证中学思政课教师拥有自身发展的时间，能够帮助其将更多的有效时间精力投入自身成长，为其积累完善教学所需的素质能力提供保障。另一方面，科学合理的学校管理方式能够在提供中学思政课教师成长发展机会与平台中促进其专业发展。聚焦中学思政课教师专业发展，科学合理的学校管理方式不仅体现在具有契合实际的教师发展制度，也包括帮助教师专业发展的各类培训体系、激发教师内在发展动力的评价机制，同时还有促进教师专业发展的相应配套平台。总的来说，学校管理方式在不同方面和维度都对中学思政课教师专业发展具有重要影响。

经过对中学思政课教师专业发展影响因素调研数据的分析处理可以得出，探索适应阶段、增速成长阶段、成熟稳固阶段、融会贯通阶段的教师认为学校管理方式对教师专业发展的影响力系数分别为 0.846、0.868、0.806 和 0.900。由此可见，相较于探索适应阶段和成熟稳固阶段，增速成长阶段和融会贯通阶段的教师更加认可学校管理方式对中学思政课教师专业发展所带来的切实影响。对教师自身而言，学校管理方式对中学思政课教师的影响伴随其专业成长发展全过程。调研基础上中学思政课教师的学校管理方式对其专业发展的影响力系数如图27所示。

四、中学思政课教师的学校群体氛围

学校群体氛围是学校在长期发展过程中逐渐形成的一种稳定的整体性学校气氛，具有鲜明的情感色彩，对教师的实践行为具有重要影响作用。中学思政课教师的学校群体氛围作为教师在校园人际交往中的群体环境，对其专业实践有着重要的导向和约束作用。着眼支持条件层面探究中学思政课教师专业发展的主要影响因素，有必要对其学校群体氛围进行详细探讨。

全面认识中学思政课教师的学校群体氛围。着眼教师专业发展视域，

探索适应阶段 0.846
增速成长阶段 0.868
成熟稳固阶段 0.806
融会贯通阶段 0.900

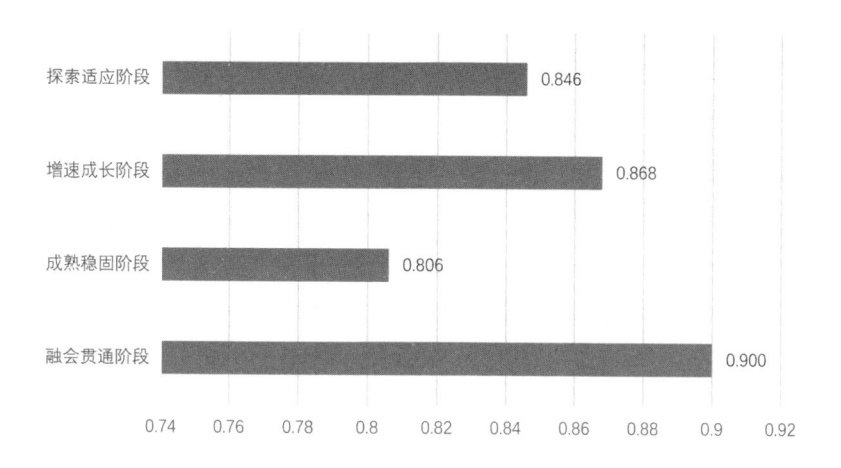

图27 调研基础上中学思政课教师的学校管理方式对其专业发展的影响力系数图

中学思政课教师的学校群体氛围主要指与其成长发展有较强关联的人际交往环境。梳理中学思政课教师的学校群体氛围可以得知，其主要包含校本研讨氛围、同伴互助氛围和重要他人交往氛围等方面。关于校本研讨氛围。校本研讨关注中学思政课教师对教育教学实践行为进行有效探究，是"以学校为本、以教师为本、以解决问题为主要目标的研究形式"[1]。具体而言，中学思政课教师既能通过开展教学研究活动深入剖析教学实践的内在逻辑和矛盾问题，也能根据具体实际问题，有目的性、有针对性地开展主题教学研讨，还能基于具体教学情境，对某些经典教学案例进行探究剖析。在这一过程中，中学思政课教师之间充分交流，其各主体的有效参与以及整体氛围切实影响着校本研讨的实效。关于同伴互助氛围。同伴互助是中学思政课教师在专业实践中，与身边的其他教师有效交流、相互帮助，通过听课评课、教研活动等形式交换意见、分享经验、相互协作，以解决教学中共同问题以及自身教学实践中特殊问题为指向，最终实现共同成长进步。这一过程离不开中学思政课教师之间的互动交流，其交流的实际氛围影响着同伴互助的成效。关于重要他人交往氛围。重要他人是中学思政课教师在教学实践中遇到的对自身专业成长进步有较大影响的个体。教学实践作为交往性很强的社会活动，容易受其他主体的影响。中学思政

---

[1] 刘义兵. 教师专业发展[M]. 北京：高等教育出版社，2017：219.

课教师在教学实践中，学校领导、教研主任、经验丰富的教师都会对其自身产生重要影响，作为促进或制约其专业实践的重要他人，其交往氛围切实影响着教师的行为实践。

有效把握学校群体氛围对中学思政课教师专业发展的影响。聚焦中学思政课教师专业发展，学校群体氛围作为学校教师成员在内部交往过程中形成的整体性气氛环境，切实影响着教师的专业实践活动。校本研讨立足学校现实情况，以切实解决中学思政课教师教学活动中的实际矛盾问题为出发点，着力对教学实践活动进行针对性探究。良好的校本研讨氛围能够增进教师积极性、主动性，提升教学研讨质量，更好地帮助中学思政课教师找准制约教学实效的内在矛盾，把握破解矛盾问题的思维策略，进而在促进教师提高专业素养中增强课堂教学质量，推动自身持续专业发展。同伴互助强调教师之间积极交流、有效互动、协调合作，"通过与同伴共同规划教学并且共同反思与分享教学经验，更加能频繁地练习并恰当地应用这些技能和策略，能更适当地运用新的教学模式"[1]。良好的同伴互助氛围能够促进教师之间的相互交流和经验共享，帮助中学思政课教师更好反思自身的教学实践，进而在经验积累、问题破解中提高教学质量、促进自身专业发展。重要他人作为对教师专业实践有较大影响的个体，本身就影响着中学思政课教师的专业发展。良好的重要他人交往氛围有助于中学思政课教师获得更多的认可和支持，增强其发现与破解实际教学问题的能力，强化自身教学效能感，进而促进其在夯实与完善专业素养中推动自身专业发展。总的来说，学校群体氛围在不同维度、不同方面都影响着中学思政课教师专业发展。一般而言，中学思政课教师身处的学校群体氛围越好，其专业发展也就越好。

经过对中学思政课教师专业发展影响因素调研数据的分析处理可以得出，探索适应阶段、增速成长阶段、成熟稳固阶段、融会贯通阶段的教师认为学校群体氛围对教师专业发展的影响力系数分别为0.808、0.895、0.806和0.900。由此可见，各阶段中学思政课教师都认为学校群体氛围对教师专业发展有较大影响，其中增速成长阶段和融会贯通阶段的教师认为这种影响

---

[1] 朱宁波，张萍. 校本教研中的教师同伴互助 [J]. 教育科学，2005（5）：32-34.

更大。相比探索适应阶段、成熟稳固阶段，学校群体氛围对于增速成长阶段和融会贯通阶段的中学思政课教师专业发展具有更大影响。调研基础上中学思政课教师的学校群体氛围对其专业发展的影响力系数如图28所示。

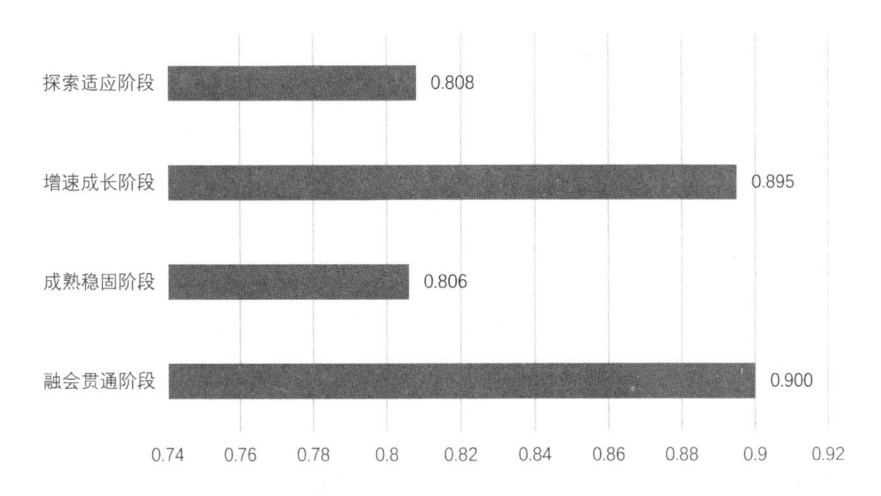

阶段	影响力系数
探索适应阶段	0.808
增速成长阶段	0.895
成熟稳固阶段	0.806
融会贯通阶段	0.900

图28 调研基础上中学思政课教师的学校群体氛围对其专业发展的影响力系数图

第五章

中学思政课教师专业发展的推动促进

中学思政课教师专业发展研究根本在于推动促进,对中学思政课教师专业发展概念内涵、内容要素、基本阶段和影响因素的把握,以及其中针对具体问题开展的实证调研与其多维数据分析,为有效找准中学思政课教师专业发展的推动促进策略奠定了重要前提。在此基础上,立足中学思政课教师专业发展实践过程,充分吸收影响其专业发展的主要因素,有针对性地提出增强教师专业发展内生动力、提升教师专业发展能力、引导教师多维深化教学研究,以及切实发挥教师评价功能等推动促进中学思政课教师专业发展的有效策略。

第一节 切实增强中学思政课教师专业发展内生动力

中学思政课教师专业发展内生动力是教师经过教学实践,内心基于专业成长发展需要和教书育人责任担当等生成的,促进自身专业素养自主持续提升的内在推动力量。作为一种源自教师内心、服务教师发展的主体力量,内生动力是支撑教师专业发展的源头活水,是破解现存矛盾问题的关键所在。聚焦中学思政课教师专业发展,基于对内生动力本质特征的把握和人心理认知规律的遵循,提升其专业发展内生动力要引导教师在厘清内涵与把握优势过程中强化认同,在课程要求与责任使命统一中激发需求,在制度完善与政策保障结合中增强信心。

一、在厘清内涵与把握优势过程中强化专业发展认同

认同作为一种复杂的精神现象和心理活动，是"发生在认同主体'自我'与认同对象'他者'之间的一种纯粹主观意愿的选择"①，是主体在实践活动中主观能动性得以发挥的前提和基础。关于认同，习近平总书记肯定了主体认同的前提性、基础性作用，强调要"把理想信念建立在对科学理论的理性认同上"②。对中学思政课教师专业发展而言，增强其内生动力，也要强化教师对专业发展的理性认同。一方面，专业发展认同是中学思政课教师有效进行专业发展实践的前提基础。专业发展作为中学思政课教师在教育教学过程中不断追求专业成熟进而强化完善自身专业素养的主体性实践活动，与教师主体的思想意识密不可分。正如恩格斯在《自然辩证法》中强调的，"人的思维的最本质的和最切近的基础，正是人所引起的自然界的变化……人在怎样的程度上学会改变自然界，人的智力就在怎样的程度上发展起来"③。专业发展认同作为中学思政课教师的主体情感意志，强调对教师专业发展的理性认可与自愿接受，是其自觉自愿进行专业发展实践的重要前提。基于专业发展认同，中学思政课教师在其情感意志的驱动下，积极参与各种提升优化自身素质能力的专业发展实践活动，自觉克服实践过程中的现实困难，并主动战胜来自不同方面的挑战，进而保证自身更加有效的专业发展。另一方面，专业发展认同能为中学思政课教师专业发展持续提供动力。认同是主体在全面理性把握事物的基础上，对事物所产生认可支持的情感意志，具有相对稳定性与持久性，能够驱动和指导主体进行实践活动。马克思强调，人是"一个有激情的存在物。激情、热情是人强烈追求自己的对象的本质力量"④。专业发展认同是中学思政课教师在教学实践中，通过不断体悟课程教学的重要价值与现

---

① 王易，朱小娟. 思想政治教育认同初探［J］. 思想理论教育导刊，2013（5）：97.
② 习近平. 习近平谈治国理政：第一卷［M］. 北京：外文出版社，2018：50.
③ 中共中央马克思恩格斯列宁斯大林著作编译局. 马克思恩格斯选集：第3卷［M］. 北京：人民出版社，2012：922.
④ 中共中央马克思恩格斯列宁斯大林著作编译局. 马克思恩格斯全集：第42卷［M］. 北京：人民出版社，1979：169.

实要求，检验自身的教学质量与实效水平，并明晰其专业素养提升优化的现实着力点，进而生成对专业发展价值意义的高度肯定与理性认可。在专业发展认同的驱动下，中学思政课教师专业发展的内生动力不断激发，进而促进自身在积极参与专业发展实践中提升专业素养。总的来说，专业发展认同作为中学思政课教师在头脑中生成的情感意志，能够在内生动力的有效激发中推动自身专业发展。

中学思政课教师专业发展认同是教师基于对专业发展内涵和优势的认识与把握，对专业发展自愿接受、自觉认可乃至尊崇的倾向性态度。提升中学思政课教师专业发展内生动力，要在帮助教师认识厘清专业发展内涵和把握认可专业发展优势的过程中，增强其专业发展认同感，并主动以专业发展要求不断规约和激励自己。一方面，引导中学思政课教师在厘清专业发展内涵的基础上强化专业发展认同。主体对事物的认识是主体认同生成的基础。聚焦认同的概念内涵可以得知，中学思政课教师专业发展认同生成于教师对专业发展本身的全面把握和深刻理解，是建立在理性认知基础上的整体认可，其认同程度的强弱不仅与认同对象自身的本质特性密切相关，也受认同主体对认同对象的了解程度、认知程度的影响。因此，强化中学思政课教师对专业发展的认同，需要切实引导教师全面客观地认识把握教师专业发展。中学思政课教师只有把准教师专业发展的内涵特征、过程规律、方法原则及其各要素的内在逻辑，全面认识其对自身专业实践的重要性与必要性，不断深化对专业发展的系统理解，才能增强其对专业发展的理性认知，进而为强化自身对教师专业发展的认同奠定基础。另一方面，引导中学思政课教师在把握和认可教师专业发展优势的过程中强化专业发展认同。其一，在教育教学实践中感悟专业发展的合规律性。教师专业发展作为中学思政课教师为有效完成教育教学实践，进而持续提高自身专业素养的阶段性发展过程，是教师作为专业人员为保持自身专业性做出的必然选择。强化中学思政课教师专业发展认同，"要引导思政课教师在教育教学实践中感悟这一过程与教师成长发展规律的契合性"[1]，明确

---

[1] 聂小雄，朱宏强. 思想政治理论课教师专业发展的内生动力探赜[J]. 高校辅导员，2022（4）：12.

专业发展是合乎规律的科学发展道路。其二，在教育教学实践中领略专业发展的合逻辑性。教师专业发展是教师为满足中学思政课教学需要和学生成长发展需求，不断提升自身各方面专业素养的过程，要引导教师在教育教学实践中领略这一过程与党和国家对中学思政课教师的要求，特别是习近平总书记对思政课教师殷切希望的一致性。其三，在教育教学实践中体会专业发展的合实践性。教师专业发展作为教师主体的实践活动，融汇于教师教育教学过程中，要引导中学思政课教师体会教师专业发展与日常教学实践的共通性，切实感知专业发展生成并贯穿于自身的教育教学实践中。总的来说，着力引导中学思政课教师认识把握教师专业发展的内涵和优势，切实打牢教师专业发展的认同基础，才能有效激发中学思政课教师专业发展的内生动力。

二、在课程要求与责任使命统一中激发专业发展需求

需要作为人的"内在规定性"，反映了人期待向往的心理倾向。正如恩格斯用人最普遍的行为所揭示的，"吃喝也是由于通过头脑感觉到饥渴而开始，并且同样由于通过头脑感觉到饱足而停止"[1]。因此，需要作为人心理结构中最根本的东西，是人思想行为的原动力。着眼中学思政课教师专业发展，内在需求是激发其专业发展内生动力的第一要素，为加快其专业发展提供源源不断的内源性、根本性动力。中学思政课"以培育社会主义核心价值观为目的，是帮助学生确立正确的政治方向、提高思想政治学科核心素养"[2]的重要课程。作为课程教学设计者、组织者与实施者的中学思政课教师，承担着上好思政课的职责使命，因而其本身蕴含着专业成长发展的内在需求。这种需求不仅是因为中学思政课教师作为社会实践活动的主体，为满足社会一般实践活动的需要而具有的全面发展自身综合素质能力的需求，更是因为中学思政课教师作为从事思想政治教育的专业

---

[1] 中共中央马克思恩格斯列宁斯大林著作编译局. 马克思恩格斯选集：第 4 卷 [M]. 北京：人民出版社，2012：238.
[2] 中华人民共和国教育部制定. 普通高中思想政治课程标准（2017 年版 2020 年修订）[M]. 北京：人民教育出版社，2020：1.

人员，为有效培养学生"政治认同、家国情怀、道德修养、法治意识、文化修养"①，而具有的自主持续提高自身专业素养的内在需求。在这一过程中，中学思政课教师专业发展的内在需求转化为教师行动的力量，推动教师为需要满足而不断行动。需求作为主体开展实践的内在动因，推动着主体为满足需求而进行专门实践活动。马克思主义强调，"任何人如果不同时为了自己的某种需要和为了这种需要的器官而做事，他就什么也不能做"②，揭示出实践是满足某种特定需求的实践，任何需求只有通过进行某种实践才能得以满足。对中学思政课教师而言，其作为开展思想政治教育活动的专业人员，为保证教育教学目标任务的有效完成，本身具有专业发展的内在需求，这种需求在教师头脑中凝聚强化进而推动着中学思政课教师从事专业发展实践活动。同时，在需求的不断发展与满足的良性循环中，中学思政课教师专业发展的内生动力也会持续激发。人的需求是不断发展变化的，马克思主义强调，"已经得到满足的第一个需要本身、满足需要的活动和已经获得的为满足需要而用的工具又引起新的需要"③，这再次确证了需求的发展性。中学思政课教师专业发展的需求是不断发展的，在教师通过专业发展实践不断满足需求的过程中又会生成新的需求，进而激活教师专业发展动力，促使其继续进行专业发展实践，进而在需求满足和新需求不断生成与满足的良性循环中持续推动教师专业发展。

提升中学思政课教师专业发展内生动力，要引导教师在明晰课程要求与强化责任使命的统一中激发教师专业发展需要。一方面，引导教师在领会课程重要性和增强主导责任意识的统一中激发专业发展需要。中学思政课是引导学生"树立正确世界观、人生观、价值观，坚定对马克思主义的信仰，坚定对社会主义和共产主义的信念"④的重要课程，在帮助学生立

---

① 中共中央宣传部 教育部关于印发《新时代学校思想政治理论课改革创新实施方案》的通知［EB/OL］. 中国政府网，2020-12-18.
② 中共中央马克思恩格斯列宁斯大林著作编译局. 马克思恩格斯全集：第3卷［M］. 北京：人民出版社，1960：286.
③ 中共中央马克思恩格斯列宁斯大林著作编译局. 马克思恩格斯选集：第1卷［M］. 北京：人民出版社，2012：159.
④ 关于深化新时代学校思想政治理论课改革创新的若干意见［M］. 北京：人民出版社，2019：4-5.

德成人、立志成才中发挥着关键作用。中学思政课教师是课堂教学活动的主导者,其能力素养直接影响着教学实效。当前,"有的地方和学校对思政课重要性认识还不够到位,中小学思政课教学资源还不够丰富鲜活,教师队伍整体素质需要进一步提升,课堂教学和实践育人效果有待增强"[1],这些现存矛盾问题都需要着力引导教师在将习近平总书记重要讲话精神贯彻落实到中学思政课教学实践过程中,进一步领会思政课作为落实立德树人根本任务关键课程的重要地位,同时增强教师作为课堂教学设计者、组织者和实施者的责任意识,帮助中学思政课教师在明确课程要求与主体责任的统一中,激发素养提升的紧迫感和专业发展的现实需要。另一方面,引导教师在感悟自身重要性和强化育人使命感的统一中激发专业发展需要。中学思政课教师的重要性不仅因为思政课的课程性质与目标任务所赋予的科学性、价值性,还因为其在教育教学过程中发挥的关键作用。激发教师专业发展需求,要着力引导其在中学思政课教学实践中切实感悟自身扮演的重要角色、发挥的关键作用,同时要增强中学思政课教师为党育人、为国育才的使命感,强化其为学生培根铸魂、启智润心的责任担当,帮助教师明确"成长为具备坚定的政治信念、高度的理论自觉和科学的思维方法的思想政治教育工作者"[2] 的目标方向,引导教师在比较中找准差距、明确重点,激发专业发展的现实需要。总的来说,引导中学思政课教师在教学实践中将课程要求和责任使命统一起来,在能力危机的恐慌感和素养提升的紧迫感中激发专业发展的迫切需要,调动加快专业发展的内生动力。

三、在制度完善与政策保障结合中提升专业发展信心

信心作为人确信自身的某种愿望、预料能够实现的心理状态,给予人坚定追求理想的底气和动力。一般而言,人对所从事的工作越有信心,就越能激发自身动力去落实和完成。习近平总书记肯定了信心的关键意义,

---

[1] 教育部关于进一步加强新时代中小学思政课建设的意见[EB/OL].中华人民共和国教育部,2022-11-08.

[2] 冯刚.探索思想政治教育发展的内生动力[M].北京:人民出版社,2017:19-20.

指出"办好思政课，有不少问题需要解决，但最重要的是解决好信心问题"①，并通过阐明思政课建设的根本保证、有力支撑、深厚力量、重要基础，增强了我们上好思政课的信心和动力。对中学思政课教师专业发展而言，这启发我们既要肯定信心对激发教师专业发展动力的重要价值，也要重视外在保障和支持对增强教师专业发展信心的关键作用。专业发展信心有助于激发中学思政课教师专业发展的内生动力。专业发展信心是中学思政课教师基于对自身成长发展综合能力与专业发展相关制度政策的全面把握，确信自身能够在专业发展实践中实现预期目标的心理状况，对中学思政课教师专业发展实践行为有着重要的推动作用。着眼中学思政课教师专业发展信心的生发过程可以得知，其信心不仅与教师成长发展的综合能力有关，也与教师专业发展实践中的相关制度政策有关，是多维因素共同作用的结果。中学思政课教师专业发展信心来源于教师内心，是教师确信自身专业发展实践活动能够如愿开展并达到预想效果的心理感受，作用于教师的思想意识，并长期影响着教师专业发展实践。具体而言，专业发展信心能够帮助中学思政课教师更好认清自身专业发展的条件优势，调动其专业发展的积极性与主动性，在自身专业发展效能感的不断强化中，切实激发专业发展的内生动力。同时，外在保障和支持能够增强中学思政课教师专业发展信心。外在保障和支持作为中学思政课教师专业发展的有力支撑，包括一系列促进教师专业发展的制度政策。在制度完善和政策保障中，中学思政课教师能够逐步明晰自身专业发展的方向，获得专业发展的支持，进而在强化信心和动力中推动自身专业发展。一方面，以制度完善明晰中学思政课教师专业发展的路径方向。中学思政课教师专业发展制度是在一定历史条件和社会背景下形成的，关于教师专业发展的规程、准则和模式，能够为教师专业发展实践行为提供指导与保障，在规范教师专业发展行为、帮助教师明确专业发展目标方向中，切实增强中学思政课教师专业发展信心。另一方面，以政策保障增强中学思政课教师专业发展的条件支撑。教育主管部门通过制定一系列包含师资、经费、培训、评价等方

---

① 习近平. 思政课是落实立德树人根本任务的关键课程[M]. 北京：人民出版社，2020：8.

面的政策，为中学思政课教师专业发展提供坚实的支撑条件，确保其在良好的专业发展环境空间中不断增强自身专业发展信心。因此，专项制度和保障政策作为有力支撑，是帮助中学思政课教师确信自身能够更好地实现专业发展的信心之源。

专业发展信心能够有效激发中学思政课教师专业发展内生动力，推动其持续有效地开展专业发展实践。增强中学思政课教师专业发展信心，激发其专业发展内生动力，需要从以下两个方面下功夫：一方面，着力推进中学思政课教师专业发展制度化。制度化是工作常态开展、有序实施、切实执行的重要保证，是中学思政课教师专业发展的有力保障和根本遵循。切实保障中学思政课教师持续有序发展，提升教师队伍整体素质水平，进而增强思想政治教育实效，需要着力推进中学思政课教师专业发展制度化、科学化。为此，教育主管部门需要系统全面考察中学思政课教师的专业发展，深刻把握发展过程的内在本质及其基本规律，挖清教师专业发展过程中的现实情况和实际问题，在总结中学思政课教师专业发展经验并借鉴相关学科教师专业发展理论的基础上，有效找准中学思政课教师专业实践所需的核心素养，锚定其专业发展阶段与标准，进而构建中学思政课教师专业发展专项模式，在探索和践行中确立中学思政课教师专业发展制度。另一方面，完善中学思政课教师专业发展保障政策。中学思政课教师专业发展离不开师资、经费、平台等方面的有力保障，增强教师专业发展信心，进而在其自主性有效激发的基础上提升其专业发展的内生动力，需要教育主管部门不断优化完善与中学思政课教师专业发展密切相关的，包括师资力量、经费、发展平台等在内的相关保障政策。首先，着力培养壮大中学思政课教师教育师资队伍，不断为中学思政课教师提供授课和咨询等指导服务，在教师专业发展师资保障政策的切实完善中，增强中学思政课教师专业发展的信心。其次，配置中学思政课教师专业发展专项经费，为中学思政课教师适当提供自我提升的资金，保证其能够顺利参与各种专业发展活动，进而在教师专业发展经费保障政策的不断完善中，增强中学思政课教师专业发展的信心。最后，搭建中学思政课教师专业发展平台，为中学思政课教师提供学习和培训的机会与空间，进而在中学思政课教师专业发展相关平台与空间的不断优化中,增强中学思政课教师专业发展的信心。总的来说,推进制度建设和完善保障政策能够给予中学思政课教师专业发展有力的外在支持,这将极大增强教师的底气和信心,从而激发其专业发展的内生动力。

第二节　着力提升中学思政课教师专业发展能力

中学思政课教师专业发展能力是教师主体在专业发展实践中形成并不断提升的,推动促进自身专业素养积累、完善、优化的综合素质,影响着教师专业发展质量与实效。着眼于对中学思政课教师专业发展能力内涵特质的有效把握,可以明晰提升其专业发展能力需要有效增强教师的认知接受本领,切实提高教师的知能管理自主性,以及着力优化教师的规划协调能力。

一、有效增强教师认知接受本领

认知接受是个体对客观世界和自身意识进行认识把握与适应接纳的行为,深刻影响着主体的实践活动。在社会实践活动中,人受多维信息输入的影响,运用自身的认知接受能力吸收内化,产生内在的心理感受,进而支配并主导着自身的思维意识与行为实践。基于对教师认知接受本领内涵特质的有效把握可以明晰,中学思政课教师认知接受本领是教师在成长发展过程中积累完善、理解把握,进而吸收内化认识对象的综合素质的体现,切实影响着教师专业发展。中学思政课教师专业发展作为教师不断迈向专业成熟的动态过程,关注教师专业精神、专业知识与专业能力的有效提升,实质上是教师通过与外界交往作用,进而促进自身专业素养不断完善的成长历程。因此,着眼中学思政课教师专业发展能力,探寻推动促进其专业发展的有效策略,需要有效增强教师认知接受本领。中学思政课教师是教育教学活动的策划者与实施者,为有效完成教学目标任务,需要积极参与专业发展实践,不断提高完善自身开展教学实践活动的能力素质。

在这一过程中，认知接受本领对教师教学实践所需的能力素质的掌握和提升尤为重要，深刻影响着中学思政课教师专业发展的质量与实效。中学思政课是帮助中学生扣好人生"第一粒扣子"，进而树牢正确价值观的重要渠道，"具有学科内容的综合性、学校德育工作的引领性和课程实施的实践性等特征"①，不仅为中学生传授科学理论知识，也帮助中学生树立正确的思想政治观念，引导其更好地分析思考与解决问题。这些使命任务都要求中学思政课教师增强自身的认知接受本领，更好地理解与把握学科内容知识与学科教学知识，掌握和完善教学设计实施能力以及教育研究与反思能力，在切实提高自身专业发展能力中持续推动自身专业发展。同时，中学思政课教学涉及的知识广且内容紧跟时事政治，为提升中学生的获得感进而满足教育教学要求，需要中学思政课教师持续增强自身认知接受本领，更快更好地掌握教学所需的知识能力。习近平总书记强调，"讲好思政课不容易，因为这个课要求高……思政课教学内容要跟上时代，只有不断备课、常讲常新才能取得较好教学效果"②，这再次指明中学思政课教师增强自身认知接受本领，进而提高业务能力与育人水平的现实必要性。总的来说，认知接受本领作为有效理解把握认识对象的综合素质，是中学思政课教师专业发展过程中需要增强提升的重要着力点。

增强中学思政课教师的认知接受本领对于推动促进其专业发展具有重要的现实意义，需要在以下三个方面下功夫：其一，引导中学思政课教师在强化实践参与中增强认知接受本领。实践作为人所特有的对象化活动，是主体认识生成的现实基础，也是增强其认知能力的重要途径。马克思主义强调，"社会生活在本质上是实践的"③，主体"通过实践创造对象世界，即改造无机界，证明了人是有意识的类存在物"④，"我们看到，理论

---

① 中华人民共和国教育部制定. 普通高中思想政治课程标准（2017年版2020年修订）[M]. 北京：人民教育出版社，2020：1.
② 习近平. 思政课是落实立德树人根本任务的关键课程 [M]. 北京：人民出版社，2020：10-11.
③ 中共中央马克思恩格斯列宁斯大林著作编译局. 马克思恩格斯选集：第1卷 [M]. 北京：人民出版社，2012：135.
④ 中共中央马克思恩格斯列宁斯大林著作编译局. 马克思恩格斯全集：第42卷 [M]. 北京：人民出版社，1979：96.

的对立本身的解决,只有通过实践方式,只有借助于人的实践力量,才是可能的"①。这充分指明了实践是人的存在方式,人通过实践不仅能创造世界,而且也能实现自身发展。着力增强中学思政课教师的认知接受本领,需要引导教师积极参与专业发展实践,通过多种形式的实践参与,切实感受教育实践过程中自身的认识接受行为,理解把握自身认知接受的一般过程,以及整个过程所展现的突出特征与其现存问题,使中学思政课教师在专业发展实践中增强自身的认知接受本领。其二,引导中学思政课教师在系统梳理总结中增强认知接受本领。增强中学思政课教师的认知接受本领,也需要强化教师对自身专业发展实践回顾总结的意识,引导其在不断有效的梳理总结中提升自我认知接受能力。具体而言,中学思政课教师要坚持用系统思维梳理总结自身专业发展实践。专业发展作为中学思政课教师通过与外界交互作用以满足自身专业成长需求的必由之路,是教师不断提升认知水平、完善认知能力、增强接受本领的过程。坚持系统思维以整体回顾、系统梳理与总结专业发展的过程,是帮助中学思政课教师切实增强自身认知接受本领的重要途径。同时,中学思政课教师要坚持用辩证思维梳理总结自身专业发展实践。习近平总书记指出,"辩证思维能力,就是承认矛盾、分析矛盾、解决矛盾,善于抓住关键、找准重点、洞察事物发展规律的能力"②。坚持辩证思维,中学思政课教师能够合理分析专业发展实践中矛盾问题的内在本质,捋清制约其认知接受的主要因素,找准推动促进的着力点,切实深化提升认知接受本领的规律性认识,在更好梳理总结中推动自身专业发展。其三,引导中学思政课教师在拓展眼界视域中增强认知接受本领。增强中学思政课教师的认知接受本领,也需要引导教师树立创新思维,通过积极参与多种形式的专业发展实践活动,学习新知识,习得新技能,拓展眼界视域以增强自身的认知接受本领。

---

① 中共中央马克思恩格斯列宁斯大林著作编译局. 马克思恩格斯全集:第42卷[M]. 北京:人民出版社,1979:127.
② 中共中央宣传部. 习近平新时代中国特色社会主义思想学习纲要[M]. 北京:学习出版社,人民出版社,2019:245.

二、切实提升教师知能管理水平

管理作为一种普遍且重要的组织活动,是"管理者通过一定的方式协调各种关系,有效使用和调整人力、物力、财力等管理资源,实现组织目标的过程"①。着眼教师主体专业发展视域,知能管理是中学思政课教师基于对自身成长规律与专业发展规律的切实遵循,通过一定的规范和措施,自省自查并协调管控教育教学实践中专业知能等各种要素,在切实调整与有效配置的基础上,实现自身合理有序专业发展的实践行为。专业知能是中学思政课教师为更好地完成开展思想政治教育,进而帮助学生树立正确的思想政治观念这一目标任务,所需掌握和具备的知识与技能等专业素养。教师知能管理本领作为中学思政课教师检查、调控、优化自身专业知能的素质能力,是其提高专业发展能力进而促进自身合理有效专业发展的重要着力点。

一方面,提升教师知能管理水平,能够帮助教师在把准专业知能现实情况、明确专业发展方向目标的基础上推动自身专业发展。中学思政课教师的知能管理作为教师主体能动性的有效表现,实际上是教师把自身作为管理主体,切实协调与控制专业知能的行为。这种能力素质的形成与完善,实质上是中学思政课教师自我意识与能动性不断发展,由"他律"转向"自律"的动态过程。良好的知能管理本领能够帮助中学思政课教师有效认识、分析、控制与调节自身的专业知能等素养,通过认识把握教师自身专业知能的外在表征及其现实状况,在与党和国家对中学思政课教师专业知能期望要求的多维比较分析中,找准教师专业知能的现实优势与具体薄弱环节,为其锚定自身专业知能切实提升的着力点奠定前提基础,进而帮助中学思政课教师在把准专业发展方向中,推动自身更好地进行专业发展。另一方面,提升教师知能管理水平,能够帮助教师在有效协调各要素、合理利用各资源中推动自身专业发展。着眼中学思政课教师知能管理的内涵本质和一般过程可以得知,良好的知能管理本领不仅能帮助中学思

---

① 《思想政治教育学原理》编写组.思想政治教育学原理:第二版[M].北京:高等教育出版社,2018:305.

政课教师对其自身专业知能各具体能力素养进行要素管理，还能对教师专业知能发展的提升过程进行管理，通过合理运用各种资源、采用不同措施，以推动教师专业知能等各要素的协调发展及其发展提升各环节的科学运行，进而促进中学思政课教师专业发展。总的来说，专业知能管理水平作为中学思政课教师调控优化自身专业知能等能力素养的综合素质的体现，切实影响着教师主体的专业发展。

提升教师知能管理水平具有重要价值意义，是中学思政课教师增强专业发展能力进而推动自身更好专业发展有待强化的重要着力点，需要教师在强化自身思维意识与提高自身能力水平等方面下功夫。一方面，引导中学思政课教师在思维意识的强化中提升知能管理水平。"人的意识不仅反映客观世界，并且创造客观世界。"① 马克思主义强调，"推动人去从事活动的一切，都要通过人的头脑，甚至吃喝也是由于通过头脑感觉到饥渴而开始，并且同样由于通过头脑感觉到饱足而停止。外部世界对人的影响表现在人的头脑中，反映在人的头脑中，成为感觉、思想、动机、意志，总之，成为'理想的意图'，并且以这种形态变成'理想的力量'"②，深刻揭示出人的思想意识对其实践行为的能动作用。中学思政课教师的知能管理本领是教师在专业发展实践中不断形成与完善的重要素质，需要在主体思维意识的主导下得以培养。具体而言，提升教师知能管理水平，需要切实引导中学思政课教师认清知能管理的内涵特征、一般过程和实践要求，理解良好的知能管理水平对教师自身专业发展的重要作用以及明晰提高自身知能管理水平的现实需求，进而不断强化中学思政课教师有效提升知能管理水平的思维意识，在其知能管理自主性的有效增强中不断夯实教师知能管理本领。另一方面，引导中学思政课教师在能力素质的增强中提升教师知能管理水平。增强中学思政课教师的知能管理本领不仅需要强化教师的思维意识，也需要增强教师专业知能提升的综合能力。具体而言，引

---

① 中共中央马克思恩格斯列宁斯大林著作编译局. 列宁全集：第55卷［M］. 北京：人民出版社，2017：182.
② 中共中央马克思恩格斯列宁斯大林著作编译局. 马克思恩格斯选集：第4卷［M］. 北京：人民出版社，2012：238.

中学思政课教师增强对自身专业知能的检查认识能力。提高知能管理水平首先需要引导中学思政课教师认清自身的专业知能，进而更好地明确与把准教师专业知能的实际状况以及发展的现实着力点。同时，引导中学思政课教师增强自身专业知能的提升发展能力。专业知能作为中学思政课教师教育教学所需的重要素质，是教师在专业实践中通过不断的学习和积累持续习得与发展的，切实增强对其管理本领需要教师提高自身对专业知能的学习理解与内化吸收能力，进而在能力的强化中提高教师知能管理水平。此外，引导中学思政课教师增强自身专业知能的管理优化能力。中学思政课教师知能管理水平的提高，也体现在教师对自身专业知能等内在素养科学化管理程度的提升，增强其管理水平也需要引导中学思政课教师合理调控与协调发展教师专业知能，进而在能力素质的优化完善、夯实巩固中增强教师知能管理水平，为教师的专业发展奠定前提基础。

三、着力优化教师规划协调能力

规划协调是个人或组织基于对某一问题的全面考量与整体把握，制定科学合理的任务目标，设计切实可行的行动方案，通过正确处理各种关系，组织运用各种资源，以促进具体任务目标实现的实践行动。着眼教师专业发展视域，中学思政课教师的规划协调主要指教师从自身的能力特点和实际情况出发，基于教育教学任务要求和专业发展现实需要，合理制定自身未来专业发展的方向和目标，策划相应的行动方案，通过调配时间精力、资金投入等资源，以推动自身专业发展。中学思政课教师专业发展作为阶段性的递进过程，需要教师合理规划专业发展的目标与策略，协调发展的阶段过程，进而在目标的不断实现中持续推动教师专业发展。规划协调能力作为中学思政课教师的重要能力素质，是其增强自身专业发展能力的重要着力点。首先，良好的规划协调能力有助于中学思政课教师在明确专业发展方向目标中推动自身规范有序发展。聚焦专业发展的合理规划是中学思政课教师基于自身实际情况，对发展的目标任务、策略路径以及原则要求等问题进行的具体安排，本身就内含着对中学思政课教师专业发展过程中不同阶段以及不同维度与层面的具体目标任务的设定，能够着眼不同方面为其专业发展指明实践方向。同时，中学思政课教师通过协调发展过程中的内在要素与不同阶段，帮助其自身在方向目标的明确中实现规范有序发展。其次，良好的规划协调能力有助于中学思政课教师在不断检测与评估自身专业发展过程与结果中，推动自身合理高效发展。从概念本质来看，聚焦专业发展的规划协调是对中学思政课教师专业发展时间表与路线图的期望和擘画，能够作为一个评价标准，检测与评估中学思政课教师专业发展的实际情况。通过与教师专业发展规划中多维目标任务的比较分析，全面考量与评判自身专业发展过程与结果，能够帮助中学思政课教师在明确专业发展优势、找准专业发展薄弱环节中推动自身专业发展。最后，良好的规划协调能力有助于中学思政课教师在激活发展动力、克服职业倦怠中推动自身持续专业发展。聚焦专业发展的规划协调是中学思政课教师在思想意识主导下，对自身专业发展实践的预设和筹划，需要主体能动作用的有效发挥，能够在明确发展目标、明晰发展途径中调动教师专业发展的积极性与主动性，帮助其有效克服并消除专业发展过程中由方向模糊、任务目标泛化引起的职业消极与倦怠，进而在有效强化教师专业发展动力中推动其专业发展。总的来说，良好的规划协调能力对中学思政课教师专业发展具有促进推动作用，是其需要着力夯实与提升的重要素养。

  良好的规划协调能力能够从不同维度与方面推动教师专业发展，需要中学思政课教师在专业发展实践中持续完善与优化。一方面，引导中学思政课教师在专业实践的分析总结中，优化自身的规划协调能力。马克思主义认为实践是认识的来源和基础，强调"社会生活在本质上是实践的"[1]，深刻揭示出实践在社会生活中的关键作用，是人思想认识、能力素质发展的决定性因素。把握教师规划协调的内涵特质可以得知，中学思政课教师规划协调能力，生成于教师专业发展实践中，影响着自身专业发展并在具体实践参与中不断强化与完善。因此，提升中学思政课教师的规划协调能力也需要聚焦教师规划协调自身专业发展的具体实践活动，引导其在对相关实践的全面分析、系统总结中提高自身的规划协调能力。具体而言，着

---

[1] 中共中央马克思恩格斯列宁斯大林著作编译局. 马克思恩格斯选集：第1卷[M]. 北京：人民出版社，2012：139.

力引导中学思政课教师积极参与自身的专业发展规划协调实践，深度感知实践参与过程中自身的思维意识、认知体验，通过全面回顾与反思专业发展规划协调实践，系统分析并有效总结具体实践中的规律性认识、成功经验以及优化提升的着力点和各环节，进而在意识提升、经验总结中优化自身的规划协调能力。另一方面，引导中学思政课教师在思维的拓展强化中优化自身的规划协调能力。思维作为人类认识的高级层面，着力探究与揭示事物的内在联系和本质规律，对实践活动的有效开展起着重要作用。因此，优化中学思政课教师的规划协调能力需要引导教师不断拓展强化自身关于专业发展规划协调的思维能力，坚持全局思维的培养以优化教师的规划协调能力。在教师专业发展规划协调的实践过程中，中学思政课教师需要深刻理解全局思维的内涵特质，以全局视野深入考虑与把握教师专业发展过程的系统性、阶段性及其影响因素的多维性、复杂性，统揽发展全局，全面系统谋划自身专业发展的时间节点与轨迹路线。同时，中学思政课教师也需要坚持辩证思维的培养，以优化自身的规划协调能力。着眼专业发展的规划协调，需要引导中学思政课教师客观理性地认识专业发展过程，以发展的、普遍联系的思维观察与分析解决问题，有效抓住问题的关键和重点，把准专业发展实践以及规划协调过程中的主要矛盾，做好短期与长期、单项与整体的规划协调。总的来说，良好的规划协调能力对中学思政课教师专业发展具有推动促进作用，需要教师在实践的分析总结以及思维的拓展强化中持续优化。

第三节　引导教师在多维深化教学研究中实现专业发展

教学研究是研究者为提升教学质量实效，通过采用科学研究理念和方法，"有意识、有目的、有计划地对教学现象和教学实践中的事实进行了解、收集、整理、分析，从而发现和认识教学现象的本质和规律的科学研究活动"[①]。系统深入地开展教学研究对中学思政课教师上好思政课，完

---

① 欧阳超. 中学思想政治课教学论［M］. 成都：四川大学出版社，2002：185.

成专业实践活动进而有效引导学生提升学科核心素养具有重要推动作用。着力探赜中学思政课教师专业发展的推动促进策略，需要引导教师着眼深化教学反思研究、强化教学案例研究以及跟进教学对象研究等方面，多维深化教学研究以促进自身专业发展。

一、系统开展教学反思研究

教学反思研究作为研究者针对教学反思进行的研究，是研究教师回顾、评价、总结教学理念、原则、方法以及具体教学实践过程等环节要素的探究活动，是理想状态下教学反思的应然研究与教师自我教学反思的实然研究的统一。结合教学反思研究的一般特征及中学思政课教师的特殊性可以得知，中学思政课教师系统开展教学反思研究能够从不同方面和维度推动促进自身专业发展。一方面，中学思政课教师系统开展教学反思研究能在总结提炼教学经验、找准教学提升着力点中推动自身专业发展。从概念来看，教学反思作为主体的内省行为，是"教师用批判和审视的眼光看待自己的教学思想、观念，以及参与的教学活动，对其中的成败得失及其原因进行思考，获得一定的有关教学的新认识，从而不断提升教学的合理性，并使自己更好地成长的一种活动"[1]。中学思政课教师系统开展教学反思研究，能够更加有效地总结提炼教学经验。教学活动作为复杂的互动性活动，要求多个环节有序推进，多种要素协调配合。因此，着眼教学活动的反思实践同样也需要中学思政课教师坚持系统思维，全面多维回顾总结自身的教学过程与环节。中学思政课教师系统开展教学反思研究有助于教师深度反思自身教学活动，通过全面梳理教学实践中的有效经验以及教学反思过程中的内在体悟，帮助自身在教学经验的总结提炼中形成对教学活动以及教学反思的规律性认识，从而促进自身教学理论的丰富拓展。同时，中学思政课教师通过开展教学反思研究能够更加全面准确地把握教学活动中的薄弱环节以及内在原因，为教师找准教学提升着力点进而更好地进行教学实践奠定前提基础。另一方面，中学思政课教师系统开展教学反

---

[1] 胡田庚，赵海山. 新理念思想政治（品德）教学技能训练：第二版 [M]. 北京：北京大学出版社，2013：128.

思研究，能在教学反思能力的提升中推动自身专业发展。着眼内涵本质可以得知，中学思政课教师专业发展是教师为满足自身专业实践需要，不断提升完善自身专业素养的动态过程。教学反思能力作为以教学实践为依托，以提供更好的教学供给为目的，以科学理念方法对整个教学活动进行回顾、评价、总结与监控的能力，是中学思政课教师开展育人活动必须具备的重要素质，也是推进其专业发展的重要着力点。中学思政课教师系统开展教学反思研究能够帮助其自身在理解与把握教学反思的核心要素、关键环节以及一般过程中提高教学反思能力，使其在教学反思能力的强化中推动促进其他专业素养的协调完善，进而实现有效专业发展。

中学思政课教师通过系统开展教学反思研究进而有效促进自身专业发展，需要在以下两方面持续着力深化：一方面，引导中学思政课教师系统开展理想状态下教学反思的应然研究。教学反思研究作为探索教师审视与省思教学活动的研究，遵循一般科学研究的理念、原则与方法，有着自身的研究范式以及需要探究分析的关键问题。因此，通过系统开展教学反思研究以促进其专业发展，要求中学思政课教师在研究的实际开展中，基于科学研究的应然视角，有效厘清并回应教学反思活动中的一系列基础性重要问题。首先，开展理想状态下教学反思的应然研究，需要中学思政课教师从一般性、原理性层面把握教学反思的概念内涵、本质特性，帮助自身从理论上更加深入理解教学反思实践。其次，开展理想状态下教学反思的应然研究，也需要中学思政课教师在研究过程的切身体验中，深刻认识和感悟教学反思活动对自身教学实践及专业发展的重要作用，为深化认同并坚持开展教学反思实践奠定基础。同时，开展理想状态下教学反思的应然研究，也需要中学思政课教师基于研究实践，切实把握教学反思的不同类型，有效捋清教学反思的一般过程和关键环节，深刻理解教学反思的实践要求和注意事项，实际掌握教学反思的方法路径，进而在着力提高完善自身的教学反思能力中增强教学实效，提升学生的获得感。另一方面，引导中学思政课教师系统开展自我教学反思的实然研究。系统开展教学反思研究不仅需要中学思政课教师从一般性、原理性层面探究掌握关于教学反思的一系列重要问题，也需要其立足自身教学反思实践，把握实际反思过程中的步骤方法和具体要求。具体而言，中学思政课教师需要在对自身教学反思的研究中，切身理解教学反思中包含的回顾教学过程、收集整理重要教学片段、分析探究内在原因、提炼总结经验教训、感悟体会启示启发等基本环节，深刻把握着眼教学理念、教学方法、教学技能策略以及教学效果的反思过程，进而在明确教学反思目的、掌握科学反思方法、熟悉教学反思过程、厘清教学反思着力点以及找准教学反思突破口中，更好地系统地开展教学反思研究。总的来说，教学反思作为帮助中学思政课教师提高自身教学实践水平的有效途径，是其开展专业发展实践的重要着力点。中学思政课教师系统开展教学反思研究，能够帮助其自身更加科学有效地进行教学反思，在教学反思能力水平的切实提升中实现更好的专业发展。

二、切实加强教学案例研究

教学案例研究是基于一定研究目的，把教学实践中的真实情景加以描述或典型化处理，形成供研究者思考分析与学习借鉴的案例，通过采用科学合理的方式方法对案例进行多维剖析，得出可资借鉴的经验规律与有益启发的活动。中学思政课教师通过开展教学案例研究，能够从不同方面帮助自身实现专业发展。其一，中学思政课教师加强教学案例研究，能在分析解决问题的能力素质的切实提升中推动自身专业发展。教学案例研究作为研究者采用合理的方法手段分析探究相关问题的科学研究，是中学思政课教师在专业发展过程中经常开展的实践活动。在这一过程中，中学思政课教师基于对教学案例的深入剖析，发现与梳理案例中所反映的相关问题，通过归纳与对比、思考与探析，切实找准问题中蕴含的内在原因及破解问题的有效路径，使其在发现问题、分析问题与解决问题的良性循环与实践体验中，切实增强自身的逻辑思维能力与问题破解能力，进而在相关能力素质的提升完善中实现专业发展。其二，中学思政课教师加强教学案例研究，能在把准教学实践规律性认识中推动自身专业发展。中学思政课作为"以培育社会主义核心价值观为目的"，"帮助学生确立正确的政治方向、提高思想政治学科核心素养、增强社会理解和参与能力的综合性、活动型学科课程"①，其课程性质与任务反映着课程教学实践的特有规律。中学思政课教师通过开展案例教学研究，基于对不同类型的教学案例进行系统分析，能够全方位、多层面、多维度地梳理剖析思政课教学中的一系列关键问题，找准教学过程中普遍存在的内在矛盾及特有的个性化难题，进而帮助自身在掌握教学规律、强化教学实践性认识中有效实现专业发展。其三，中学思政课教师加强教学案例研究，能在增强教学理论与教学实践的互动中推动自身专业发展。中学思政课教师有效开展教学实践既需要相关教学理论的切实指导，也需要其在具体教学实践中深化认识、总结经验、提炼理论。切实加强教学案例研究既能帮助中学思政课教师依据已有的教学理论，深刻感悟、探究分析不同案例的教学实践过程与环节，也能帮助中学思政课教师在案例教学研究的实践开展中，通过总结规律性认识以及实践经验，深化丰富教学的相关理论，进而在教学理论与教学实践的双向互动中实现自身专业发展。

教学案例研究作为中学思政课教师改善课堂教学质量、提升教学实效的有效路径，能够从多个方面促进教师自身专业发展，需要其在专业实践过程中切实加强。通过对教学案例研究本质特性与一般过程的有效把握，切实加强教学案例研究以实现专业发展，需要中学思政课教师在以下两方面下功夫：一方面，在切实激发中学思政课教师主体性的过程中加强教学案例研究。教学案例研究是思维意识主导下中学思政课教师着力参与的实践活动，需要主体能动作用的有效发挥。马克思主义指出，人作为有意识的类存在物，其实践活动的开展离不开主体思想意识的作用，强调"就单个人来说，他的行动的一切动力，都一定要通过他的头脑，一定要转变为他的意志的动机，才能使他行动起来"②。对中学思政课教师而言，在开展教学案例研究过程中，需要充分调动自身的积极性与主动性，依托课程教学智慧与案例研究经验，有意识地把研究理论与研究实践结合起来，从

---

① 中华人民共和国教育部制定. 普通高中思想政治课程标准（2017年版2020年修订）[M]. 北京：人民教育出版社，2020：1.
② 中共中央马克思恩格斯列宁斯大林著作编译局. 马克思恩格斯选集：第4卷[M]. 北京：人民出版社，2012：258.

不同视角、不同方面剖析教学案例的不同要素与各个环节，特别是着眼于案例中的重要环节，从而进行深入探究并对其内在原因开展有效挖掘，通过阅读案例、分析案例与总结案例，不断提高思维认知能力和教学实践水平，切实发挥教师开展教学案例研究的价值作用。另一方面，在引导中学思政课教师有效把握案例研究的内在要求中加强教学案例研究。教学案例研究以发现和解决教学实践中的矛盾问题为指向，以提升教学质量为目标，需要中学思政课教师有效把握开展案例研究的内在要求。开展教学案例研究要求中学思政课教师基于研究目的，合理选择与运用适宜的教学案例，明确案例性质的典型性、案例设计的问题性、案例内容的真实性以及案例研究的目的性。在具体的分析研究过程中，中学思政课教师需要遵循科学的研究原则，根据研究的目标任务，抓住研究活动的主要矛盾，找准分析探索的着力点与突破口，在有效总结经验启示中激活教学案例研究对自身专业发展的重要价值。总的来说，切实加强教学案例研究对中学思政课教师专业发展具有重要作用，需要其在专业发展实践中持续开展。

三、持续跟进教学对象研究

教学对象作为思政课教学活动中教育者施加可控性教育影响的对象，提升其学科核心素养是教学实施活动的出发点和落脚点。教学对象研究是研究者为全面认识了解教学对象，在深化对其理性认识的基础上以达到更好地开展教学实践活动的目的，进而对教学对象各方面情况进行深入探究。持续跟进教学对象研究不仅有助于教师在更好地认识理解学生中提升教学质量水平，也能帮助其在研究活动的实践开展中切实增强自身的认识把握能力，是推动中学思政课教师专业发展的有效途径。一方面，中学思政课教师在提升认识把握对象的能力中促进自身专业发展。教学对象研究作为科学的研究活动，是教师运用科学方法回应解答有关教学对象一系列重要问题的理论探索。在实践的具体开展过程中，教师作为行为主体，通过探究活动不断满足研究需要的同时也实现自身能力素质的提升。中学思政课教师基于开展教学对象研究，可以深刻感知教学对象的重要地位以及在教学活动中所扮演的角色与发挥的作用，有效认识作为教学对象的中学生的接受特点与认知规律，切实抓住学生成长发展的现实需求，熟练掌握分析研究学生的方式方法，进而使自身在研究实践的持续开展中，加深对学生的理解认识并增强分析把握学生的能力素质。另一方面，中学思政课教师在优化教学供给中促进自身专业发展。中学思政课教师的主要职责是上好思政课，为学生"打牢思想基础"，"提升政治素养"，[①] 这不仅需要增强对教材结构、教学内容的认识与把握，也需要加深对学生的关注和理解。中学生作为课程教学的实际接受者，不仅反馈教学过程，也体现教学效果，其思想行为在成长发展中受多维因素的影响作用而不断变化，这都要求中学思政课教师持续深化对中学生的理解认识，关注其思想波动、情感起伏、个性表达。中学思政课教师持续推进教学对象研究，能够及时有效地掌握学生的思想动态、行为习惯、认知疑惑、成长需求等关切学生发展的一系列问题，为自身合理组织教学要素、设计教学环节、安排教学内容、选用教学方法并营造教学空间提供有益参考，进而在教学供给的不断优化中推动自身实现专业发展。总体而言，中学思政课教师开展教学对象研究能够提高认识把握学生的能力素质，并不断优化教学供给从而实现自身专业发展。

开展教学对象研究能够切实推动促进教师专业发展，需要中学思政课教师在专业实践中持续跟进。其一，在把握中学生需求特点的基础上持续跟进教学对象研究。马克思在《德意志意识形态》中强调了人的需求是人的本性，指出"他们的需要即他们的本性"[②]，"任何人如果不同时为了自己的某种需要和为了这种需要的器官而做事，他就什么也不能做"[③]。为此，把握学生的需求展现出独特的重要性和必要性。中学阶段是塑造学生正确思想观念的关键时期，学生有思想品德与法治素养提升的现实需求。在持续推进教学对象研究的过程中，中学思政课教师需要厘清学生需求的

---

① 关于深化新时代学校思想政治理论课改革创新的若干意见［M］. 北京：人民出版社，2019：5.

② 中共中央马克思恩格斯列宁斯大林著作编译局. 马克思恩格斯全集：第3卷［M］. 北京：人民出版社，1960：514.

③ 中共中央马克思恩格斯列宁斯大林著作编译局. 马克思恩格斯全集：第3卷［M］. 北京：人民出版社，1960：286.

具体内容及其在不同维度与方面的表现形式,把准需求呈现的基本特点,明确需求对学生情感生发、理想形成、人格发育以及行动实践的驱动作用,进而在把握学生需求中更好地开展教学对象研究,以促进自身专业发展。其二,在厘清中学生思想认知疑虑的基础上持续跟进教学对象研究。思政课关注学生的思想问题与实际问题,注重在问题的有效解决中开展教学。习近平总书记强调,思政课"要坚持问题导向,学生关注的、有疑惑的问题其实也就几大类,要把这些问题掰开了、揉碎了,深入研究解答,把事实和道理一条条讲清楚"[1]。当前,中学生思想道德方面的总体情况是健康的、积极向上的,但也存在着道德与理想的趋利性、崇高理想的淡化、道德观念与道德行为的离散性等一些不可忽视的问题。[2] 因此,中学思政课教师在持续跟进教学对象研究中需要坚持问题导向,积极探究学生思想认知的困惑点、理论学习的疑虑点、状态情绪的波动点以及实践行为的薄弱点,在切实抓住学生认知疑惑与实践薄弱环节中推进教学对象研究,以增强课堂吸引力和针对性。其三,在理解中学生行为特征的基础上持续跟进教学对象研究。中学生的实践行为往往承载着其人生态度、思想观念、政治观点和价值取向等,对有效把握学生的思想道德素质具有重要作用,是教师开展教学实践需要关注的重点。中学思政课教师进行教学对象研究,需要在有效理解学生行为特征、把握学生实践行为背后的内在逻辑及其反映的实际问题中持续跟进与深化,进而在研究的深入开展中提升思政课教学实效,以推动促进自身专业发展。

第四节　发挥评价功能促进中学思政课教师专业发展

中学思政课教师专业发展是教师不断积累专业素养、提升专业水平以

---

[1] 习近平. 思政课是落实立德树人根本任务的关键课程［M］. 北京:人民出版社,2020:20.
[2] 高青兰,张建文,郑瑜. 中学思想政治课教学论［M］. 北京:人民出版社,2013:118-122.

更好地胜任思政课教学的持续过程,是推动中学思政课教师队伍建设的现实需要,也是保证思政课育人实效的必然要求。教师评价是"指挥棒""风向标",事关教师发展方向。评价因其具有的管理、诊断、反馈、导向、激励等功能,从增强教师专业发展意识、明确教师专业发展内容、激发教师专业发展活力、完善教师专业发展保障等方面,不同程度地推动促进中学思政课教师专业发展。

一、以评价增强中学思政课教师专业发展意识

意识是客观世界的主观映象,是人脑这种特殊物质的机能。马克思强调:"观念的东西不外是移入人的头脑并在人的头脑中改造过的物质的东西而已。"[①] 中学思政课教师专业发展意识形成于教师对专业发展这一概念的准确认识,是教师专业素养自主、持续、协同提升的意识,指引着教师专业发展实践。评价作为"对客体属性同主体需要之间的满足程度的判定"[②],具有指挥棒作用,在调动中学思政课教师对专业发展的重视和关注的基础上,通过自身理念意蕴帮助教师准确把握专业发展的方向原则、本质特征和关键价值,强化教师基于接受认同的专业发展意识。

(一) 以主体性评价增强中学思政课教师专业发展自主性意识

主体性评价既是一种评价方式,更是一种评价理念,是指"能尊重多元价值取向,有被评价者广泛参与,以实施自我教育为核心,促进主体性发展为目标的评价活动"[③]。主体性评价强调尊重评价对象的主体地位和多样需求,通过促进评价对象自觉参与评价过程,在主动配合评价、接受评价反馈和促进自我评价中,充分调动其自主性、积极性,从而实现自身成长发展。对中学思政课教师开展主体性评价,强调在评价教师的同时,高度重视教师的主体地位和自我评价的重要作用,帮助教师将评价反馈的

---

① 中共中央马克思恩格斯列宁斯大林著作编译局. 马克思恩格斯选集:第2卷 [M]. 北京:人民出版社,2012:93.
② 冯刚,等. 高校思想政治教育工作质量评价研究 [M]. 北京:人民出版社,2020:10.
③ 李亚东,田凌晖. 主体性评价及其模式初探 [J]. 教育科学研究,2002 (7):24.

外在激励与自我评价的内在省思相结合,切实增强中学思政课教师成长发展的自觉意识。主体性评价有利于消除评价主体与中学思政课教师之间的对立情绪,促进教师在相互理解中更好地认识评价、接受评价,在增强教师自觉参与评价工作意识的基础上,通过评价反馈帮助教师发现自身存在的问题,进一步强化教师专业水平提升意识。主体性评价在注重教师参与评价积极性的同时,还强调评价过程中中学思政课教师主体性发挥的程度,通过鼓励教师依据评价内容、标准以及反馈进行自我反思和自我评价,注重教师主观能动作用发挥,使教师评价真正成为教师自我认识、自我约束、自我改进、自我完善的过程,形成强烈的专业发展自主性意识。

(二)以发展性评价增强中学思政课教师专业发展持续性意识

发展性评价是以促进评价对象持续发展为指向,依据发展性目标,运用科学方法对评价对象的发展进程进行考核和评估。从教师评价视角来看,"发展性教师评价以人的可持续发展理念和现代教师发展观为指导,以促进教师个体发展和提高教育教学质量为目的,以教师发展过程为评价对象",旨在使教师"在评价活动中不断认识自我、完善自我和发展自我"。[①] 在发展性教师评价中,教师既是发展的第一主角,其成长进步也是发展的终极目标。中学思政课教师专业发展是一个长期持续的过程,具有明显的阶段性和动态性,在这个过程中,教师根据党和国家对中学思政课教师提出的与时俱进的素质要求,持续提升自身的专业水平。评价本身具有突出的发展性,随着评价对象、评价方法和评价需求的不断变化,以及学科理论的发展而不断发展。发展性评价更突出发展的指向性和持续性,对中学思政课教师开展发展性评价,能够持续有效推动教师专业发展。发展性评价作为一种新的评价理念,强调最大限度开发教师的潜能,在将教师的成长与发展作为根本价值导向的基础上,"注重评价与教师发展阶段的适宜性和契合性,以提供更切实准确的评价反馈,从而不断激起教师自我发展、自我实现的热情和需要,强化教师持续发展意识,达到以

---

① 高鹏怀,马素林. 发展性评价:提升思想政治理论课教学质量的重要绩效工具[J]. 思想理论教育导刊,2008(1):78.

评价促发展的效果"①。发展性评价既关注中学思政课教师成长发展过程，更指向教师未来的发展进路，强调帮助教师通过评价明确发展现状、发现实际问题，实现现有基础上的改进完善，突出发展的连贯性、持续性。中学思政课教师在接受评价中强化发展意识，从而为持续性地专业发展奠定基础。

（三）以系统性评价增强中学思政课教师专业发展协同性意识

系统性评价是指依据不同的对象特点和目标要求，选取适当的评价方法，针对评价对象的各项内容，进行全面、系统、有序评价的活动，突出"评价主体的多样性、评价方法的多元性、评价过程的系统性、评价信息的全面性和评价活动的调控性"②，强调通过各要素的有序配合、协调互动，保证评价科学有效。对教师而言，系统性教师评价是在保证评价设计专业化、评价内容全面化和评价实施科学化的基础上，将系统开展评价活动得到的评价结果渗透到教师专业发展的各阶段各环节，以评促改，推动教师协同发展。立足思政课教师队伍高质量、科学化建设的时代要求和时代新人全面发展的目标任务，中学思政课教师面临全面协同发展的现实需要。一方面，系统性评价能推动中学思政课教师各专业素养的协同发展。中学思政课教师除了需要具备满足教学实际需要的专业知识和专业能力外，还应当在政治素质、专业道德和专业理念等方面的提升上下功夫。对评价对象的系统考察，能够从教师专业素养发展的不同维度较为客观地反映对象的真实情况，为教师扬长补短实现各项专业素养协同发展提供依据，同时在实践中不断强化协同发展意识。另一方面，系统性评价能促进中学思政课教师各阶段发展目标的协同一致。不同发展阶段的中学思政课教师，其专业发展的着力点各有侧重。系统性评价通过多层次、多方面考察教师专业发展过程的实际状况，既能从整体上把握教师发展全局和旨

---

① 聂小雄. 以评价促进思政课教师专业发展探论［J］. 中学政治教学参考，2022（36）：77.
② 白虹雨，朱德全. 职业教育课堂教学系统性评价：理念、设计与实施［J］. 职教论坛，2016（15）：82.

归，又能在长远目标下根据阶段侧重，帮助中学思政课教师解决问题、实现提升，从而保证不同阶段教师专业发展目标的协同一致。

二、以评价明确中学思政课教师专业发展内容

中学思政课教师专业发展是教师以专业发展自觉意识为基础，不断积累自身专业素养，提升专业水平的过程。在这一过程中，教师专业发展的内容指向就是教师作为专业人员所应具备的专业素养。思政课内容丰富且紧跟时代，"讲好思政课不仅有'术'，也有'学'，更有'道'"，"这样的特殊性对教师综合素质要求很高"。① 以评价促进教师专业发展的一个关键点，在于评价具有鲜明的指引功能。评价内容与教师专业发展内容具有密切联系，评价能够帮助中学思政课教师明晰专业发展的素养要求、重点以及自身的薄弱环节，使教师在厘清各项专业素养之间相互关系的基础上，以专业发展为指引，向着更高目标迈进。

（一）依据评价指标明确素养要求全貌

评价指标是"表明评价对象某一特征的概念及其数量表现"，"具有定性认识和定量认识的双重作用"，② 是为达到评价要求、实现评价目的服务的。从教师的视角来看，教师评价指标是根据不同评价对象，针对不同评价问题，采用适当评价方法，对教师各方面内容的具化描述。就其本质而言，教师评价指标是各要素的集中体现，既是对教师的外在管理和考核，又是对教师的现实期望和内在要求。依据评价指标，教师能够明确发展方向和内容，通过制定发展目标，在自我监督和管理下，不断提升自身专业素养。思政课"要让信仰坚定、学识渊博、理论功底深厚的教师来讲"③。教师评价作为管理教师的重要抓手，能帮助中学思政课教师明晰

---

① 习近平. 思政课是落实立德树人根本任务的关键课程 [M]. 北京：人民出版社，2020：11-25.
② 邱均平，文庭孝，等. 评价学：理论·方法·实践 [M]. 北京：科学出版社，2010：136.
③ 习近平. 思政课是落实立德树人根本任务的关键课程 [M]. 北京：人民出版社，2020：12.

自身专业发展所需要的基本素养。立足新时代，面向思政课教学守正创新的新任务，中学思政课教师更要明晰自身专业素养的具体内涵以及发展程度要求。通过系统全面的评价指标，中学思政课教师能在教育教学实践中明确自身应当全面具备的素养要求，在把握自身发展方向和内容的基础上，为更好地实现专业发展提供有效指引和有力支撑。

（二）依据评价层次明确素养发展重点

促进教师专业发展，既需要明确教师专业发展的素养内容，又需要把握素养内容的内部结构，厘清素养构成要素及其相互之间的关系。只有弄清楚不同维度各素养的本质要求与具体功能，才能在专业发展过程中精确把握素养提升的着力点。教师评价是对教师现有工作价值和发展潜能做出判断的活动，是一项从多角度、多层次、多维度展开的系统工程，对明确教师素养要求结构，找准素养发展重点具有重要的借鉴价值。中学思政课教师因所授课程的特殊性和自身专业发展的阶段性，对其专业素养要求既有侧重，也呈现出鲜明的层次特征。依据教师评价体系中评价内容指标的层次结构，教师能在把握素养要求层次的基础上，明确自身专业素养提升的着力点，厘清专业发展各素养要求的逻辑结构和相互关系。此外，思政课内蕴的政治性要求中学思政课教师除了具备专业道德、知识和能力外，还需要有良好的政治素质，这也成为中学思政课教师评价的首要标准。总的来说，中学思政课教师评价的关键点也是其专业发展的重点，通过厘清评价的层次结构，教师可以更好地把握各素养的内在逻辑，实现重点提升。

（三）依据评价反馈明确素养薄弱环节

反馈是控制论的基本概念，是指将系统的输出返回到输入端并以某种方式改变输入，进而影响系统功能的过程。① 在教师评价视域下，评价反馈是评价主体在依据评价标准对评价对象做出价值判断后，将评价结果以某种方式回授给评价对象的活动。评价具有管理、调节、激励等功能，而

---

① 卢志恒. 控制论引论 [M]. 北京：北京师范大学出版社，1994：96-109.

这一系列功能的实现，都需要通过评价反馈来作用和完成。将评价反馈与评价内容标准进行对照，可以帮助中学思政课教师明确自身是否达到了评价标准以及达到评价标准的程度，进而发现自身存在的问题，找准专业素养提升的着力点。中学思政课教师评价反馈是在结合党和国家对思政课教师提出的素养要求的基础上，将教师实际情况与评价标准进行比较分析进而形成评价结果，对教师准确把握自身专业素养现状具有重要意义。根据评价反馈，中学思政课教师不断内省自身专业素养实际，在明确素养优势的同时，找准自身专业素养的薄弱环节，有的放矢地弥补专业素养存在的不足，在优势发挥和短板补齐结合中实现专业素养的全面提升。

三、以评价激发中学思政课教师专业发展活力

活力通常指旺盛的生命力，比喻事物具备的维持自身运行发展的内在力量。教师专业发展活力往往用于表达教师专业发展实践行为的生动性，是教师基于教育情怀和教师担当，在专业发展意识的基础上产生的旨在追求专业素养自主提升的力量，具有自主性、内隐性等特征。通过厘清评价与教师发展之间的关系，把握评价的活力调动机制，可以有效激发教师专业发展活力。

（一）发挥结果评价的双向激励作用

结果评价是指参照评价目标，依据评价标准，将评价对象的现实状况与评价内容进行对标分析后，以静态结果的呈现方式对最终效果进行的判断，是"通过提供被评价对象的成就水平或者目标实现程度的证据而实现的"[①]。结果评价在我国教师管理体系中一直都发挥着重要作用，通过对教师专业素养的发展情况和教育教学任务的实现程度及效果进行评判，并基于结果给予教师反馈，经由教师接受内化发挥正反双向激励作用，激发教师专业发展内在活力。中学思政课教师的结果评价既是在教育教学活动结束后对其质量和效果所进行的判断，又是对教师专业素养现状的衡量与

---

① 李永生，蔡芳. 新时代职业教育评价改革及其体系的构建[J]. 中国职业技术教育，2021（28）：11.

呈现，因其清晰直观和简单易行而被广泛应用。为实现评价目标，评价主体从不同维度设计开展教师结果评价，通过评价结果全面、直观地呈现，为中学思政课教师认清自身教学效果和素养水平提供有效反馈，并在比较过程中从正反两方面激发自身专业发展活力。一方面，通过自我评价和外部评价等形式，对中学思政课教师专业素养与评价标准要求之间的一致性程度进行评判。评价给予中学思政课教师素养优势的肯定，将发挥结果评价的正向激励作用，同时明确中学思政课教师存在的不足，将增强教师素养提升的内在活力，发挥结果评价的反向激励作用。另一方面，对教师的结果评价也包括对教师教育教学活动的实际效果和科研任务的完成情况进行评价。中学思政课教师通过了解掌握评价的直观结果，把教育获得感和评价压力转化为发展活力，进而发挥结果对教师专业发展的双向激励作用。

(二) 发挥过程评价的渐进推动作用

过程评价是着眼事物发展过程进行的动态衡量，是聚焦某一阶段、围绕评价指标持续观察与考核评价对象的评价方式。过程评价更多关注评价对象的动态发展，多是从前后变化的对比视角进行评价，有助于了解评价对象的发展变化历程和真实水平，实现自身的纵向比较。[1] 在评价活动中，过程评价通过克服结果评价"不重过程只重结果、目标单一"等局限性，不断调节、完善以及引导评价活动的开展，旨在更准确地反映评价对象的真实水平，从而促进评价对象的有效发展。在中学思政课教师过程评价中，评价主体通过长期的追踪、观察和反馈，了解掌握教师教育教学等工作的开展实施过程和效果，重点关注教师专业能力素养的动态变化及发展趋势。评价是价值认识的一种形式，其"目的是获得客体价值的正确的价值判断，以指导实践"[2]。作为评价内容的专业素养具有抽象性和模糊性，因而过程评价更能准确全面地反映中学思政课教师素养的实际水平。在过

---

[1] 赵静.高校思想政治教育工作质量评价的基本原则[J].思想教育研究，2018 (2)：71.
[2] 黄枬森.马克思主义哲学体系的当代构建[M].北京：人民出版社，2011：962.

程评价开展中，经过对中学思政课教师的持续考核与反馈，在逐步形成对教师素养真实水平准确认识的同时，更重要的是在"评价—认识—实践"的循环往复中螺旋发展，让中学思政课教师更为直观地感受到自身素养的变化，持续激发教师专业发展活力，并在评价反馈和调整改进的良性互动中逐渐提高专业发展水平。

（三）发挥定性和定量评价的需求激发作用

定性评价一般指"用语言描述形式以及哲学思辨、逻辑分析揭示被评价对象特征的信息分析、处理方法"，目的在于"把握事物质的规定性，形成对被评价对象完整的看法"。① 定量评价一般指"用数值形式以及数学、统计方法反映被评价对象特征的信息分析、处理方法"，目的在于"把握事物量的规定性，客观简洁地揭示被评价对象重要的可测特征"。② 定性评价和定量评价有各自的特点和优势，在评价过程中发挥着不可替代的重要作用。教师评价因其评价内容和目标的多维性，是一项复杂的活动，只有科学合理地将定性评价和定量评价结合起来，才能较为客观地反映教师的实际情况，为教师和评价主体提供准确反馈。发挥定性评价和定量评价的作用，可以帮助中学思政课教师在从质性和量化维度准确把握自身现状的基础上，明晰专业发展需求。一方面，采取"归纳和演绎、分析与综合以及抽象与概括、经验判断与观察的方法"对中学思政课教师进行定性评价，③ 着眼教育工作实际效果以及教师自身专业素养等内容，对教师形成质性科学判断。这一判断提供基于教师素养现状与评价标准对比得出的结论，可以帮助教师明晰自身存在的优势和不足，激发教师补齐专业素养短板的需求。另一方面，从一定维度对中学思政课教师进行定量评价，可以从数量上较为精确地反映教师工作及其能力素养的局部或整体面貌，以帮助教师明确专业素养提升的着力点以及提升程度，生成切实可行的目标和需求，持续有效激发教师专业发展活力。

---

① 冯刚，等.高校思想政治教育工作质量评价研究［M］.北京：人民出版社，2020：59.
② 冯刚，等.高校思想政治教育工作质量评价研究［M］.北京：人民出版社，2020：59.
③ 冯刚，等.高校思想政治教育工作质量评价研究［M］.北京：人民出版社，2020：59.

四、以评价完善中学思政课教师专业发展保障

评价因结果的反馈呈现和价值的判断衡量，具有特定的导向功能，不仅能帮助教师增强专业发展自主意识，明确专业发展现实着力点，激发专业发展需求活力，也能不断完善教师专业发展的外在保障。开展中学思政课教师评价，可以有效提高社会和学校对教师专业发展的重视程度，从而在制度、投入和人员等方面，切实完善中学思政课教师专业发展保障。

（一）发挥制度层面的评价导向作用，优化中学思政课教师专业发展政策

教师专业发展政策是帮助教师持续提升专业素养，进而提高教师队伍整体质量的规定准则，有利于提升教师专业地位。"教育评价事关教育发展方向，有什么样的评价指挥棒，就有什么样的办学导向。"[①] 在这一意义下，教师评价的导向功能不仅体现在引导教师朝着目标要求不断完善专业素养、提高工作质量，也能在一定程度上为党和国家制定完善教育政策提供参考与借鉴。对中学思政课教师而言，依据评价标准开展的教师评价，指明了教师专业发展的方向和着力点。为保证教师作用的发挥，教书育人使命的践行，党和国家聚焦教师评价重点和教师专业发展关键点，制定出台了各项政策制度，以保障中学思政课教师的专业发展。一方面，围绕中学思政课教师评价的目标原则、指标内容以及中学思政课教师专业发展的现实需要，党和国家逐步制定与优化完善中学思政课教师专业能力素养标准和中学思政课教师专业发展专门政策意见。另一方面，中学思政课教师评价的制度导向还体现在推动中学思政课教师专业发展相关配套政策文件的完善上。中学思政课教师专业发展贯穿教师从教生涯全过程，依据教师评价反映的关键重点和突出问题，党和国家从完善中学思政课教师队伍建设、职称评聘等制度，以及优化中学思政课教师职前培养、入职培训和职后培训政策意见等角度，为教师专业发展提供制度支持和保障。

---

① 深化新时代教育评价改革总体方案[M]．北京：人民出版社，2020：1．

(二) 发挥投入层面的评价导向作用，完善中学思政课教师专业发展支持

思政课教师作为开展马克思主义理论教育、运用习近平新时代中国特色社会主义思想铸魂育人的中坚力量，其发展离不开外在投入的支持和保障。《新时代高等学校思想政治理论课教师队伍建设规定》指出，要在师资建设上优先考虑，在资金投入上优先保障，在资源配置上优先满足，要建立思政课教师培训体系，以加强思政课教师队伍建设，① 中学思政课教师队伍建设、专业发展同样如此。中学思政课教师评价具有投入的导向作用，能够引导推动中学思政课教师专业发展资金的配齐和中学思政课教师培训体系的建立优化，从而为教师专业发展提供有力支持。中学思政课教师评价能够帮助国家相关部门明晰中学思政课教师队伍现状和队伍建设着力点，并在此基础上调整优化经费投入，不断配齐中学思政课教师队伍建设经费，从而为中学思政课教师专业发展提供物质保障。同时，中学思政课教师评价能够帮助教育主管部门、学校明确教师队伍质量与整体水平以及教师专业发展过程中面临的问题，并以教师专业水平提升为指向，积极创新中学思政课教师培训模式方法，有效整合和利用培训资源，合理优化培训管理以建立更加完善的培训体系，为中学思政课教师专业发展提供支持。

(三) 发挥人员层面的评价导向作用，构建中学思政课教师教育研究队伍

评价作为人认识把握客观事物的一种工具，为人的意志行动提供参考借鉴，服务于人的发展目标。评价的这种"属人性"，决定了评价导向作用中最直接、最关键的人员导向。人不仅通过开展评价并依据评价结果调整自身行为，而且评价活动本身也引导其他人关注和参与。就中学思政课教师专业发展而言，这种人员导向体现在理论研究和实践发展两个方面。一是引导学者深化对中学思政课教师专业发展的研究。评价揭示的中学思政课教师素养要求和现实水平之间的矛盾指向教师素养提升的迫切需要。如何实现这一目标，前提是厘清中学思政课教师的素养要求，明晰素养形

---

① 新时代高等学校思想政治理论课教师队伍建设规定 [EB/OL]. 中国政府网，2020-01-16.

成积累的客观规律，把握专业素养持续发展的动态过程。这就需要研究者们坚持问题导向和实践需要，着眼教师素养的积累与提升，通过本质剖析和规律把握，为中学思政课教师专业发展奠定理论基础。二是推动促进中学思政课教师教育师资队伍的建立。在实践层面，评价通过对问题的揭露，必然导向问题的解决与改进。中学思政课教师的重要地位以及评价反映的教师素养现状，都提出了教师素养持续提升的现实需要。习近平总书记强调："教育者先受教育。"① 为破解这一问题，中学思政课教师教育师资队伍的建立展现出突出必要性。充分发挥教育这一最有效的人才培养方式，结合系统专业的知识、有效管用的课程形式，切实将中学思政课教师专业发展规范化。

---

① 习近平. 习近平谈治国理政：第二卷［M］. 北京：外文出版社，2017：379.

结语

不断拓展深化中学思政课教师专业发展研究

中学思政课教师专业发展研究是顺应教育高质量发展趋势和学科发展要求提出的重要课题，是深化思想政治教育理论研究和推动中学思想政治教育实践发展的重要着力点。教师专业发展是教师为有效开展教育教学实践，以自主发展意识和外在要求期待为动力支撑，促进自身专业素养全面提升、协调推进、持续完善的过程，关注和强调教师主体作用的有效发挥以及教师专业发展内容的适用性、发展方式的时代性和发展过程的渐进性。本书聚焦中学思政课教师，探讨教师专业发展问题，既是中学思想政治教育质量提升的迫切需要，也是高素质专业化中学思政课教师队伍建设的必然要求，更是对思政课教师理论和实践研究深化拓展需要的现实回应。作为理论统一于实践的重要命题，中学思政课教师专业发展研究既有系统的理论支撑，又有鲜明的实践导向。探究中学思政课教师专业发展是进一步深化思政课教师理论研究的着力点和突破口，能够有效回应当前中学思政课教师研究中存在的现实问题，切实破解中学思政课教师成长发展的难题。同时，开展中学思政课教师专业发展研究，也能有效强化教师专业素养、提升中学思政课教育教学质量、推动思政课教师队伍专业化建设。因此，中学思政课教师专业发展展现出的重要理论价值和实践价值支撑着本书的研究内容。本书在明确中学思政课教师专业发展概念内涵、理论依据和现实需要的基础上，系统归纳总结中学思政课教师专业发展内容要素框架，结合测评数据建构出专业发展内容要素体系，通过参照借鉴教师专业发展阶段划分依据以及征询调研结果，切实阐释中学思政课教师专业发展的基本阶段。同时，经由理论探讨并基于调研数据，深刻把握影响中学思政课教师专业发展的主要因素，从而提出促进中学思政课教师专业发展的有效策略，以形成对中学思政课教师专业发展的系统学理阐释和实证研究。

聚焦中学思政课教师专业发展，本书坚持系统思维，在有效分析多维调研数据的基础上，探究了中学思政课教师专业发展的一系列重要问题，虽然在具体研究过程中，笔者迫切希望通过反复学习党和国家关于思政课特别是中学思政课的一系列政策文件、规定标准，以及学界关于教师专业发展和思政课教师的研究成果，并结合针对具体问题开展的不同维度的实证调研，以期形成的最终研究成果既有深入的学理阐释，又有多维实证数据的有力支撑，使研究充分契合中学思政课教师实际并切实解决其专业发展的现实问题，但囿于笔者知识储备和研究能力的局限性，一些问题的探讨还有待进一步深入。

一、研究框架的完善

教师专业发展研究作为教育学中一个重要研究视点与方向，是一门系统化、规范化的科学研究。本书在充分借鉴吸收教师专业发展理论的基础上，结合中学思政课教师实际探讨其专业发展问题，研究框架还需进一步完善。一方面，拓展现有研究框架的深度。首先，中学思政课教师专业发展的概念内涵需要进一步明晰。作为破解中学思政课教师成长发展难题的交叉研究，如何立足思想政治教育发展实践，更加有效地学习吸收中学教师专业标准、中学思政课程标准等相关政策文件，深入把握教师专业发展理论，并结合专题访谈数据，切实把准中学思政课教师专业发展的本质内涵，需要进一步深化探究。其次，内容要素作为中学思政课教师从事教育教学实践的素养要求，是其专业发展的现实着力点，也是不断变化发展的，需要进一步梳理总结习近平总书记关于教师特别是思政课教师素养的重要论述，以发展的眼光从中学思政课程标准中概括提炼教师专业素养，并结合相关调研数据对初步建构的内容要素体系进行优化完善，明确其现实指向和内在逻辑关系。再次，继续深化中学思政课教师专业发展阶段研究。作为研究的重难点问题，探究中学思政课教师专业发展基本阶段，并对各阶段进行素养描述，可以帮助不同阶段的中学思政课教师明确自身专业发展的实际情况和主要任务，有利于指导和促进不同发展阶段的中学思政课教师成长发展。虽然本书基于理论、政策、实践多维阶段划分依据和三轮征询调研，对不同发展阶段的中学思政课教师专业素养进行了应然描述，但对各发展阶段的素养描述仍然需要进一步具体化、详细化，并有效概括总结不同阶段中学思政课教师专业发展的现实困境等问题。最后，进一步挖掘影响中学思政课教师专业发展的主要因素。在对调研数据的分析处理过程中，不仅需要有效地描述性分析，还可以通过采用回归分析等方法，厘清影响因素的内在关联。另一方面，拓展现有研究框架的广度。教师专业发展作为教师自主专业成长的必由之路，受多种因素的共同作用、交织影响，其丰富的内涵底蕴有待继续挖掘，本书只是着力探究了中学思政课教师专业发展的概念内涵、理论依据、现实需要、内容要素、基本阶段、影响因素以及推动促进策略等方面，关于教师专业发展的现实状况、制度机制、评价考核和条件保障等一系列重要问题仍需要进一步探究和分析。

二、研究方法的深化借鉴

研究方法是揭示事物本质及其内在规律的工具和手段，关系着研究结果的可信度和有效性。基于理论与实践探究中学思政课教师专业发展问题，涉及多个学科领域，本身就需要采用多种研究方法共同发挥作用，同时还需要重视对研究方法的深化和借鉴。一方面，着眼对现有研究方法的持续深化。本书聚焦中学思政课教师专业发展这一关键命题，综合运用了文献分析法、跨学科研究法、系统分析法、实证调研法等方法，在采用文献分析法时，需要更加全面学习与梳理相关的政策文件以及学界的相关研究，通过不断地抽象概括、归纳总结，进而提炼出有益研究的规律性认识。在采用系统分析法时，需要更加强调系统思维，多维分析处理调研数据，并对现有研究框架的内在逻辑、结构关系以及具体阐述的推理论证、归纳演绎进一步完善优化，以形成更加系统全面的综合性研究。在采用实证调研法时，需要深化对征询调研、专题访谈、问卷调查等数据收集方法的认识和理解，结合选用的方法和待解决的实际问题，进一步细化具体分析研究方案、流程与内容要素，进而充分发挥实证调研的作用。另一方面，加强对相关研究方法的合理借鉴。合理借鉴教育学中的个案研究法。教师专业发展作为教师走向专业成熟的过程，通过个案研究能够更加详细、全面地了解这一过程，厘清其运行逻辑以及各要素之间的相互关联，以得出更加深入全面的认识和结论。借鉴社会学中的田野调查法，该研究方法能够切实走进教师专业发展现场，有效获取第一手原始资料，适用于中学思政课教师专业发展阶段的追踪调研，同时也有助于对中学思政课教师专业发展现状的有效把握。

三、研究视域的拓展

视域本义是指一个人的视力范围，引申为主体基于自身思维与能力对事物认识的广度和深度。拓展中学思政课教师专业发展的研究视域，需要树立开放的观念，以发散的思维认真审视整个研究。教师专业发展是在教师专业化的重心由群体转向个体的基础上逐步被关注和重视起来的，强调教师主观能动作用的发挥，通过专业素养的提升与完善，以更好地适应教学实践活动。本书将教师专业发展理论与中学思政课教师实际进行了深入结合，并针对具体问题开展了不同维度的实证调研和数据分析，回应了中学思政课教师专业发展中的一系列关键问题，形成的研究框架具有较好的拓展性。虽着眼于中学思政课教师，但研究框架与解决问题的思路对高校思政课教师仍然具有适用性。因此，聚焦高校思政课教师，结合其内在特性与现实问题，探究高校思政课教师的专业发展是下一步有待深化的重要着力点。同时，围绕探索适应阶段、增速成长阶段、成熟稳固阶段以及融会贯通阶段中的某一具体阶段的思政课教师，探究其专业发展问题，也是未来可以继续深化的重要方向，能够有效夯实完善思政课教师专业发展研究。

中学思政课教师专业发展研究内涵丰富，需要坚持不懈、绵绵用力，继续挖掘。以上是笔者对未来拓展深化的一些思考和简论，对于在具体研究开展中如何运用落实，还需要深入学习、持续努力并不断探索。

参考文献

一、中文专著

[1]《思想政治教育学原理》编写组.思想政治教育学原理:第二版[M].北京:高等教育出版社,2018.

[2]《中华人民共和国学校思想政治理论课重要文献选编》编写组.中华人民共和国学校思想政治理论课重要文献选编[M].北京:人民出版社,2022.

[3] 艾四林.新时代如何办好思想政治理论课[M].北京:人民出版社,2019.

[4] 北京教育学院品德、政治教师培训课程指南项目组.中小学品德、政治教师培训课程指南[M].北京:北京师范大学出版社,2015.

[5] 陈万柏,张耀灿.思想政治教育学原理:第三版[M].北京:高等教育出版社,2015.

[6] 陈先达,杨耕.马克思主义哲学原理:第4版[M].北京:中国人民大学出版社,2016.

[7] 陈永明.现代教师论[M].上海:上海教育出版社,1999.

[8] 单中惠.教师专业发展的国际比较[M].北京:教育科学出版社,2010.

[9] 邓小平文选:第三卷[M].北京:人民出版社,1993.

[10] 邓小平文选:第一卷[M].北京:人民出版社,1994.

[11] 丁钢.中国中小学教师专业发展状况调查与政策分析报告[M].上海:华东师范大学出版社,2010.

[12] 董奇.心理与教育研究方法:第2版[M].北京:北京师范大

学出版社，2019.

[13] 冯刚，等．高校思想政治教育工作质量评价研究［M］．北京：人民出版社，2020.

[14] 冯刚．理直气壮开好思政课：把握新时代思政课建设规律［M］．北京：人民出版社，2019.

[15] 傅道春．教师的成长与发展［M］．北京：教育科学出版社，2001.

[16] 高青兰，张建文，郑瑜．中学思想政治课教学论［M］．北京：人民出版社，2013.

[17] 关于深化新时代学校思想政治理论课改革创新的若干意见［M］．北京：人民出版社，2019.

[18] 郭多华，张晓丹．中学思想政治教学技能实训教程［M］．北京：科学出版社，2017.

[19] 胡锦涛文选：第一卷［M］．北京：人民出版社，2016.

[20] 胡田庚，李秀妮，代利玲，等．中学思想政治课堂教学实施策略［M］．北京：科学出版社，2016.

[21] 胡田庚，赵海山．新理念思想政治（品德）教学技能训练：第二版［M］．北京：北京大学出版社，2013.

[22] 黄枬森．马克思主义哲学体系的当代构建［M］．北京：人民出版社，2011.

[23] 黄蓉生．改革开放40年大学生思想政治教育奋进论［M］．重庆：西南师范大学出版社，2019.

[24] 江泽民文选：第一卷［M］．北京：人民出版社，2006.

[25] 教育部教师工作司．中学教师专业标准（试行）解读［M］．北京：北京师范大学出版社，2013.

[26] 教育部社会科学司．普通高校思想政治理论课文献选编（1949—2006）［M］．北京：中国人民大学出版社，2008.

[27] 教育部师范教育司．教师专业化的理论与实践［M］．北京：人民教育出版社，2003.

[28] 李瑾瑜. 新课程与教师专业发展 [M]. 北京：首都师范大学出版社, 2003.

[29] 李琼. 教师专业发展的知识基础：教学专长研究 [M]. 北京：北京师范大学出版社, 2009.

[30] 刘义兵. 教师专业发展 [M]. 北京：高等教育出版社, 2017.

[31] 骆郁廷. 高校思想政治理论课程论 [M]. 武汉：武汉大学出版社, 2006.

[32] 毛泽东选集：第一卷 [M]. 北京：人民出版社, 1991.

[33] 孟宪乐. 中学思想政治教学设计 [M]. 北京：高等教育出版社, 2017.

[34] 欧阳超. 中学思想政治课教学论 [M]. 成都：四川大学出版社, 2002.

[35] 全国十二所重点师范大学联合编写. 教育学基础：第3版 [M]. 北京：教育科学出版社, 2014.

[36] 深化新时代教育评价改革总体方案 [M]. 北京：人民出版社, 2020.

[37] 沈壮海. 新编思想政治教育学原理 [M]. 北京：中国人民大学出版社, 2022.

[38] 习近平. 高举中国特色社会主义伟大旗帜　为全面建设社会主义现代化国家而团结奋斗：在中国共产党第二十次全国代表大会上的报告 [M]. 北京：人民出版社, 2022.

[39] 习近平. 论党的青年工作 [M]. 北京：中央文献出版社, 2022.

[40] 习近平. 思政课是落实立德树人根本任务的关键课程 [M]. 北京：人民出版社, 2020.

[41] 习近平. 习近平谈治国理政：第二卷 [M]. 北京：外文出版社, 2017.

[42] 习近平. 习近平谈治国理政：第三卷 [M]. 北京：外文出版社, 2020.

[43] 习近平. 习近平谈治国理政：第四卷 [M]. 北京：外文出版

社，2022.

[44] 习近平．习近平谈治国理政：第一卷［M］．北京：外文出版社，2018.

[45] 习近平．习近平重要讲话单行本（2020年合订本）［M］．北京：人民出版社，2021.

[46] 习近平．在北京大学师生座谈会上的讲话［M］．北京：人民出版社，2018.

[47] 习近平．做党和人民满意的好老师：同北京师范大学师生代表座谈时的讲话［M］．北京：人民出版社，2014.

[48] 徐红．专家型教师培养标准研究［M］．北京：中国社会科学出版社，2013.

[49] 杨秀莲．中学政治学科有效教学［M］．广州：广东高等教育出版社，2015.

[50] 叶澜，白益民，王枬，等．教师角色与教师发展新探［M］．北京：教育科学出版社，2001.

[51] 袁振国．当代教育学：第4版［M］．北京：教育科学出版社，2010.

[52] 张典兵，马衍．教师专业成长研究引论［M］．北京：光明日报出版社，2013.

[53] 张厚粲，徐建平．现代心理与教育统计学：第5版［M］．北京：北京师范大学出版社，2020.

[54] 张耀灿，郑永廷，吴潜涛，等．现代思想政治教育学［M］．北京：人民出版社，2006.

[55] 郑永廷．思想政治教育方法论：第3版［M］．北京：高等教育出版社，2022.

[56] 中共中央关于党的百年奋斗重大成就和历史经验的决议［M］．北京：人民出版社，2021.

[57] 中共中央马克思恩格斯列宁斯大林著作编译局．列宁选集：第1卷［M］．北京：人民出版社，2012.

[58] 中共中央马克思恩格斯列宁斯大林著作编译局. 马克思恩格斯文集: 第1卷 [M]. 北京: 人民出版社, 2009.

[59] 中共中央马克思恩格斯列宁斯大林著作编译局. 马克思恩格斯选集: 第1卷 [M]. 北京: 人民出版社, 2012.

[60] 中华人民共和国国务院新闻办公室. 新时代的中国青年 [M]. 北京: 人民出版社, 2022.

[61] 中华人民共和国教育部制定. 普通高中思想政治课程标准 (2017年版2020年修订) [M]. 北京: 人民教育出版社, 2020.

[62] 中华人民共和国教育部制定. 义务教育道德与法治课程标准 (2022年版) [M]. 北京: 北京师范大学出版社, 2022.

[63] 朱旭东, 张华军, 等. 教师专业精神研究 [M]. 北京: 北京师范大学出版社, 2017.

[64] 朱旭东. 教师专业发展理论研究 [M]. 北京: 北京师范大学出版社, 2011.

二、中文期刊

[1] 陈向明, 张玉荣. 教师专业发展和学习为何要走向"校本" [J]. 清华大学教育研究, 2014, 35 (1).

[2] 崔伟锋, 陈晶. 同课异构模式下思政教师专业发展路径研究 [J]. 思想政治课教学, 2021 (7).

[3] 冯刚. 激发思想政治理论课改革创新的深层力量 [J]. 学术论坛, 2020, 43 (2).

[4] 冯刚. 治理视域下高校思政队伍专业化建设的理论与实践 [J]. 学校党建与思想教育, 2020 (9).

[5] 黄蓉生, 李栋宣. 高校思想政治理论课教师"四有特质"的时代论析 [J]. 思想理论教育导刊, 2015 (12).

[6] 康淑敏, 李保强, 马秀峰, 等. 互助协同发展: 中学教师专业发展的有效途径 [J]. 教育研究, 2011, 32 (12).

[7] 李晓东, 柯楠茜. 道德与法治课程的核心素养培育: 基于《义务

教育道德与法治课程标准（2022年版）》的解读［J］. 教师教育学报，2022，9（4）.

［8］林崇德，申继亮，辛涛. 教师素质的构成及其培养途径［J］. 中国教育学刊，1996（6）.

［9］刘万海. 教师专业发展：内涵、问题与趋向［J］. 教育探索，2003（12）.

［10］石芳，韩震. 打牢铸魂育人根基 落实核心素养培养：《义务教育道德与法治课程标准（2022年版）》解读［J］. 教师教育学报，2022，9（3）.

［11］宋广文，魏淑华. 论教师专业发展［J］. 教育研究，2005（7）.

［12］檀传宝. 论教师"职业道德"向"专业道德"的观念转移［J］. 教育研究，2005（1）.

［13］王树荫. 高校思政课教师"政治要强"［J］. 中国高校社会科学，2019（3）.

［14］王易，岳凤兰. 关于加强新时代高校思想政治理论课教师队伍建设的思考［J］. 思想理论教育，2018（5）.

［15］王永斌，徐占元. 学习共同体：高校思政课教师专业发展的新向度［J］. 思想政治教育研究，2022，38（5）.

［16］吴捷. 教师专业成长过程及其影响因素研究［J］. 教育探索，2004（10）.

［17］吴潜涛，张磊. 新时代思想政治理论课教师的核心素养及其培育［J］. 教学与研究，2019（7）.

［18］吴旭君. 基于教师专业标准的中学教师专业能力发展对策［J］. 中国教育学刊，2013（8）.

［19］熊晓琳，孙希芳. 高校思政课教师的核心素养及提升路径［J］. 思想理论教育导刊，2022（7）.

［20］姚秀群，叶厚顺. 关于高校教师专业发展制度的思考［J］. 现代教育科学，2009（11）.

［21］张澍军. 漫谈思政课教师发展中的文化浸润和素养修为［J］. 思想理论教育导刊，2022（2）.

[22] 张忠华, 况文娟. 论高校教师专业发展的缺失与对策 [J]. 高校教育管理, 2017, 11 (1).

[23] 周建民. 政治教师专业发展可行性路径探析 [J]. 中学政治教学参考, 2016 (30).

[24] 朱新卓. "教师专业发展"观批判 [J]. 教育理论与实践, 2002 (8).

[25] 朱旭东. 论教师专业发展的理论模型建构 [J]. 教育研究, 2014, 35 (6).

[26] 朱旭东. 论教师专业发展的五个基础 [J]. 当代教师教育, 2010, 3 (3).

三、中文报纸

[1] 习近平在北京市八一学校考察时强调 全面贯彻落实党的教育方针 努力把我国基础教育越办越好 [N]. 人民日报, 2016-09-10 (1).

[2] 习近平在全国教育大会上强调 坚持中国特色社会主义教育发展道路 培养德智体美劳全面发展的社会主义建设者和接班人 [N]. 人民日报, 2018-09-11 (1).

[3] 习近平主持召开学校思想政治理论课教师座谈会强调 用新时代中国特色社会主义思想铸魂育人 贯彻党的教育方针落实立德树人根本任务 [N]. 人民日报, 2019-03-19 (1).

[4] 中共中央国务院印发《关于加强和改进新形势下高校思想政治工作的意见》[N]. 人民日报, 2017-02-28 (1).

[5] 中共中央国务院印发《关于新时代加强和改进思想政治工作的意见》[N]. 人民日报, 2021-07-13 (1).

四、英文期刊

[1] FISHMAN B J, MARX R W, BEST S, et al. Linking teacher and student learning to improve professional development in systemic reform [J]. Teaching and Teacher Education, 2023, 19 (6).

［2］FULLER F F. Concerns of teachers: A developmental conceptualization［J］. American Educational Research Journal, 1969, 6（2）.

［3］FANG G, CHAN P W K, KALOGEROPOULOS P. Secondary school teachers' professional development in Australia and Shanghai: Needs, support, and barriers［J］. Sage Open, 2021, 11（3）.

附录1

中学思政课教师专业发展专题访谈

尊敬的老师：

您好！非常感谢您能抽出宝贵的时间参加本次访谈，中学思政课教师专业发展是教师为满足思想政治教育教学需要，不断优化自身专业结构、提升专业素养的过程。为了深入研究中学思政课教师专业发展问题，进而有效推动中学思政课教师专业发展，我们组织了本次访谈。关于您的回答，仅用于学术研究，我们将严格保密。衷心感谢您对本研究的大力支持！

1. 您所在的学校名称？您的教龄？您的职务职称？
2. 您认为中学思政课教师对中学生成长成才有怎样具体的帮助？
3. 素养提升是教师专业发展的本质，您认为教师专业发展的主要内容有哪些？
4. 在教师专业发展的内容要素或具体素养中，您认为发展哪些内容比较难？
5. 您认为影响教师专业发展的因素主要有哪些？
6. 您认为哪些方式或途径，能够有效促进中学思政课教师专业发展？
7. 如果学校能为您提供专业发展的机会，您希望具体是哪方面的机会？
8. 您对中学思政课教师专业发展研究有什么建议？

附录2

中学思政课教师专业发展内容要素测评

尊敬的老师：

您好！非常感谢您能抽出宝贵的时间参加本次问卷调查，中学思政课教师专业发展是指教师为实现引导中学生形成符合时代和社会发展要求的思想政治素质这一目标，坚持以专业素养提升为指向，以自主发展意识和外在要求期待为动力支撑，在自主学习和支持保障结合中，促进自身专业精神、专业知识和专业能力等素养持续提升与发展的过程。内容要素是指中学思政课教师专业发展的核心专业素养，厘清内容要素是把握中学思政课教师专业发展的重要基础。

为了有效厘清中学思政课教师专业发展内容要素及其现实指向，我们设计组织了本次测评问卷调查。问卷匿名作答，不牵涉个人隐私，答案无所谓对错，收集的数据仅用于学术研究。关于您的回答，我们将严格保密。衷心感谢您对本研究的大力支持！

第一部分　基本信息

1. 您所在的学校是_____
2. 您的教龄有_____年
3. 您的职称是
A. 三级（员级）　　B. 二级（助理级）　　C. 一级（中级）
D. 高级　　E. 正高级

第二部分　要素测评

下列中学思政课教师专业发展的内容要素是在依据党和国家有关思政

课教师素质要求的政策文件，以及思想政治教育学中教育者专业素养的相关理论，并且在借鉴教育学中教师专业发展理论的基础上进行理论探索而构建确立的。这些内容要素是否符合您的认识或判断？请根据您的实际情况做出选择。

一、您认为中学思政课教师专业精神包括以下两级内容是否合适？请逐项进行判断

一级指标	二级指标	非常符合	比较符合	基本符合	不太符合	不符合
（一）信念坚定与善于担当的政治素质						
	1. 坚定的政治信念					
	2. 正确的政治立场					
	3. 较高的政治本领					
	4. 强烈的政治担当					
（二）敬业乐教与严以自律的专业道德						
	1. 为党育人．为国育才的专业情怀					
	2. 严谨治学．爱岗敬业的专业责任					
	3. 严于律己．以身作则的专业品格					
（三）自主提升与着眼学生的专业理念						
	1. 以学生为本的育人理念					
	2. 与时俱进的创新理念					
	3. 切实体现自主性的终身学习理念					

您对上述指标的修改建议：_____

二、您认为中学思政课教师专业知识包括以下两级内容是否合适？请逐项进行判断

一级指标	二级指标	非常符合	比较符合	基本符合	不太符合	不符合
（一）思想政治教育学科内容知识						
	1. 马克思主义及其中国化理论知识					
	2. 系统的思想政治教育学理论知识					
	3. 中学日常思想政治教育相关知识					
（二）思想政治教育学科教学知识						
	1. 中学思政课教学方法与策略的相关知识					
	2. 中学生课程内容认知转化规律的相关知识					
	3. 中学思政课课程资源开发拓展的相关知识					
（三）中学生特点及其教育的相关知识						
	1. 中学生身心发展过程和特点的相关知识					
	2. 中学生群体特征和行为方式的相关知识					
	3. 教育教学理论的相关知识					

您对上述指标的修改建议：_____

三、您认为中学思政课教师专业能力包括以下两级内容是否合适？请逐项进行判断

一级指标	二级指标	非常符合	比较符合	基本符合	不太符合	不符合
（一）知识传授和价值引导相统一的教学能力						
	1. 践行知识和价值统一理念的教学准备能力					
	2. 有机融合价值观和知识点的教学设计能力					
	3. 寓价值观引导于知识传授的教学实施能力					
（二）与时俱进的教育研究能力						
	1. 深耕教学内容方法的钻研能力					
	2. 关注学生思想特点的把握能力					
	3. 追踪学科发展前沿的探究能力					
（三）多维并举的教育反思能力						
	1. 全面考察教学效果的检查评价能力					
	2. 系统回顾教学过程的总结省思能力					
	3. 聚焦问题吸收经验的调节促进能力					

您对上述指标的修改建议：_____

您对本研究的内容要素的修改建议：_____

附录3

中学思政课教师专业发展阶段的征询调研(一)

尊敬的老师：

您好！非常感谢您能抽出宝贵的时间参加本次征询调研，中学思政课教师专业发展是指教师为实现引导中学生形成符合时代和社会发展要求的思想政治素质这一目标，坚持以专业素养提升为指向，以自主发展意识和外在要求期待为动力支撑，在自主学习和支持保障结合中，促进自身专业精神、专业知识和专业能力等素养持续提升与发展的过程。

为了深入探究中学思政课教师专业发展的基本阶段，进而有效厘清不同发展阶段的基本特征，我们设计组织了本次征询调研。调研匿名作答，不牵涉个人隐私，答案无所谓对错，收集的数据仅用于学术研究。关于您的回答，我们将严格保密。衷心感谢您对本研究的大力支持！

第一部分 基本信息

1. 您所在的学校是_____
2. 您的教龄是_____年
3. 您的职称是

A. 三级（员级） B. 二级（助理级） C. 一级（中级） D. 高级

E. 正高级

第二部分 阶段描述

借鉴国内外学者关于教师专业发展阶段的研究，参考中学教师分层培训工作计划以及职业能力标准和职称评定方案，结合中学思政课教师专业发展相关实践调研，将中学思政课教师专业发展阶段大致分为探索适应阶段、成长发展阶段、成熟稳固阶段和融汇创新阶段。现对每个阶段的中学思政课教师的基本特征进行描述，请您逐项进行判断。

一、关于中学思政课教师专业发展不同阶段的教龄区间

1. 探索适应阶段：1~3年（1轮教学）

   A. 非常符合   B. 比较符合   C. 基本符合   D. 不太符合   E. 不符合

2. 成长发展阶段：4~12年（2~4轮教学）

   A. 非常符合   B. 比较符合   C. 基本符合   D. 不太符合   E. 不符合

3. 成熟稳固阶段：13~24年（5~8轮教学）

   A. 非常符合   B. 比较符合   C. 基本符合   D. 不太符合   E. 不符合

4. 融汇创新阶段：25年以后

   A. 非常符合   B. 比较符合   C. 基本符合   D. 不太符合   E. 不符合

5. 您对上述指标的修改建议：_____

二、中学思政课教师"信念坚定与善于担当的政治素质"的阶段描述

1. 探索适应阶段——能够把政治信念建立在对马克思主义理论和中国特色社会主义的理性认同上；能够坚决拥护党的领导，坚定马克思主义信仰，坚守人民立场，并尝试在课堂教学中有效引导学生坚定政治立场；能够把握正确政治方向，遵守党的政治纪律和政治规矩；能够自觉担当知识传授和价值引导的职责，履行宣传马克思主义的重要使命。

   A. 非常符合   B. 比较符合   C. 基本符合   D. 不太符合   E. 不符合

2. 成长发展阶段——能够在马克思主义理论实践体悟和中国特色社会主义教育事业实际参与中越发坚定政治信念；能够以坚定正确的政治立场为支撑，持续探索课程教学中引导学生坚定政治立场的内容和方法；能够具备一定的政治敏锐性，观察分析问题首先把握政治因素；能够在深化对马克思主义认识的研究中，着力打牢学生的思想基础、提升学生的政治素养。

   A. 非常符合   B. 比较符合   C. 基本符合   D. 不太符合   E. 不符合

3. 成熟稳固阶段——能够把握中学生政治信念确立的基本过程，在帮助中学生解决政治信念问题中不断筑牢自身政治信念；能够把握中学生政治立场形成的一般过程，厘清明确并探索解决中学生政治立场确立的重点难点；能够具备较强的政治敏锐性和政治鉴别力、辨析力；能够在持续研究马克思主义的基础上，面向以学生为主的不同群体宣传和讲授马克思主义。

A. 非常符合　B. 比较符合　C. 基本符合　D. 不太符合　E. 不符合

4. 融汇创新阶段——能够成为示范引领的先锋模范，在学习、工作、生活各个方面彰显坚定政治信念；能够把握政治立场的形成过程和规律，通过示范引领和教学创新指导带动学生坚定正确的政治立场；能够通过政治历练具备较强的政治自制力和执行力；能够有效贯彻马克思主义立场、观点和方法，站在立德树人的高度培养时代新人，做马克思主义的坚定信仰者、传播者和践行者。

A. 非常符合　B. 比较符合　C. 基本符合　D. 不太符合　E. 不符合

5. 您对上述指标的修改建议：_____

三、中学思政课教师"敬业乐教与严以自律的专业道德"的阶段描述

1. 探索适应阶段——能够具备关心爱护学生、教育指导学生的情怀；能够在教育实践中认真履行教育教学职责，严肃认真做好教学工作；能够自觉遵守教学纪律和政治纪律，遵守公序良俗和党规法规。

A. 非常符合　B. 比较符合　C. 基本符合　D. 不太符合　E. 不符合

2. 成长发展阶段——能够具备为学生传道授业解惑的情怀；能够自觉克服职业倦怠，提升职业认同感，做好本职工作；能够言行一致，表里如一，做到课上课下一致、网上网下一致。

A. 非常符合　B. 比较符合　C. 基本符合　D. 不太符合　E. 不符合

3. 成熟稳固阶段——能够具备为学生传播思想、传播真理、塑造灵魂的情怀；能够对教育工作保持热情，并积极钻研，持续提升；能够真懂真信真用马克思主义，自觉弘扬主旋律、传播正能量。

A. 非常符合　B. 比较符合　C. 基本符合　D. 不太符合　E. 不符合

4. 融汇创新阶段——能够具备为党和国家事业培养后继人才的情怀；能够始终热爱教育事业，在教育教学中恪尽职守、专注细致、严谨周密、精益求精；能够严以自律、率先垂范，做师生的表率，在教学实践和日常生活中践行马克思主义，以言行影响带动师生。

A. 非常符合　B. 比较符合　C. 基本符合　D. 不太符合　E. 不符合

5. 您对上述指标的修改建议：_____

四、中学思政课教师"自主提升与着眼学生的专业理念"的阶段描述

1. 探索适应阶段——能够关爱学生，公平对待每一名学生，尊重学生的人格和学习发展的权利；能够熟悉教材内容，熟练运用教学方法和载体，具备创新意识；能够夯实和运用职前培养所学知识，具备自主学习意识。

A. 非常符合　B. 比较符合　C. 基本符合　D. 不太符合　E. 不符合

2. 成长发展阶段——能够尊重学生的主体性，关注学生思想观念和价值理念提升的需求期待，服务于学生的身心健康成长；能够尝试教学内容、方法和载体等的不同组织形式以创新教学供给，着力提升教学质量实效；能够不断学习教学实践所需要的知识和能力，研究中学生不断变化的阶段特征，以更好地胜任教学任务。

A. 非常符合　B. 比较符合　C. 基本符合　D. 不太符合　E. 不符合

3. 成熟稳固阶段——能够关注个体差异，有针对性地开展教育，保护学生的学习自主性、独立性和选择性；能够根据教学需求，创造性地组织教学内容、方法和载体等形成有效的教学供给，切实增强教学质量；能够自主更新和拓展知识和能力体系，持续研究中学生的基本特点和实际问题，以更好地实现教育引导。

A. 非常符合　B. 比较符合　C. 基本符合　D. 不太符合　E. 不符合

4. 融汇创新阶段——能够把握学生身心发展规律，善于为学生创造思想政治素质发展提升的条件和机会；能够自觉丰富拓展教学内容，创新教学方法、载体，切实提升学生的实际获得感；能够通过自主学习全面掌握发展性的知识和能力，在持续成长中贯彻终身学习。

A. 非常符合　B. 比较符合　C. 基本符合　D. 不太符合　E. 不符合

5. 您对上述指标的修改建议：_____

五、中学思政课教师"思想政治教育学科内容知识"的阶段描述

1. 探索适应阶段——能够正确把握马克思主义及其中国化理论的基本内涵、主要观点和所回答的相应时代问题，具备讲好课程的理论基础；能够正确把握思想政治教育学原理、思想政治教育史、思想政治教育方法论、思想政治教育前沿和比较思想政治教育学等的基本观点和主要内容；

能够正确把握班级管理、校园文化活动、党团组织建设、心理健康教育等日常思想政治教育的基础知识和基本流程。

　　A. 非常符合　B. 比较符合　C. 基本符合　D. 不太符合　E. 不符合

　　2. 成长发展阶段——能够自主持续学习马克思主义中国化最新理论成果，丰富完善马克思主义及其中国化理论的基本框架；能够在教学实践中运用思想政治教育学理论的相关知识，对思想政治教育学理论知识形成深刻体悟；能够在日常思想政治教育实践中不断积累经验、总结教训，进而有效开展日常思想政治教育。

　　A. 非常符合　B. 比较符合　C. 基本符合　D. 不太符合　E. 不符合

　　3. 成熟稳固阶段——能够具备良好的理论思维，把握理顺马克思主义及其中国化理论的历史演进、结构体系和内在逻辑；能够在主动学习、追踪思想政治教育学相关前沿知识的实践中，深入全面地掌握思想政治教育学理论知识体系；能够从理论上认识和分析日常思想政治教育的相关问题，更加深入理解日常思想政治教育的运行逻辑、实践场景。

　　A. 非常符合　B. 比较符合　C. 基本符合　D. 不太符合　E. 不符合

　　4. 融汇创新阶段——能够深刻领会马克思主义的立场、观点和方法，并且基于课堂教学需要，将科学理论灵活运用到教学实践中；能够在教学理论、学科前沿等方面深化思想政治教学理论知识，并将相关成果灵活运用到教学实践中；能够在理念、目标、内容等方面有效融合思政课和日常思想政治教育，提出可操作、可推广的日常思想政治教育有效制度。

　　A. 非常符合　B. 比较符合　C. 基本符合　D. 不太符合　E. 不符合

　　5. 您对上述指标的修改建议：_____

六、中学思政课教师"思想政治教育学科教学知识"的阶段描述

　　1. 探索适应阶段——能够正确把握讲授法、问答法和讨论法等教学方法的基本特点和实践要求；能够正确把握中学生课程内容认知内化与行为外化的基本知识，掌握中学生认知、情感、意志、信念和行为的一般转化过程；能够正确把握中学思政课课程资源的基本内涵及其开发利用的基本要求。

　　A. 非常符合　B. 比较符合　C. 基本符合　D. 不太符合　E. 不符合

　　2. 成长发展阶段——能够根据教学内容灵活选择符合学生实际的方式

手段，并将启发教学有效融入各种教学方法中；能够在教学实践中不断熟悉中学生思想政治素质形成发展过程，切实把握思想政治教育和引导的基本方法；能够经过教学实践熟悉中学思政课课程资源的具体类别、现实特点和功能作用，并运用不同方法开发利用课程资源。

A. 非常符合　B. 比较符合　C. 基本符合　D. 不太符合　E. 不符合

3. 成熟稳固阶段——能够掌握案例式、互动式和分众式等综合性教学方法，在不同教学情境中切实发挥其功能作用；能够从理论上审视分析中学生课程内容认知转化过程，有效发现和破解中学生思想政治素质形成发展过程中的实际问题；能够全面把握课程资源开发利用的基本原则和主要方式，灵活采取多种方式挖掘利用资源，切实发挥课程资源的育人效果。

A. 非常符合　B. 比较符合　C. 基本符合　D. 不太符合　E. 不符合

4. 融汇创新阶段——能够具备系统科学的教学方法体系，根据教学目标和对象熟练搭配组合、综合运用多种教学方法，并基于教学实践和需求不断创新教学方法；能够全面深入地理解中学生思想政治素质形成发展的运行逻辑和转化规律，抓住认知、情感、意志、信念和行为的辩证关系，通过有效的教育引导，提升教育转化效果；能够系统深入地理解课程资源开发利用的内在本质和实践逻辑，根据时代发展、教学需要和对象特征丰富拓展、灵活运用课程资源，促进课程资源开发利用的与时俱进。

A. 非常符合　B. 比较符合　C. 基本符合　D. 不太符合　E. 不符合

5. 您对上述指标的修改建议：_____

七、中学思政课教师"中学生特点及其教育的相关知识"的阶段描述

1. 探索适应阶段——具备正确把握中学生身心发展的阶段特点和一般规律的基本知识；具备正确把握中学生群体的基本特征和行为方式的基本知识，并能认识新时代背景下中学生的群体"画像"；能够正确把握教育学理论知识、教育心理学知识和现代教育技术基础等知识的基本内容。

A. 非常符合　B. 比较符合　C. 基本符合　D. 不太符合　E. 不符合

2. 成长发展阶段——能够在教学实践中熟悉中学生认知特点、情感价值特点和心理特点等，不断丰富对中学生身心发展一般规律的认识；能够通过教学活动深入理解中学生朋辈影响的群体效应，切实体会时代背景下

中学生群体展现的行为方式;能够将教育教学理论知识有效应用于思政课教学实践,正确认识分析教育现象和问题。

A. 非常符合　B. 比较符合　C. 基本符合　D. 不太符合　E. 不符合

3. 成熟稳固阶段——能够全面把握中学生身心发展的有序性、阶段性、动态性以及差异性等特征,在切实遵循中学生身心发展规律的基础上有效开展教学实践;能够从理论上全面审视剖析中学生群体特征和行为方式对教育教学的现实影响,切实开展适应中学生群体的思想政治教育引导;能够立足教育教学知识,依据教育教学基本规律,有效破解思政课教学实践中的突出问题。

A. 非常符合　B. 比较符合　C. 基本符合　D. 不太符合　E. 不符合

4. 融汇创新阶段——能够系统把握中学生身心发展特点的生成基础和应对策略,厘清中学生身心发展规律的现实表征,在理论与实践结合中有效开展针对性教学活动;能够在系统深入把握中学生群体的现实成长空间环境的基础上,切实理解中学生群体特征和行为方式的形成机制,善于透过中学生群体现象准确把握群体的本质变化;能够在思政课教学实践中总结教育经验,凝练教育思想,不断丰富、拓展教育教学理论。

A. 非常符合　B. 比较符合　C. 基本符合　D. 不太符合　E. 不符合

5. 您对上述指标的修改建议:_____

八、中学思政课教师"知识传授和价值引导相统一的教学能力"的阶段描述

1. 探索适应阶段——具有基本的教学能力,能够明确教学准备的一般过程并正确把握中学思政课教学准备的重点内容;能够基于教学目标任务,完成对教学环节的构思设计和教学过程的头脑预演;能够根据教学设计,有序落实教学环节,基本完成教学实施过程。

A. 非常符合　B. 比较符合　C. 基本符合　D. 不太符合　E. 不符合

2. 成长发展阶段——具有良好的教学能力,能够在明确中学思政课课程性质、基本理念和目标任务的基础上,厘清课程设计思路、内容结构等,并准确把握教材内容和学生需求;能够通过教学训练,切实有效制定教学目标、设计教学内容、选择教学方法以及预设教学过程;能够在教学实践中较好地体现教学情境创设力和教学过程主导力。

A. 非常符合　B. 比较符合　C. 基本符合　D. 不太符合　E. 不符合

3. 成熟稳固阶段——具有优秀的教学能力，能够动态把握中学思政课课标要求、内容发展以及学生变化和教学现状的实际水平；能够在充分熟悉、全面把握教学环节的基础上，合理突出教学重点和难点，实现教学设计中知识传授和价值引导的有机协同；有较好的教学情况应变能力，能够运用经验智慧有效处理应对课堂教学中的突发事件，并灵活调整教学内容和教学方法手段。

A. 非常符合　B. 比较符合　C. 基本符合　D. 不太符合　E. 不符合

4. 融汇创新阶段——具有卓越的教学能力，能够准确预见教学实施过程中的潜在问题，以及学生对教学内容接受内化的预期效果；能够在准确把握教学内容和学生实际的基础上，恰当融合教学要求和学生需求，有效组织教学内容、方法、载体，以创新教学供给，实现教学设计最优化；能够创造性地组织教学供给，切实将价值引导与知识传授有机融合，进而在教学过程中培根铸魂、启智润心。

A. 非常符合　B. 比较符合　C. 基本符合　D. 不太符合　E. 不符合

5. 您对上述指标的修改建议：_____

九、中学思政课教师"与时俱进的教育研究能力"的阶段描述

1. 探索适应阶段——具备教学内容方法、学生特点需求和学科发展前沿的探究意识，能够自主熟悉教学内容方法，主动了解学生特点需求，自觉关注学科前沿问题。

A. 非常符合　B. 比较符合　C. 基本符合　D. 不太符合　E. 不符合

2. 成长发展阶段——具备一定的教学内容方法、学生特点需求和学科发展前沿的探究能力，能够选用合适的教学方法，把准和讲透教学内容的重点难点，掌握学生的阶段特点和一般性需求，并在主动追踪学科发展前沿中调整改善教学。

A. 非常符合　B. 比较符合　C. 基本符合　D. 不太符合　E. 不符合

3. 成熟稳固阶段——具备较好的教学内容方法、学生特点需求和学科发展前沿的探究能力，能够理顺教学内容的逻辑结构并创造性地运用教学方法，能够全面准确地把握学生的阶段特点并掌握学生的个性化需求，能

够参与、推动学科发展并丰富中学学科教学前沿。

  A. 非常符合 B. 比较符合 C. 基本符合 D. 不太符合 E. 不符合

  4. 融汇创新阶段——具备与时俱进的教学内容方法、学生特点需求和学科发展前沿的探究能力，能够丰富拓展教学内容并有效探索新的教学方法，能够系统科学地把握学生的个性化特点和需求并给予学生个性化指导，能够在中学思政课教学方面引领学科发展前沿。

  A. 非常符合 B. 比较符合 C. 基本符合 D. 不太符合 E. 不符合

  5. 您对上述指标的修改建议：_____

十、中学思政课教师"多维并举的教育反思能力"的阶段描述

  1. 探索适应阶段——具有一定的反思意识，能够在学生考查和自我反思中把握教学效果、总结教学经验、反思教学问题，并能吸收反思中的有利因素来调整与改善教学。

  A. 非常符合 B. 比较符合 C. 基本符合 D. 不太符合 E. 不符合

  2. 成长发展阶段——能够在教学实践把握和检查评价经验积累中，切实体会把握教育效果，持续明确总结反思的重点内容、反思的方式方法，并在教育反思过程中进一步找准教学调整与改善的重点和方式。

  A. 非常符合 B. 比较符合 C. 基本符合 D. 不太符合 E. 不符合

  3. 成熟稳固阶段——能够掌握并灵活运用多维评价办法，聚焦学生和自身，对教学效果进行准确的检查衡量，并在全面总结反思教学过程中切实厘清有效经验，找准实际问题，进而将发现的实际问题转化为调整改善的着力点，促进教学质量的切实提升。

  A. 非常符合 B. 比较符合 C. 基本符合 D. 不太符合 E. 不符合

  4. 融汇创新阶段——具备系统成熟的总结反思的科学思维和方法体系，以及良好的全局意识和协调能力，能够以发展的视角，科学全面检查学生学习现状和成长过程，有效考查衡量自身教学实践，应对和处理各种教学形式的教学实践，并通过调整完善进一步优化教学整体。

  A. 非常符合 B. 比较符合 C. 基本符合 D. 不太符合 E. 不符合

  5. 您对上述指标的修改建议：_____

十一、您对本征询问卷的修改调整意见是_____

附录4

中学思政课教师专业发展阶段的征询调研（二）

尊敬的老师：

您好！非常感谢您能抽出宝贵的时间帮助我们完成第一轮征询调研。为了更好地厘清中学思政课教师专业发展基本阶段，我们在充分吸收第一轮征询调研数据的基础上，调整和优化了中学思政课教师专业发展的阶段描述，而形成了本问卷。现恳请您能抽出时间完成本次征询调研。调研匿名作答，不牵涉个人隐私，答案无所谓对错，收集的数据仅用于学术研究。关于您的回答，我们将严格保密。衷心感谢您对本研究的大力支持！

第一部分　基本信息

1. 您所在的学校是_____
2. 您的教龄是_____年
3. 您的职称是
   A. 三级（员级）　　B. 二级（助理级）　　C. 一级（中级）　　D. 高级
   E. 正高级

第二部分　阶段描述

在充分吸收第一轮征询调研数据的基础上，将中学思政课教师专业发展阶段调整为探索适应阶段、增速成长阶段、成熟稳固阶段和融会贯通阶段。现对中学思政课教师专业发展基本阶段及其各阶段教师专业素养的主要表现进行描述，请您逐项进行判断。

相较于第一轮征询调研，主要修改如下：

1. 修改了中学思政课教师专业发展的第二阶段标题表述：将"成长发展阶段"修改为"增速成长阶段"。

2. 修改了中学思政课教师专业发展的第四阶段标题表述：将"融汇创新阶段"修改为"融会贯通阶段"。

3. 调整了增速成长阶段的教师在"信念坚定与善于担当的政治素质"方面的某些表述。

4. 调整了增速成长阶段的教师在"敬业乐教与严以自律的专业道德"方面的某些表述。

5. 调整了探索适应阶段的教师在"思想政治教育学科内容知识"方面的某些表述。

6. 调整了增速成长阶段的教师在"思想政治教育学科内容知识"方面的某些表述。

7. 调整了融会贯通阶段的教师在"思想政治教育学科内容知识"方面的某些表述。

8. 调整了增速成长阶段的教师在"思想政治教育学科教学知识"方面的某些表述。

9. 调整了增速成长阶段的教师在"中学生特点及其教育的相关知识"方面的某些表述。

10. 调整了增速成长阶段的教师在"多维并举的教育反思能力"方面的某些表述。

11. 调整了探索适应阶段的教师在"知识传授和价值引导相统一的教学能力"方面的某些表述。

一、关于中学思政课教师专业发展不同阶段的教龄区间

1. 探索适应阶段：1~3年（1轮教学）

A. 非常符合　B. 比较符合　C. 基本符合　D. 不太符合　E. 不符合

2. 增速成长阶段：4~12年（2~4轮教学）

A. 非常符合　B. 比较符合　C. 基本符合　D. 不太符合　E. 不符合

3. 成熟稳固阶段：13~24年（5~8轮教学）

A. 非常符合　B. 比较符合　C. 基本符合　D. 不太符合　E. 不符合

4. 融会贯通阶段：25年以后

A. 非常符合　B. 比较符合　C. 基本符合　D. 不太符合　E. 不符合

5. 您对上述指标的修改建议：_____

二、中学思政课教师"信念坚定与善于担当的政治素质"的阶段描述

1. 探索适应阶段——能够把政治信念建立在对马克思主义理论和中国特色社会主义的理性认同上；能够坚决拥护党的领导，坚定马克思主义信仰，坚守人民立场，并尝试在课堂教学中有效引导学生坚定政治立场；能够把握正确政治方向，遵守党的政治纪律和政治规矩；能够自觉担当知识传授和价值引导的职责，履行宣传马克思主义的重要使命。

A. 非常符合　B. 比较符合　C. 基本符合　D. 不太符合　E. 不符合

2. 增速成长阶段——能够在马克思主义理论实践体悟和中国特色社会主义教育事业实际参与中越发坚定政治信念；能够以坚定正确的政治立场为支撑，持续探索课程教学中引导学生坚定政治立场的内容和方法；能够不断提高政治敏锐性，观察分析问题首先把握政治因素；能够在深化对马克思主义认识的研究中，着力打牢学生的思想基础、提升学生的政治素养。

A. 非常符合　B. 比较符合　C. 基本符合　D. 不太符合　E. 不符合

3. 成熟稳固阶段——能够把握中学生政治信念确立的基本过程，在帮助中学生解决政治信念问题中不断筑牢自身政治信念；能够把握中学生政治立场形成的一般过程，厘清明确并探索解决中学生政治立场确立的重点难点；能够具备较强的政治敏锐性和政治鉴别力、辨析力；能够在持续研究马克思主义的基础上，面向以学生为主的不同群体宣传和讲授马克思主义。

A. 非常符合　B. 比较符合　C. 基本符合　D. 不太符合　E. 不符合

4. 融会贯通阶段——能够成为示范引领的先锋模范，在学习、工作、生活各个方面彰显坚定政治信念；能够把握政治立场的形成过程和规律，通过示范引领和教学创新指导带动学生养成坚定正确的政治立场；能够通过政治历练具备较强的政治自制力和执行力；能够有效贯彻马克思主义立场、观点和方法，站在立德树人的高度培养时代新人，做马克思主义的坚

定信仰者、传播者和践行者。

A. 非常符合　B. 比较符合　C. 基本符合　D. 不太符合　E. 不符合

5. 您对上述指标的修改建议：_____

三、中学思政课教师"敬业乐教与严以自律的专业道德"的阶段描述

1. 探索适应阶段——能够具备关心爱护学生、教育指导学生的情怀；能够在教育实践中认真履行教育教学职责，严肃认真地做好教学工作；能够自觉遵守教学纪律和政治纪律，遵守公序良俗和党规法规。

A. 非常符合　B. 比较符合　C. 基本符合　D. 不太符合　E. 不符合

2. 增速成长阶段——能够具备为学生传道授业解惑的情怀；能够自觉克服职业倦怠，提升职业认同感，在教学实践中快速提高履行专业责任的能力；能够言行一致，表里如一，做到课上课下一致、网上网下一致。

A. 非常符合　B. 比较符合　C. 基本符合　D. 不太符合　E. 不符合

3. 成熟稳固阶段——能够具备为学生传播思想、传播真理、塑造灵魂的情怀；能够对教育工作保持热情，并积极钻研，持续提升；能够真懂真信真用马克思主义，自觉弘扬主旋律、传播正能量。

A. 非常符合　B. 比较符合　C. 基本符合　D. 不太符合　E. 不符合

4. 融会贯通阶段——能够具备为党和国家事业培养后继人才的情怀；能够始终热爱教育事业，在教育教学中恪尽职守、专注细致，严谨周密、精益求精；能够严以自律、率先垂范，做师生的表率，在教学实践和日常生活中践行马克思主义，以言行影响带动师生。

A. 非常符合　B. 比较符合　C. 基本符合　D. 不太符合　E. 不符合

5. 您对上述指标的修改建议：_____

四、中学思政课教师"自主提升与着眼学生的专业理念"的阶段描述

1. 探索适应阶段——能够关爱学生，公平对待每一名学生，尊重学生的人格和学习发展的权利；能够熟悉教材内容，熟练运用教学方法和载体，具备创新意识；能够夯实和运用职前培养所学知识，具备自主学习意识。

A. 非常符合　B. 比较符合　C. 基本符合　D. 不太符合　E. 不符合

2. 增速成长阶段——能够尊重学生的主体性，关注学生思想观念和价值理念提升的需求期待，服务于学生的身心健康成长；能够尝试教学内容、方法和载体等的不同组织形式以创新教学供给，着力提升教学质量实效；能够不断学习教学实践所需要的知识和能力，研究中学生不断变化的阶段特征，以更好地胜任教学任务。

  A. 非常符合 B. 比较符合 C. 基本符合 D. 不太符合 E. 不符合

3. 成熟稳固阶段——能够关注个体差异，有针对性地开展教育，保护学生的学习自主性、独立性和选择性；能够根据教学需求，创造性地组织教学内容、方法和载体等形成有效的教学供给，切实增强教学质量；能够自主更新和拓展知识和能力体系，持续研究中学生的基本特点和实际问题，以更好地实现教育引导。

  A. 非常符合 B. 比较符合 C. 基本符合 D. 不太符合 E. 不符合

4. 融会贯通阶段——能够把握学生身心发展规律，善于为学生创造思想政治素质发展提升的条件和机会；能够自觉丰富拓展教学内容，创新教学方法、载体，切实提升学生的实际获得感；能够通过自主学习全面掌握发展性的知识和能力，在持续成长中贯彻终身学习。

  A. 非常符合 B. 比较符合 C. 基本符合 D. 不太符合 E. 不符合

5. 您对上述指标的修改建议：_____

五、中学思政课教师"思想政治教育学科内容知识"的阶段描述

1. 探索适应阶段——能够正确把握马克思主义及其中国化理论的基本内涵、主要观点和所回答的相应时代问题，掌握一定的"四史"知识和法治知识，具备讲好课程的知识支撑；能够正确把握思想政治教育学原理、思想政治教育史、思想政治教育方法论、思想政治教育前沿和比较思想政治教育学等的基本观点和主要内容；能够正确把握班级管理、校园文化活动、党团组织建设、心理健康教育等日常思想政治教育的基础知识和基本流程。

  A. 非常符合 B. 比较符合 C. 基本符合 D. 不太符合 E. 不符合

2. 增速成长阶段——能够自主学习追踪马克思主义中国化最新理论成果，丰富完善马克思主义及其中国化理论的基本框架；能够在教学实践中运用思想政治教育学理论的相关知识，对思想政治教育学理论知识形成深刻体悟；能够在日常思想政治教育实践中快速积累经验，不断总结教训，进而有效开展日常思想政治教育。

A. 非常符合　B. 比较符合　C. 基本符合　D. 不太符合　E. 不符合

3. 成熟稳固阶段——能够具备良好的理论思维，把握理顺马克思主义及其中国化理论的历史演进、结构体系和内在逻辑；能够在主动学习、追踪思想政治教育学相关前沿知识的实践中，深入全面地掌握思想政治教育学理论知识体系；能够从理论上认识和分析日常思想政治教育的相关问题，更加深入地理解日常思想政治教育的运行逻辑、实践场景。

A. 非常符合　B. 比较符合　C. 基本符合　D. 不太符合　E. 不符合

4. 融会贯通阶段——能够深刻领会马克思主义的立场、观点和方法，并且基于课堂教学需要，将科学理论融会贯通，有效运用到教学实践中；能够在教学论、学科前沿等方面深化思想政治教学理论知识，并将相关成果灵活运用到教学实践中；能够在理念、目标、内容等方面有效融合思政课和日常思想政治教育，提出可操作、可推广的日常思想政治教育有效制度。

A. 非常符合　B. 比较符合　C. 基本符合　D. 不太符合　E. 不符合

5. 您对上述指标的修改建议：_____

六、中学思政课教师"思想政治教育学科教学知识"的阶段描述

1. 探索适应阶段——能够正确把握讲授法、问答法和讨论法等教学方法的基本特点和实践要求；能够正确把握中学生课程内容认知内化与行为外化的基本知识，掌握中学生认知、情感、意志、信念和行为的一般转化过程；能够正确把握中学思政课课程资源的基本内涵及其开发利用的基本要求。

A. 非常符合　B. 比较符合　C. 基本符合　D. 不太符合　E. 不符合

2. 增速成长阶段——能够根据教学内容灵活选择符合学生实际的方式手段，并将启发教学有效融入各种教学方法中；能够在教学实践中快速熟悉中学生思想政治素质形成发展过程，切实把握思想政治教育和引导的基本方法；能够经过教学实践迅速熟悉中学思政课课程资源的具体类别、现实特点和功能作用,并运用不同方法开发利用课程资源。

A. 非常符合　B. 比较符合　C. 基本符合　D. 不太符合　E. 不符合

3. 成熟稳固阶段——能够掌握案例式、互动式和分众式等综合性教学方法,在不同教学情境中切实发挥其功能作用;能够从理论上审视分析中学生课程内容认知转化过程,有效发现和破解中学生思想政治素质形成发展过程中的实际问题;能够全面把握课程资源开发利用的基本原则和主要方式,灵活采取多种方式挖掘利用资源,切实发挥课程资源的育人效果。

A. 非常符合　B. 比较符合　C. 基本符合　D. 不太符合　E. 不符合

4. 融会贯通阶段——能够具备系统科学的教学方法体系,根据教学目标和对象熟练搭配组合、综合运用多种教学方法,并基于教学实践和需求不断创新教学方法;能够全面深入地理解中学生思想政治素质形成发展的运行逻辑和转化规律,抓住认知、情感、意志、信念和行为的辩证关系,通过有效的教育引导,提升教育转化效果;能够系统深入地理解课程资源开发利用的内在本质和实践逻辑,根据时代发展、教学需要和对象特征丰富拓展、灵活运用课程资源,促进课程资源开发利用的与时俱进。

A. 非常符合　B. 比较符合　C. 基本符合　D. 不太符合　E. 不符合

5. 您对上述指标的修改建议:_____

七、中学思政课教师"中学生特点及其教育的相关知识"的阶段描述

1. 探索适应阶段——具备正确把握中学生身心发展的阶段特点和一般规律的基本知识;具备正确把握中学生群体的基本特征和行为方式的基本知识,并能认识新时代背景下中学生的群体"画像";能够正确把握教育学理论知识、教育心理学知识和现代教育技术基础等知识的基本内容。

A. 非常符合　B. 比较符合　C. 基本符合　D. 不太符合　E. 不符合

2. 增速成长阶段——能够在教学实践中熟悉中学生认知特点、情感价值特点和心理特点等,快速熟悉、不断丰富对中学生身心发展一般规律的认识;能够通过教学活动深入理解中学生朋辈影响的群体效应,切实体会时代背景下中学生群体展现的行为方式;能够将教育教学理论知识有效应用于思政课教学实践,正确认识分析教育现象和问题。

A. 非常符合　B. 比较符合　C. 基本符合　D. 不太符合　E. 不符合

3. 成熟稳固阶段——能够全面把握中学生身心发展的有序性、阶段性、动态性以及差异性等特征，在切实遵循中学生身心发展规律的基础上有效开展教学实践；能够从理论上全面审视剖析中学生群体特征和行为方式对教育教学的现实影响，切实开展适应中学生群体的思想政治教育引导；能够立足教育教学知识，依据教育教学基本规律，有效破解思政课教学实践中的突出问题。

A. 非常符合　B. 比较符合　C. 基本符合　D. 不太符合　E. 不符合

4. 融会贯通阶段——能够系统把握中学生身心发展特点的生成基础和应对策略，厘清中学生身心发展规律的现实表征，在理论与实践结合中有效开展针对性教学活动；能够在系统深入把握中学生群体的现实成长空间环境的基础上，切实理解中学生群体特征和行为方式的形成机制，善于透过中学生群体现象准确把握群体的本质变化；能够在思政课教学实践中总结教育经验，凝练教育思想，不断丰富、拓展教育教学理论。

A. 非常符合　B. 比较符合　C. 基本符合　D. 不太符合　E. 不符合

5. 您对上述指标的修改建议：＿＿＿＿＿＿＿＿

八、中学思政课教师"知识传授和价值引导相统一的教学能力"的阶段描述

1. 探索适应阶段——具有基本的教学能力，能够明确教学准备的一般过程并正确把握中学思政课教学准备的重点内容；能够基于教学目标任务，完成对教学环节的构思设计和教学过程的头脑预演；能够根据教学设计，有效运用提问、讨论等方式方法开展落实教学环节，基本完成教学实施过程。

A. 非常符合　B. 比较符合　C. 基本符合　D. 不太符合　E. 不符合

2. 增速成长阶段——具有良好的教学能力，能够在明确中学思政课课程性质、基本理念和目标任务的基础上，厘清课程设计思路、内容结构等，并准确把握教材内容和学生需求；能够通过教学训练，切实有效制定教学目标、设计教学内容、选择教学方法以及预设教学过程；能够在教学实践中较好地体现教学情境创设力和教学过程主导力。

A. 非常符合　B. 比较符合　C. 基本符合　D. 不太符合　E. 不符合

3. 成熟稳固阶段——具有优秀的教学能力，能够动态把握中学思政课课标要求、内容发展以及学生变化和教学现状的实际水平；能够在充分熟悉、全面把握教学环节的基础上，合理突出教学重点和难点，实现教学设计中知识传授和价值引导的有机协同；有较好的教学情况应变能力，能够运用经验智慧有效处理应对课堂教学中的突发事件，并灵活调整教学内容和教学方法手段。

A. 非常符合　B. 比较符合　C. 基本符合　D. 不太符合　E. 不符合

4. 融会贯通阶段——具有卓越的教学能力，能够准确预见教学实施过程中的潜在问题，以及学生对教学内容接受内化的预期效果；能够在准确把握教学内容和学生实际的基础上，恰当融合教学要求和学生需求，有效组织教学内容、方法、载体，以创新教学供给，实现教学设计最优化；能够创造性地组织教学供给，切实将价值引导与知识传授有机融合，进而在教学过程中培根铸魂、启智润心。

A. 非常符合　B. 比较符合　C. 基本符合　D. 不太符合　E. 不符合

5. 您对上述指标的修改建议：_____

九、中学思政课教师"与时俱进的教育研究能力"的阶段描述

1. 探索适应阶段——具备教学内容方法、学生特点需求和学科发展前沿的探究意识，能够自主熟悉教学内容方法，主动了解学生特点需求，自觉关注学科前沿问题。

A. 非常符合　B. 比较符合　C. 基本符合　D. 不太符合　E. 不符合

2. 增速成长阶段——具备一定的教学内容方法、学生特点需求和学科发展前沿的探究能力，能够选用合适的教学方法，把准和讲透教学内容的重点难点，掌握学生的阶段特点和一般性需求，并在主动追踪学科发展前沿中调整改善教学。

A. 非常符合　B. 比较符合　C. 基本符合　D. 不太符合　E. 不符合

3. 成熟稳固阶段——具备较好的教学内容方法、学生特点需求和学科发展前沿的探究能力，能够理顺教学内容的逻辑结构并创造性地运用教学方法，能够全面准确地把握学生的阶段特点并掌握学生的个性化需求，能够参与、推动学科发展并丰富中学学科教学前沿。

A. 非常符合　B. 比较符合　C. 基本符合　D. 不太符合　E. 不符合

4. 融会贯通阶段——具备与时俱进的教学内容方法、学生特点需求和学科发展前沿的探究能力，能够丰富拓展教学内容并有效探索新的教学方法，能够系统科学地把握学生的个性化特点和需求并给予学生个性化指导，能够在中学思政课教学方面引领学科发展前沿。

A. 非常符合　B. 比较符合　C. 基本符合　D. 不太符合　E. 不符合

5. 您对上述指标的修改建议：_____

十、中学思政课教师"多维并举的教育反思能力"的阶段描述

1. 探索适应阶段——具有一定的反思意识，能够在学生考察和自我反思中把握教学效果、总结教学经验、反思教学问题，并能吸收反思中的有利因素来调整与改善教学。

A. 非常符合　B. 比较符合　C. 基本符合　D. 不太符合　E. 不符合

2. 增速成长阶段——能够在教学实践把握和检查评价经验积累中，切实体会把握教育效果，持续明确总结反思的重点内容，快速积累总结反思的方式方法，并在教育反思过程中进一步找准教学调整与改善的重点和方式。

A. 非常符合　B. 比较符合　C. 基本符合　D. 不太符合　E. 不符合

3. 成熟稳固阶段——能够掌握并灵活运用多维评价办法，聚焦学生和自身，对教学效果进行准确的检查衡量，并在全面总结反思教学过程中切实厘清有效经验，找准实际问题，进而将发现的实际问题转化为调整改善的着力点，促进教学质量的切实提升。

A. 非常符合　B. 比较符合　C. 基本符合　D. 不太符合　E. 不符合

4. 融会贯通阶段——具备系统成熟的总结反思的科学思维和方法体系，以及良好的全局意识和协调能力，能够以发展的视角，科学全面检查学生学习现状和成长过程，有效考察衡量自身教学实践，应对和处理各种教学形式的教学实践，并通过调整完善进一步优化教学整体。

A. 非常符合　B. 比较符合　C. 基本符合　D. 不太符合　E. 不符合

5. 您对上述指标的修改建议：_____

十一、您对本征询问卷的修改调整意见是_____

附录5

中学思政课教师专业发展阶段的征询调研(三)

尊敬的老师：

您好！非常感谢您能抽出宝贵的时间帮助我们完成第三轮征询调研。为了更好地厘清中学思政课教师专业发展基本阶段并合理阐释各阶段教师专业素养的主要表现，我们在充分吸收第二轮征询调研数据的基础上，调整和优化了中学思政课教师专业发展的阶段描述，进而形成了本问卷。现恳请您能抽出时间完成本次征询调研。调研匿名作答，不牵涉个人隐私，答案无所谓对错，收集的数据仅用于学术研究。关于您的回答，我们将严格保密。衷心感谢您对本研究的大力支持！

第一部分　基本信息

1. 您所在的学校是_____
2. 您的教龄是_____年
3. 您的职称是
A. 三级（员级）　　B. 二级（助理级）　　C. 一级（中级）　　D. 高级
E. 正高级

第二部分　阶段描述

在充分吸收第二轮征询调研数据的基础上，将中学思政课教师专业发展阶段确定为探索适应阶段、增速成长阶段、成熟稳固阶段和融会贯通阶段。现对中学思政课教师专业发展基本阶段及其各阶段教师专业素养的主要表现进行描述，请您逐项进行判断。

相较于第二轮征询调研,主要修改如下:

1. 调整了探索适应阶段的教师在"敬业乐教与严以自律的专业道德"方面的某些表述。

2. 调整了增速成长阶段的教师在"自主提升与着眼学生的专业理念"方面的某些表述。

3. 调整了融会贯通阶段的教师在"自主提升与着眼学生的专业理念"方面的某些表述。

4. 调整了融会贯通阶段的教师在"中学生特点及其教育的相关知识"方面的某些表述。

5. 调整了融会贯通阶段的教师在"与时俱进的教育研究能力"方面的某些表述。

一、关于中学思政课教师专业发展不同阶段的教龄区间:

1. 探索适应阶段:1~3年(1轮教学)

A. 非常符合 B. 比较符合 C. 基本符合 D. 不太符合 E. 不符合

2. 增速成长阶段:4~12年(2~4轮教学)

A. 非常符合 B. 比较符合 C. 基本符合 D. 不太符合 E. 不符合

3. 成熟稳固阶段:13~24年(5~8轮教学)

A. 非常符合 B. 比较符合 C. 基本符合 D. 不太符合 E. 不符合

4. 融会贯通阶段:25年以后

A. 非常符合 B. 比较符合 C. 基本符合 D. 不太符合 E. 不符合

5. 您对上述指标的修改建议:_____

二、中学思政课教师"信念坚定与善于担当的政治素质"的阶段描述

1. 探索适应阶段——能够把政治信念建立在对马克思主义理论和中国特色社会主义的理性认同上;能够坚决拥护党的领导,坚定马克思主义信仰,坚守人民立场,并尝试在课堂教学中有效引导学生坚定政治立场;能够把握正确政治方向,遵守党的政治纪律和政治规矩;能够自觉担当知识传授和价值引导的职责,履行宣传马克思主义的重要使命。

A. 非常符合 B. 比较符合 C. 基本符合 D. 不太符合 E. 不符合

2. 增速成长阶段——能够在马克思主义理论实践体悟和中国特色社会

主义教育事业实际参与中越发坚定政治信念；能够以坚定正确的政治立场为支撑，持续探索课程教学中引导学生坚定政治立场的内容和方法；能够不断提高政治敏锐性，观察分析问题首先把握政治因素；能够在深化对马克思主义认识的研究中，着力打牢学生的思想基础、提升学生的政治素养。

　　A. 非常符合　B. 比较符合　C. 基本符合　D. 不太符合　E. 不符合

　　3. 成熟稳固阶段——能够把握中学生政治信念确立的基本过程，在帮助中学生解决政治信念问题中不断筑牢自身政治信念；能够把握中学生政治立场形成的一般过程，厘清明确并探索解决中学生政治立场确立的重点难点；能够具备较强的政治敏锐性和政治鉴别力、辨析力；能够在持续研究马克思主义的基础上，面向以学生为主的不同群体宣传和讲授马克思主义。

　　A. 非常符合　B. 比较符合　C. 基本符合　D. 不太符合　E. 不符合

　　4. 融会贯通阶段——能够成为示范引领的先锋模范，在学习、工作、生活各个方面彰显坚定政治信念；能够把握政治立场的形成过程和规律，通过示范引领和教学创新指导带动学生养成坚定正确的政治立场；能够通过政治历练具备较强的政治自制力和执行力；能够有效贯彻马克思主义立场、观点和方法，站在立德树人的高度培养时代新人，做马克思主义的坚定信仰者、传播者和践行者。

　　A. 非常符合　B. 比较符合　C. 基本符合　D. 不太符合　E. 不符合

　　5. 您对上述指标的修改建议：_____

三、中学思政课教师"敬业乐教与严以自律的专业道德"的阶段描述

　　1. 探索适应阶段——能够具备关心爱护学生、教育指导学生的情怀；能够在教育实践中认真履行教育教学职责，严肃认真做好教学工作；能够自觉遵守政治纪律和教学纪律，遵守党章法规和公序良俗。

　　A. 非常符合　B. 比较符合　C. 基本符合　D. 不太符合　E. 不符合

　　2. 增速成长阶段——能够具备为学生传道授业解惑的情怀；能够自觉克服职业倦怠，提升职业认同感，在教学实践中快速提高履行专业责任的能力；能够言行一致、表里如一，做到课上课下一致、网上网下一致。

　　A. 非常符合　B. 比较符合　C. 基本符合　D. 不太符合　E. 不符合

3. 成熟稳固阶段——能够具备为学生传播思想、传播真理、塑造灵魂的情怀；能够对教育工作保持热情，并积极钻研，持续提升；能够真懂真信真用马克思主义，自觉弘扬主旋律、传播正能量。

A. 非常符合　B. 比较符合　C. 基本符合　D. 不太符合　E. 不符合

4. 融会贯通阶段——能够具备为党和国家事业培养后继人才的情怀；能够始终热爱教育事业，在教育教学中恪尽职守、专注细致，严谨周密、精益求精；能够严以自律、率先垂范，做师生的表率，在教学实践和日常生活中践行马克思主义，以言行影响带动师生。

A. 非常符合　B. 比较符合　C. 基本符合　D. 不太符合　E. 不符合

5. 您对上述指标的修改建议：＿＿＿＿＿＿＿＿＿

四、中学思政课教师"自主提升与着眼学生的专业理念"的阶段描述

1. 探索适应阶段——能够关爱学生，公平对待每一名学生，尊重学生的人格和学习发展的权利；能够熟悉教材内容，熟练运用教学方法和载体，具备创新意识；能够夯实和运用职前培养所学知识，具备自主学习意识。

A. 非常符合　B. 比较符合　C. 基本符合　D. 不太符合　E. 不符合

2. 增速成长阶段——能够尊重学生的主体性，关注学生思想观念和价值理念提升的需求期待，服务于学生的身心健康成长；能够尝试教学内容、方法和载体等的不同组织形式以创新教学供给，着力提升教学质量实效；能够不断学习和快速积累教学实践所需要的知识和能力，研究中学生不断变化的阶段特征，以更好地胜任教学任务。

A. 非常符合　B. 比较符合　C. 基本符合　D. 不太符合　E. 不符合

3. 成熟稳固阶段——能够关注个体差异，有针对性地开展教育，保护学生的学习自主性、独立性和选择性；能够根据教学需求，创造性地组织教学内容、方法和载体等形成有效的教学供给，切实增强教学质量；能够自主更新和拓展知识和能力体系，持续研究中学生的基本特点和实际问题，以更好地实现教育引导。

A. 非常符合　B. 比较符合　C. 基本符合　D. 不太符合　E. 不符合

4. 融会贯通阶段——能够把握学生身心发展规律，善于为学生创造思想政治素质发展提升的条件和机会；能够自觉丰富拓展教学内容，创新教学方法、载体，并将其融会形成高质量的教学供给，切实提升学生的实际获得感；能够通过自主学习全面掌握发展性的知识和能力，在持续成长中贯彻终身学习。

A. 非常符合　B. 比较符合　C. 基本符合　D. 不太符合　E. 不符合

5. 您对上述指标的修改建议：_____

五、中学思政课教师"思想政治教育学科内容知识"的阶段描述

1. 探索适应阶段——能够正确把握马克思主义及其中国化理论的基本内涵、主要观点和所回答的相应时代问题，掌握一定的"四史"知识和法治知识，具备讲好课程的知识支撑；能够正确把握思想政治教育学原理、思想政治教育史、思想政治教育方法论、思想政治教育前沿和比较思想政治教育学等的基本观点和主要内容；能够正确把握班级管理、校园文化活动、党团组织建设、心理健康教育等日常思想政治教育的基础知识和基本流程。

A. 非常符合　B. 比较符合　C. 基本符合　D. 不太符合　E. 不符合

2. 增速成长阶段——能够自主学习追踪马克思主义中国化最新理论成果，丰富完善马克思主义及其中国化理论的基本框架；能够在教学实践中运用思想政治教育学理论的相关知识，对思想政治教育学理论知识形成深刻体悟；能够在日常思想政治教育实践中快速积累经验，不断总结教训，进而有效开展日常思想政治教育。

A. 非常符合　B. 比较符合　C. 基本符合　D. 不太符合　E. 不符合

3. 成熟稳固阶段——能够具备良好的理论思维，把握理顺马克思主义及其中国化理论的历史演进、结构体系和内在逻辑；能够在主动学习、追踪思想政治教育学相关前沿知识的实践中，深入全面地掌握思想政治教育学理论知识体系；能够从理论上认识和分析日常思想政治教育的相关问题，更加深入理解日常思想政治教育的运行逻辑、实践场景。

A. 非常符合　B. 比较符合　C. 基本符合　D. 不太符合　E. 不符合

4. 融会贯通阶段——能够深刻领会马克思主义的立场、观点和方法，并且基于课堂教学需要，将科学理论融会贯通，有效运用到教学实践中；

能够在教学论、学科前沿等方面深化思想政治教学理论知识，并将相关成果灵活运用到教学实践中；能够在理念、目标、内容等方面有效融合思政课和日常思想政治教育，提出可操作、可推广的日常思想政治教育有效制度。

A. 非常符合　B. 比较符合　C. 基本符合　D. 不太符合　E. 不符合

5. 您对上述指标的修改建议：_____

六、中学思政课教师"思想政治教育学科教学知识"的阶段描述

1. 探索适应阶段——能够正确把握讲授法、问答法和讨论法等教学方法的基本特点和实践要求；能够正确把握中学生课程内容认知内化与行为外化的基本知识，掌握中学生认知、情感、意志、信念和行为的一般转化过程；能够正确把握中学思政课课程资源的基本内涵及其开发利用的基本要求。

A. 非常符合　B. 比较符合　C. 基本符合　D. 不太符合　E. 不符合

2. 增速成长阶段——能够根据教学内容灵活选择符合学生实际的方式手段，并将启发教学有效融入各种教学方法中；能够在教学实践中快速熟悉中学生思想政治素质形成发展过程，切实把握思想政治教育和引导的基本方法；能够经过教学实践迅速熟悉中学思政课课程资源的具体类别、现实特点和功能作用，并运用不同方法开发利用课程资源。

A. 非常符合　B. 比较符合　C. 基本符合　D. 不太符合　E. 不符合

3. 成熟稳固阶段——能够掌握案例式、互动式和分众式等综合性教学方法，在不同教学情境中切实发挥其功能作用；能够从理论上审视分析中学生课程内容认知转化过程，有效发现和破解中学生思想政治素质形成发展过程中的实际问题；能够全面把握课程资源开发利用的基本原则和主要方式，灵活采取多种方式挖掘利用资源，切实发挥课程资源的育人效果。

A. 非常符合　B. 比较符合　C. 基本符合　D. 不太符合　E. 不符合

4. 融会贯通阶段——能够具备系统科学的教学方法体系，根据教学目标和对象熟练搭配组合、综合运用多种教学方法，并基于教学实践和需求不断创新教学方法；能够全面深入地理解中学生思想政治素质形成发展的运行逻辑和转化规律，抓住认知、情感、意志、信念和行为的辩证关系，通过有效的教育引导，提升教育转化效果；能够系统深入地理解课程资源开发利用的内在本质和实践逻辑，根据时代发展、教学需要和对象特征丰富拓展、灵活运用课程资源，促进课程资源开发利用的与时俱进。

  A. 非常符合 B. 比较符合 C. 基本符合 D. 不太符合 E. 不符合

  5. 您对上述指标的修改建议：_____

七、中学思政课教师"中学生特点及其教育的相关知识"的阶段描述

  1. 探索适应阶段——具备正确把握中学生身心发展的阶段特点和一般规律的基本知识；具备正确把握中学生群体的基本特征和行为方式的基本知识，并能认识新时代背景下中学生的群体"画像"；能够正确把握教育学理论知识、教育心理学知识和现代教育技术基础等知识的基本内容。

  A. 非常符合 B. 比较符合 C. 基本符合 D. 不太符合 E. 不符合

  2. 增速成长阶段——能够在教学实践中熟悉中学生认知特点、情感价值特点和心理特点等，快速熟悉、不断丰富对中学生身心发展一般规律的认识；能够通过教学活动深入理解中学生朋辈影响的群体效应，切实体会时代背景下中学生群体展现的行为方式；能够将教育教学理论知识有效应用于思政课教学实践，正确认识分析教育现象和问题。

  A. 非常符合 B. 比较符合 C. 基本符合 D. 不太符合 E. 不符合

  3. 成熟稳固阶段——能够全面把握中学生身心发展的有序性、阶段性、动态性以及差异性等特征，在切实遵循中学生身心发展规律的基础上有效开展教学实践；能够从理论上全面审视剖析中学生群体特征和行为方式对教育教学的现实影响，切实开展适应中学生群体的思想政治教育引导；能够立足教育教学知识，依据教育教学基本规律，有效破解思政课教学实践中的突出问题。

  A. 非常符合 B. 比较符合 C. 基本符合 D. 不太符合 E. 不符合

  4. 融会贯通阶段——能够系统把握中学生身心发展特点的生成基础，厘清中学生身心发展规律的现实表征，贯通运用中学生身心发展问题的应对策略，在理论与实践结合中有效开展针对性教学活动；能够在系统深入把握中学生群体的现实成长空间环境的基础上，切实理解中学生群体特征和行为方式的形成机制，善于透过中学生群体现象准确把握群体的本质变

化；能够在思政课教学实践中总结教育经验，凝练教育思想，不断丰富、拓展教育教学理论。

A. 非常符合　B. 比较符合　C. 基本符合　D. 不太符合　E. 不符合

5. 您对上述指标的修改建议：_____

八、中学思政课教师"知识传授和价值引导相统一的教学能力"的阶段描述

1. 探索适应阶段——具有基本的教学能力，能够明确教学准备的一般过程并正确把握中学思政课教学准备的重点内容；能够基于教学目标任务，完成对教学环节的构思设计和教学过程的头脑预演；能够根据教学设计，有效运用提问、讨论等方式方法开展落实教学环节，基本完成教学实施过程。

A. 非常符合　B. 比较符合　C. 基本符合　D. 不太符合　E. 不符合

2. 增速成长阶段——具有良好的教学能力，能够在明确中学思政课课程性质、基本理念和目标任务的基础上，厘清课程设计思路、内容结构等，并准确把握教材内容和学生需求；能够通过教学训练，切实有效制定教学目标、设计教学内容、选择教学方法以及预设教学过程；能够在教学实践中较好地体现教学情境创设力和教学过程主导力。

A. 非常符合　B. 比较符合　C. 基本符合　D. 不太符合　E. 不符合

3. 成熟稳固阶段——具有优秀的教学能力，能够动态把握中学思政课课标要求、内容发展以及学生变化和教学现状的实际水平；能够在充分熟悉、全面把握教学环节的基础上，合理突出教学重点和难点，实现教学设计中知识传授和价值引导的有机协同；有较好的教学情况应变能力，能够运用经验智慧有效处理应对课堂教学中的突发事件，并灵活调整教学内容和教学方法手段。

A. 非常符合　B. 比较符合　C. 基本符合　D. 不太符合　E. 不符合

4. 融会贯通阶段——具有卓越的教学能力，能够准确预见教学实施过程中的潜在问题，以及学生对教学内容接受内化的预期效果；能够在准确把握教学内容和学生实际的基础上，恰当融合教学要求和学生需求，有效组织教学内容、方法、载体，以创新教学供给，实现教学设计最优化；能够创造性地组织教学供给，切实将价值引导与知识传授有机融合，进而在教学过程中培根铸魂、启智润心。

A. 非常符合　B. 比较符合　C. 基本符合　D. 不太符合　E. 不符合

5. 您对上述指标的修改建议：_____

九、中学思政课教师"与时俱进的教育研究能力"的阶段描述

1. 探索适应阶段——具备教学内容方法、学生特点需求和学科发展前沿的探究意识，能够自主熟悉教学内容方法，主动了解学生特点需求，自觉关注学科前沿问题。

A. 非常符合　B. 比较符合　C. 基本符合　D. 不太符合　E. 不符合

2. 增速成长阶段——具备一定的教学内容方法、学生特点需求和学科发展前沿的探究能力，能够选用合适的教学方法，把准和讲透教学内容的重点难点，掌握学生的阶段特点和一般性需求，并在主动追踪学科发展前沿中调整改善教学。

A. 非常符合　B. 比较符合　C. 基本符合　D. 不太符合　E. 不符合

3. 成熟稳固阶段——具备较好的教学内容方法、学生特点需求和学科发展前沿的探究能力，能够理顺教学内容的逻辑结构并创造性地运用教学方法，能够全面准确地把握学生的阶段特点并掌握学生的个性化需求，能够参与、推动学科发展并丰富中学学科教学前沿。

A. 非常符合　B. 比较符合　C. 基本符合　D. 不太符合　E. 不符合

4. 融会贯通阶段——具备与时俱进的教学内容方法、学生特点需求和学科发展前沿的探究能力，能够丰富拓展教学内容并有效探索新的教学方法，能够系统科学地把握学生的个性化特点和需求，融合有效教学供给，提供学生个性化指导，能够在中学思政课教学方面引领学科发展前沿。

A. 非常符合　B. 比较符合　C. 基本符合　D. 不太符合　E. 不符合

5. 您对上述指标的修改建议：_____

十、中学思政课教师"多维并举的教育反思能力"的阶段描述

1. 探索适应阶段——具有一定的反思意识，能够在学生考察和自我反思中把握教学效果、总结教学经验、反思教学问题，并能吸收反思中的有利因素来调整与改善教学。

A. 非常符合 B. 比较符合 C. 基本符合 D. 不太符合 E. 不符合

2. 增速成长阶段——能够在教学实践把握和检查评价经验积累中，切实体会把握教育效果，持续明确总结反思的重点内容，快速积累总结反思的方式方法，并在教育反思过程中进一步找准教学调整与改善的重点和方式。

A. 非常符合 B. 比较符合 C. 基本符合 D. 不太符合 E. 不符合

3. 成熟稳固阶段——能够掌握并灵活运用多维评价办法，聚焦学生和自身，对教学效果进行准确的检查衡量，并在全面总结反思教学过程中切实厘清有效经验，找准实际问题，进而将发现的实际问题转化为调整改善的着力点，促进教学质量的切实提升。

A. 非常符合 B. 比较符合 C. 基本符合 D. 不太符合 E. 不符合

4. 融会贯通阶段——具备系统成熟的总结反思的科学思维和方法体系，以及良好的全局意识和协调能力，能够以发展的视角，科学全面检查学生学习现状和成长过程，有效考察衡量自身教学实践，应对和处理各种教学形式的教学实践，并通过调整完善进一步优化教学整体。

A. 非常符合 B. 比较符合 C. 基本符合 D. 不太符合 E. 不符合

5. 您对上述指标的修改建议：_____

十一、您对本征询问卷的修改调整意见是_____

附录6

中学思政课教师专业发展影响因素专题调研

尊敬的老师：

您好！非常感谢您能抽出宝贵的时间参加本次问卷调查，中学思政课教师专业发展是指教师为实现引导中学生形成符合时代和社会发展要求的思想政治素质这一目标，坚持以专业素养提升为指向，以自主发展意识和外在要求期待为动力支撑，在自主学习和支持保障结合中，促进自身专业精神、专业知识和专业能力等素养持续提升与发展的过程。

为了全面把握中学思政课教师专业发展的影响因素，进一步提高中学思政课教师专业发展研究的针对性、实效性，我们设计组织了本次问卷调查。问卷调查匿名作答，不牵涉个人隐私，答案无所谓对错，收集的数据仅用于学术研究。关于您的回答，我们将严格保密。衷心感谢您对本研究的大力支持！

第一部分　基本信息

1. 您所在的学校是_____
2. 您的教龄有多少_____年
3. 您的性别是
A. 男　　B. 女
4. 您的学历层次
A. 专科以下　B. 专科　C. 本科　D. 硕士　E. 博士
5. 您的职称是
A. 三级（员级）　　B. 二级（助理级）　　C. 一级（中级）　　D. 高级

E. 正高级

6. 您的政治面貌是

A. 中共党员（含预备）　　B. 共青团员　C. 民主党派　D. 无党派人士　E. 群众

7. 您是否接受过思想政治教育专业的学历培养？

A. 是　　B. 否

第二部分　调研问题

8. 您始终坚守马克思主义信仰，是共产主义远大理想和中国特色社会主义共同理想的坚定信仰者。

A. 非常符合　B. 比较符合　C. 基本符合　D. 不太符合　E. 不符合

9. 您能够坚持马克思主义立场、观点、方法，坚决贯彻党的路线方针政策，始终站稳人民立场，以坚定的政治立场感染引导中学生。

A. 非常符合　B. 比较符合　C. 基本符合　D. 不太符合　E. 不符合

10. 您善于从政治上观察、思考和分析问题，具备较强的政治敏锐性、政治鉴别力和辨析力。

A. 非常符合　B. 比较符合　C. 基本符合　D. 不太符合　E. 不符合

11. 您具备强烈的政治担当，能够主动研究和宣传马克思主义，为上好思政课不断提高自身能力水平，进而站在立德树人的高度培养时代新人。

A. 非常符合　B. 比较符合　C. 基本符合　D. 不太符合　E. 不符合

12. 您在教育教学实践中，始终注重情感的温度，以为党育人为国育才的情怀，关心爱护中学生、教育引导中学生。

A. 非常符合　B. 比较符合　C. 基本符合　D. 不太符合　E. 不符合

13. 您能够认真有效履行教育教学职责、做好本职工作，自觉克服职业倦怠，并对中学思想政治教育工作充满热情。

A. 非常符合　B. 比较符合　C. 基本符合　D. 不太符合　E. 不符合

14. 您始终能够严谨自律、率先垂范，用自己的实际行动和现实表现为中学生树立榜样。

A. 非常符合　B. 比较符合　C. 基本符合　D. 不太符合　E. 不符合

15. 您能够充分尊重学生的主体性，关注学生的个体差异和现实需求，并乐于为中学生思想政治素质的提升创造条件。

  A. 非常符合　B. 比较符合　C. 基本符合　D. 不太符合　E. 不符合

16. 您能够创造性地组织教学内容，不断创新教学方法和载体，进而切实为中学生提供更加优质的教学供给。

  A. 非常符合　B. 比较符合　C. 基本符合　D. 不太符合　E. 不符合

17. 您能够自主完善素养结构，更新素养体系，通过持续深入学习不断拓展和深化自身各方面能力水平。

  A. 非常符合　B. 比较符合　C. 基本符合　D. 不太符合　E. 不符合

18. 您非常熟悉马克思主义及其中国化理论的历史演进、结构体系和内在逻辑，并能将科学理论灵活运用到教学实践中。

  A. 非常符合　B. 比较符合　C. 基本符合　D. 不太符合　E. 不符合

19. 您具备思想政治教育学原理、思想政治教育史、思想政治教育方法论、思想政治教育前沿和比较思想政治教育学等理论知识。

  A. 非常符合　B. 比较符合　C. 基本符合　D. 不太符合　E. 不符合

20. 您具备班级管理、校园文化活动、党团组织建设、心理健康教育等日常思想政治教育的知识能力，能够通过日常思想政治教育有效引导中学生。

  A. 非常符合　B. 比较符合　C. 基本符合　D. 不太符合　E. 不符合

21. 您能够掌握案例式、互动式和分众式等综合性教学方法，并根据教学目标和对象熟练搭配组合、综合运用多种教学方法。

  A. 非常符合　B. 比较符合　C. 基本符合　D. 不太符合　E. 不符合

22. 您能够有效把握中学生认知、情感、意志、信念和行为的转化过程和运行逻辑，有效找准和破解中学生思想政治素质形成发展过程中的实际问题。

  A. 非常符合　B. 比较符合　C. 基本符合　D. 不太符合　E. 不符合

23. 您能够全面把握中学思政课课程资源开发利用的原则和方法，并且善于采用多种方式挖掘利用资源。

  A. 非常符合　B. 比较符合　C. 基本符合　D. 不太符合　E. 不符合

24. 您熟悉中学生认知特点、情感价值特点和心理特点，并且能够在遵循中学生身心发展规律的基础上有效开展教学。

  A. 非常符合 B. 比较符合 C. 基本符合 D. 不太符合 E. 不符合

25. 您熟悉中学生群体的基本特征和行为方式，能够全面剖析其对思想政治教育教学的现实影响，并切实开展适应中学生群体的思想政治教育引导。

  A. 非常符合 B. 比较符合 C. 基本符合 D. 不太符合 E. 不符合

26. 您熟悉教育学理论知识、教育心理学知识和现代教育技术基础等知识，能够有效将其应用于思政课教学实践，进而科学剖析教学现象，破解教学问题。

  A. 非常符合 B. 比较符合 C. 基本符合 D. 不太符合 E. 不符合

27. 您能够熟练掌握《义务教育道德与法治课程标准（2022年版）》和/或《普通高中思想政治课程标准（2017年版2020年修订）》的内容结构，能够把准学生特点需求及其教学现状的实际水平。

  A. 非常符合 B. 比较符合 C. 基本符合 D. 不太符合 E. 不符合

28. 您能够根据教学要求，合理进行教学设计，制定教学目标、安排教学内容、选择教学方法以及预设教学过程。

  A. 非常符合 B. 比较符合 C. 基本符合 D. 不太符合 E. 不符合

29. 您能够根据教学设计，有序落实教学环节，具有较好的教学情境创设力、教学过程主导力和突发事件应对力。

  A. 非常符合 B. 比较符合 C. 基本符合 D. 不太符合 E. 不符合

30. 您能够有效把准教学内容的重难点以及教学方法的内涵特征，对教学内容和方法具有较强的钻研能力。

  A. 非常符合 B. 比较符合 C. 基本符合 D. 不太符合 E. 不符合

31. 您能够有效把握学生的阶段特点，掌握学生个性化需求，对学生特点需求具有较强的把握能力。

  A. 非常符合 B. 比较符合 C. 基本符合 D. 不太符合 E. 不符合

32. 您能够把握学科发展的前沿热点并有效优化改善教学，对学科发展前沿具有较好的探究能力。

  A. 非常符合 B. 比较符合 C. 基本符合 D. 不太符合 E. 不符合

33. 您能够灵活运用多维评价方法，围绕学生和自身，对教学效果进行准确合理的检查衡量。

  A. 非常符合 B. 比较符合 C. 基本符合 D. 不太符合 E. 不符合

34. 您能够全面总结省思教学过程，切实厘清有效经验，找准实际问题。

  A. 非常符合 B. 比较符合 C. 基本符合 D. 不太符合 E. 不符合

35. 您能够将发现的实际问题转化为调整改善的着力点，进而促进教学质量的切实提升。

  A. 非常符合 B. 比较符合 C. 基本符合 D. 不太符合 E. 不符合

36. 如果您拥有重新选择职业的机会，您是否还会选择做中学思政课教师。

  A. 肯定会 B. 应该会 C. 可能会 D. 应该不会 E. 不会

37. 中学思政课教师承担着传播知识、传播思想、传播真理，塑造灵魂、塑造生命、塑造新人的时代重任。

  A. 非常赞同 B. 比较赞同 C. 基本赞同 D. 不太赞同 E. 不赞同

38. 您非常乐于从事中学思想政治教育教学工作，愿意为学生思想政治素质的切实提升恪尽职守、无私奉献。

  A. 非常赞同 B. 比较赞同 C. 基本赞同 D. 不太赞同 E. 不赞同

多选题目

39. 在教师思想意识状况层面，您认为影响教师专业发展的因素主要有哪些。

  A. 教师专业发展意识 B. 教师的职业认同度 C. 教师的教育使命感
  D. 教师自我发展需求 E. 教师的价值实现感 F. 教师职业发展预期
  G. 其他：_____

40. 在教师专业发展能力层面，您认为影响教师专业发展的因素主要有哪些。

  A. 教师的自我反思能力 B. 教师的认知接受能力
  C. 教师的适应规划能力 D. 教师的自我调节能力

E. 教师的抗压受挫能力　　　　F. 教师的沟通交流能力

G. 其他：_____

41. 在教师发展支持条件层面，您认为影响教师专业发展的因素主要有哪些。

A. 针对教师的评价考核机制　　B. 面向教师的学校管理方式

C. 教师身处的学校群体氛围　　D. 教师的专业培养培训体系

E. 教师身处的校园文化环境　　F. 学校具备的教学资源情况

G. 其他：_____

后 记

  教师是开展教育的关键，教师的专业素养切实影响育人的实际效果。学校思想政治理论课教师座谈会的召开，为各学段思政课教师的专业素养提升指明了方向，中学思政课教师作为关键群体也越发受到关注。教师专业发展作为教师不断完善优化自身素养结构的过程，是教师自主提升专业素养的必由之路，在教育高质量内涵式发展中发挥关键作用。中学思政课教师专业发展研究既是顺应思政课改革创新需要和中等教育质量提升要求提出的重要课题，也是推动教师成长发展科学化的关键探索。

  本书是在我的博士毕业论文的基础上进一步修改完善形成的，是自身近些年来针对思政课教师专业发展问题研究的一次总结。本书的成文出版得益于师长朋友们的支持和帮助，感谢北京师范大学思想政治工作研究院院长冯刚教授对书稿的写作修改，以及成文出版给予提点和支持。感谢北京师范大学马克思主义学院院长张润枝教授对深化该问题研究提供的指导和帮助。感谢北京邮电大学朱宏强老师为本书的写作修改提出的宝贵意见。感谢电子科技大学马克思主义学院院长吴满意教授以及各位领导老师的支持和帮助。感谢光明日报出版社的支持，感谢编辑部老师们的辛苦工作。在本书付梓之际，特此致谢。尽管本书从资料收集到写作论述，再到修改完善，经历了若干次调整和推敲，但碍于能力水平有限，若有错误疏漏之处，还请各位读者批评指正。

聂小雄

2023 年 11 月于电子科技大学